CLASSIQUES EN POCHE

*Collection
dirigée
par
Hélène Monsacré*

ARISTOPHANE

LES GRENOUILLES

Texte établi par
Victor Coulon

Traduit par
Pierre Judet de La Combe

Introduction, commentaire et notes de
Pierre Judet de La Combe

LES BELLES LETTRES

2012

Le texte grec
est repris du volume correspondant
dans la Collection des Universités de France (C.U.F.),
toujours disponible avec apparat critique et scientifique.

Tous droits de traduction, de reproduction et d'adaptation
réservés pour tous les pays

© 2012, Société d'édition Les Belles Lettres,
95 bd Raspail 75006 Paris.
www.lesbelleslettres.com

ISBN : 978-2-251-80023-3

INTRODUCTION

Une analyse comique de la tragédie

Quand il présente sa comédie les *Grenouilles* en janvier 405[1] au concours des Lénéennes – l'un des deux grands festivals dramatiques athéniens, avec les Grandes Dionysies[2] –, Aristophane est en compétition avec Phrynicos, qui propose une comédie intitulée les *Muses*, et avec Platon, l'auteur comique et non le philosophe, qui concourt avec un *Cléophon*, du nom du responsable politique démocrate encore puissant alors, partisan de la guerre avec

---

1. Aristophane (445-385 [?]) était alors en fin de carrière. La première pièce connue de lui, mais perdue, les *Banqueteurs*, est de 427. Sur les quarante pièces, environ, qui lui sont attribuées, nous en possédons onze. Après les *Grenouilles*, viennent parmi les pièces conservées, les *Femmes à l'Assemblée*, en 392, puis la seconde version du *Ploutos*, 388. Deux autres comédies, au moins, avaient déjà été produites sous le titre les *Grenouilles*, par Magnès et par Callias. Elles comprenaient donc, également, un chœur de batraciens.

2. Le concours des Lénéennes, qui avait lieu avant la saison des navigations, était, de fait, réservé aux seuls Athéniens (cf. les *Acharniens*, la première pièce que nous ayons conservée d'Aristophane, de 425, aux v. 504-508). La comédie y fut introduite en 442-440. À l'époque des *Grenouilles*, les pièces étaient jouées au théâtre de Dionysos, comme pour les Grandes Dionysies. Sur le lien mythique et rituel entre ce concours et l'histoire de Dionysos, voir I. Lada-Pritchard, *Initiating Dionysos*, p. 95-97 (pour les références bibliographiques, se reporter à la « Bibliographie sommaire », à la fin du volume).

Sparte, et qui est aussi l'une des cibles principales d'Aristophane dans sa pièce. Les *Grenouilles* l'emportent. Nous ne savons pas quel était le sujet des *Muses*, mais il devait s'agir également de poésie[3]. Dans le même concours, la réflexion sur la poésie et l'actualité politique étaient donc juxtaposées. Ce n'est pas un hasard. L'une ne se pense pas sans l'autre. La tragédie, qui est au cœur des *Grenouilles*, qui est son thème, n'était pas plus que la comédie un art à part, fermé sur lui-même. Il supposait l'existence d'une communauté politique, à laquelle il s'adressait[4] dans ses termes à lui, mais toujours dans une relation définie. La comédie est encore plus ouverte à l'actualité. Elle l'accueille, quand elle injurie directement des personnes présentes dans le public, quand elle morigène les citoyens ou parodie des modes d'agir et de parler contemporains.

L'art poétique, s'il est représenté dans une comédie, comme on le voit avec les apparitions d'Euripide dans deux autres pièces d'Aristophane, les *Acharniens* (de 425) et les *Thesmophories* (de 411), y est traité comme une pratique sociale parmi d'autres, comme la science, l'économie, le droit, la politique, l'art de la guerre, qui sont tout autant que lui susceptibles de subir l'épreuve de la scène.

---

3. Rien ne permet de dire qu'il se soit agi d'une lutte entre Sophocle, qui venait de mourir, et Euripide.

4. Même si la présence, probable, des femmes dans le public fait du théâtre un lieu qui n'est pas directement politique, mais qui rassemble les gens, les habitants de la ville, à la différence des assemblées et des tribunaux. Par le spectacle officiel qu'est le théâtre, la cité offre la possibilité d'un regard distancié sur sa définition comme corps politique : les hommes sont confrontés à d'autres êtres, qui rendent leur légitimité de citoyens moins évidente. Cela est fortement thématisé dans les drames, tragiques et comiques. L'interprétation maintenant dominante qui fait de l'art dramatique athénien « l'auto-expression de la cité » – selon une idée passablement idéaliste de la culture ancienne comme tout homogène –, trouve déjà là sa limite.

La comédie semble ne se donner aucune limite dans les objets qu'elle traite ; elle fait sien tout ce qui a cours. Elle convie la culture dans son ensemble, au-delà des prérogatives, des distinctions que les tenants de tel ou tel domaine revendiquent. Le théâtre rassemble, malgré eux parfois, les porte-parole autorisés de ces domaines, et, d'un seul coup, les fait apparaître comme ridicules. Il casse leur prétention à l'excellence et surtout leur tendance à se prendre pour les représentants légitimes du peuple, de la tradition ou du tout de la cité. Il les oblige à se confronter entre eux, il leur rappelle que leur activité est limitée et ne se comprend que dans son lien avec les autres, la poésie, la politique pas moins que le reste. Aucune ne domine, puisqu'on réussit toujours à les mêler sur la scène. Chaque pratique sociale peut toujours être vue du dehors, d'un dehors que lui impose sa mise en scène, qui se donne ainsi, mais ironiquement, la capacité de représenter le tout de la culture, comme un tout qui devient ouvert, dérisoire souvent, moqué dans chacune de ses parties et renouvelé à chaque spectacle.

Les *Grenouilles* entrelacent l'examen parodique de la tragédie et la critique ou le rire politiques. Les invectives que se lancent les deux poètes tragiques qu'Aristophane réunit dans sa fiction pour un débat qui n'a jamais pu avoir lieu en vrai, Eschyle et Euripide – le premier venait de mourir quand le second commença sa carrière[5] –, ne touchent pas seulement leur art, leurs inventions langagières ou musicales. Presque constamment, l'art est interrogé pour les effets qu'il produit sur les spectateurs, pour le bien ou le mal qu'il leur fait en tant qu'individus membres

---

5. Eschyle meurt en 456 ; Euripide, né en 484, participe à son premier concours avec les *Péliades* en 455.

de la cité athénienne. La question sera de savoir à partir de quel point de vue l'art et la politique sont interrogés ensemble, dans quel but, avec quel sérieux dans le rire.

La poésie dans l'Hadès. Une utopie

En dressant l'un contre l'autre deux poètes décédés, Eschyle et Euripide, Aristophane prend place dans une tradition de la comédie. Le thème était connu[6]. Cratinos, l'un de ses prédécesseurs, avait représenté en 450, dans ses *Archiloques*, une lutte entre Homère et Hésiode dans l'Hadès, selon la tradition sans doute ancienne du combat entre les deux maîtres de l'épopée[7], avec cette différence qu'il s'agit ici d'un concours posthume, loin du présent. Dans les *Chirons*, Cratinos, toujours, fait discuter *post mortem* le poète Solon et Périclès. L'auteur comique Phérécrate a mis en scène un Eschyle infernal. Dans son *Gérutadès* (« Le Braillard »), pièce perdue, Aristophane fait descendre les mauvais poètes « nouveaux » dans les Enfers : ils cherchent conseil auprès de leurs aînés[8]. Nous

---

6. Le modèle est la descente aux Enfers d'Ulysse au chant XI de l'*Odyssée*. En dialoguant avec les âmes des héros et des héroïnes, il rencontre l'ensemble des traditions de la poésie épique, présentées comme formant une totalité.

7. Le texte connu sous le titre *Certamen Homeri et Hesiodi*, qui nous est parvenu dans une version datant du IIe siècle après J.-C., reprend des traditions anciennes et a sans doute été réélaboré à un moment de son histoire par le théoricien Alcidamas, disciple de Gorgias. Les similitudes avec le débat des *Grenouilles* sont nombreuses. Voir maintenant son étude très précise par Marie-Andrée Colbeaux, dans sa thèse de doctorat, *Raconter la vie d'Homère dans l'Antiquité*, Lille, 2005.

8. Voir l'article de M. Cavalli, « Les *Rane* di Aristofane : modelli tradizionali dell'agone fra Eschilo ed Euripide », dans F. Conca (éd.), *Ricordando Raffaele Cantarella*, Quaderni Acme 36, Bologne, 1999, p. 83-105.

ne savons presque rien de ces œuvres, mais le modèle qu'était sans doute le récit traditionnel du conflit entre Homère et Hésiode, déjà, ne séparait pas poésie et politique : Hésiode, dans ce texte, triomphe finalement contre toute attente, parce qu'il est un poète de la paix, du travail, et non de la guerre comme l'Homère de l'*Iliade*. Les poètes sont censés énoncer et justifier les normes publiques auxquelles se conformeront leurs auditeurs[9].

Le débat des *Grenouilles* oppose chez les morts les deux représentants extrêmes de l'art tragique, Eschyle et Euripide. Sophocle, qui était mort en 406, après Euripide, et quelques mois avant la représentation, ne compte pas, ou à peine. Il sera célébré à la fin du drame, comme deuxième dans l'ordre du mérite après Eschyle, mais il est trop « placide » (v. 82), et n'intéresse pas Dionysos[10]. Contrairement à Euripide, il n'a même pas essayé de ravir à Eschyle son fauteuil de premier auteur tragique aux Enfers, où le vieux maître trônait paisiblement depuis une cinquantaine d'années (v. 788-794). La lutte entre deux auteurs qui ne se sont jamais affrontés directement au théâtre, sauf à l'occasion de reprises de pièces d'Eschyle[11],

---

9. D'une certaine manière, le jugement de Dionysos à la fin des *Grenouilles*, en faveur du poète guerrier et iliadique qu'est Eschyle, inverse le jugement qui clôt le *Certamen* : en temps de crise politique et militaire, il faut un poète homérique, et non un poète « hésiodique » de la vie quotidienne, comme Euripide.

10. Le fait que l'absence de Sophocle dans le débat soit argumentée et le classement de ce poète comme deuxième à la fin de la pièce montrent que la triade des auteurs tragiques « classiques », qui va devenir canonique, au point que nous n'aurons d'œuvres complètes que de ces trois auteurs, Eschyle-Sophocle-Euripide, était donc déjà constituée du vivant des deux derniers.

11. C'est ainsi que la fin qui a été rajoutée par un élève d'Eschyle aux *Sept contre Thèbes* montre le souci de valoriser la pièce ancienne du maître, en la complétant, face à l'*Antigone* de Sophocle et surtout aux *Phéniciennes* d'Euripide.

a donc un côté utopique. Aristophane offre à ses contemporains le concours poétique auxquels ils n'ont pas eu droit, alors que pendant de longues années ils avaient vécu la rivalité d'Euripide et de Sophocle, après celle de Sophocle et d'Eschyle.

Cet anachronisme donne à la pièce une forte puissance critique. Libre de faire figurer sur la même scène des poètes qui n'avaient pu se connaître, d'un côté le premier grand Tragique, « le premier des Hellènes qui cercla de tours de graves paroles » (v. 1004), et, de l'autre, celui qui, au contraire, « a ravagé » la tragédie ainsi fondée (v. 1062), la comédie permet de se détacher du présent, de l'actualité immédiate, et de la reconsidérer d'un point de vue nouveau. La situation de la poésie et de la politique athéniennes sera vue à partir d'un passé glorieux, dépassé, mais soudain redevenu actuel, le temps de la représentation.

Dans cette superposition des époques, et dans la victoire finale de l'ancien poète, chargé de transformer le présent, ne s'affirme pas seulement un choix poétique et politique, comme si l'on avait à trancher entre deux options contemporaines l'une de l'autre. Est posée une décision quant à la nature de la temporalité que vit Athènes et quant à la catastrophe, au sens de renversement, qui est nécessaire. La situation de la ville menacée par Sparte est si critique qu'un effort de nouveauté est requis, un changement d'idées et de pratiques. Or les « nouveaux », ceux qui s'affirment comme tels, que ce soit en poésie, avec les artistes comme Euripide ou Cinésias qui brisent les formes, ou en politique avec les « démagogues[12] »

---

12. Le mot est souvent repris par les historiens, comme s'il désignait une réalité. Il traduit plutôt un choix idéologique.

comme Cléophon qui prétendent parler au nom du peuple, ne font qu'accroître le désastre. Ils ont rompu avec les traditions (d'où l'accusation qu'on leur fait d'être vils de naissance ou étrangers). Aristophane leur rappelle que le temps est cyclique, qu'il alterne, et que le vrai « bien » ne peut être pensé qu'à partir d'un passé, même perdu. Comme dans le mythe du *Politique* de Platon, où se succèdent les phases de bonheur et de sa perte, selon que Cronos ou Zeus gouverne le monde, le salut viendra d'un retour à une phase antérieure. Le théâtre se pose ainsi comme détenteur du sens de l'histoire d'Athènes, considérée dans sa durée ancienne et dans ses renversements futurs[13]. Il montre par là ce qui est véritablement vécu, en profondeur, par les citoyens, au-delà de l'évidence et du présent immédiats. Il les conduit à une forme de conscience historique.

Il est vrai que cette purification de la cité par l'ancien a des côtés dérisoires, tant le vainqueur est, comme le vaincu, chargé de ridicules. Mais au moins, le retour du passé est bien effectif, réalisé sur la scène à la surprise de tous. Une brèche est, pour un temps, celui de la représentation, ouverte dans le sentiment des dangers qui oppriment la ville, une orientation est indiquée, et la comédie montre qu'elle est maître dans la désignation des issues. L'âme d'Eschyle, comme celle d'un mort tragique réclamant sa vengeance, déverse sa colère sur la génération qui l'a suivie. À la fin de l'œuvre, revivifiée, elle repart vers Athènes avec la mission d'y « éduquer les imbéciles » (v. 1502 s.), à savoir les Athéniens qui se sont laissés convaincre par la ligne politique belliciste et désastreuse des démo-

---

13. Il y a bien un aspect initiatique dans le passage par la mort et la régénérescence.

crates. Le dieu des Enfers, Pluton, chargera même Eschyle
de donner une efficacité immédiate à la tragédie, genre où
l'on meurt beaucoup, puisqu'il lui faudra convaincre des
dirigeants comme Cléophon de ne pas tarder à trépasser
(ce qui aura effectivement lieu, grâce à un procès soigneu-
sement organisé par les opposants à la démocratie, l'année
suivante). Comme une Érinye tragique, Eschyle mettra de
l'ordre en semant la mort. Il réalisera ainsi, sur son mode
tragique à lui, le but que se propose la comédie, qui est de
pousser les spectateurs à se conformer à ce qui est « utile »
pour la cité, comme le proclame avec résolution le chœur
de la pièce dans une déclaration politique argumentée
(v. 686 s.).

Art comique et crise politique du moment

La poésie comique est ainsi liée à une urgence ; elle
sait, ou prétend savoir nommer les dangers qui menacent
la communauté politique et elle propose, ou assène, des
solutions. Des lignes claires sont posées quant à la conduite
politique à tenir. Le rire s'accompagne d'un indéniable
sérieux, d'une prise en compte de la situation réelle,
qui est considérée comme radicalement mauvaise. Il
est vrai que la situation d'Athènes, engagée depuis près
de trente ans dans plusieurs guerres avec Sparte[14], était
grave. Après la campagne désastreuse menée par les
Athéniens en Sicile (en 413), la ville avait subi plusieurs
crises internes en 411 : la démocratie fut renversée avec
l'instauration d'un régime oligarchique sévère dirigé par
un conseil dit des « Quatre-Cents », puis ce régime fut

---

14. L'idée qu'il y a eu une guerre du Péloponnèse et non une suite
de conflits est une thèse de Thucydide.

remplacé par une oligarchie plus ouverte (les « Cinq-Mille »), avant que la démocratie, qui donne le pouvoir de décision à l'ensemble des citoyens, ne soit rétablie en 410 après un succès militaire contre Sparte. Les démocrates privèrent alors de leurs droits civiques les citoyens compromis avec l'oligarchie. Le chœur des *Grenouilles* plaide fortement pour leur réintégration. De fait, les démocrates n'avaient pas su véritablement rétablir l'avantage par rapport à Sparte. En 406, pendant l'été, une victoire navale près de l'archipel des Arginuses, dont il est plusieurs fois fait mention dans la pièce, n'avait pu être décisive : les généraux victorieux furent condamnés, et six d'entre eux, sur huit, exécutés, pour des raisons religieuses, ou présentées comme telles : ils n'avaient pas récupéré les cadavres des soldats morts (une tempête les en avait empêchés). La ville, selon les critiques venant des adversaires des démocrates au pouvoir, était donc, pour reprendre les termes du chœur des *Grenouilles*, privée de ses citoyens les plus « utiles » *(khrêstoi)*, d'autant que les esclaves qui avaient participé comme simples rameurs à la bataille des Arginuses s'étaient vu accorder non seulement la liberté, mais la citoyenneté. Le corps politique était, selon ces critiques, dénaturé. La représentation de la pièce précède de peu la capitulation d'Athènes, au printemps 404, après une défaite navale majeure près des rivages d'Asie mineure (la bataille d'Ægos-Potamoi, en septembre 405).

Le conseil politique donné par le chœur sera suivi d'effets : une politique de réintégration des citoyens déchus sera mise en place. Par ailleurs, ce conseil avait tellement impressionné les Athéniens, nous dit une « Hypothèse », ou sorte de notice historique et explicative rédigée par les philologues de la Bibliothèque d'Alexandrie, que, fait exceptionnel, une seconde représentation de la pièce fut organisée en 404, sans doute aux Grandes Dionysies, peu avant la défaite finale d'Athènes. Cette seconde représentation a pu entraîner des changements dans le texte, et il est tentant d'expliquer par cette reprise des doublets ou des incohérences dans l'œuvre (voir le commentaire aux vers 1251-1260, 1431a et 1431b, 1437). Quoi qu'il en soit, une thèse politique est posée, dans des termes nets qui permettent de situer Aristophane dans le champ contradictoire des opinions politiques du moment. Tout le problème pour le lecteur est de saisir le sens que prend cette thèse au sein d'une œuvre comique. Que reste-t-il du rire ?

Art comique et théorie de la tragédie

De même, pour la question de la tragédie, des choix argumentés, techniques, semblent clairement exposés quant au métier d'auteur tragique. Euripide est vaincu, et sa défaite dans ce drame a déterminé pour longtemps l'image de sa poésie : plusieurs griefs qui lui sont opposés dans la pièce, mépris des valeurs établies, réalisme banalisant et contamination de l'art par la dialectique des Sophistes (ou de Socrate, v. 1492), ont ensuite été considérés comme de vraies caractéristiques de son œuvre[15]. Le texte des

---

15. Voir l'étude de Br. Snell sur la postérité du jugement porté contre Euripide dans son ouvrage *La Découverte de l'esprit*. Il reste à écrire une histoire des lectures de cet auteur. Il y a plutôt, en réalité, instrumentalisation d'Aristophane qu'effet décisif de sa pièce sur la lecture. Une interprétation moderne d'Euripide, à partir des Romantiques (avec les frères Schlegel), a emprunté quelques traits aux *Grenouilles*, mis hors de leur contexte comique, parce qu'ils semblaient correspondre à l'idée défendue alors de l'histoire littéraire comme destin amenant les formes à leur dégénérescence nécessaire. L'art avait sombré, parce

Grenouilles nous montre, heureusement, qu'Aristophane est en réalité beaucoup moins caricatural à son égard. Mais il reste qu'une option est bien prise quant à la signification et à la nature de la tragédie, et qu'une comparaison avec ce qu'en disent des théoriciens philosophes comme Gorgias, Platon ou Aristote est légitime. Il reste aussi que le lien que cette comédie établit entre l'affaiblissement politique d'Athènes et l'engouement de la cité, ou de sa partie la moins bonne, pour la tragédie d'Euripide est bien posé comme une thèse. Platon se fera plus tard l'écho de cette interprétation historique dans son dialogue les *Lois* (III, 701a), avec la condamnation de « l'art nouveau » en matière de poésie et de la « théâtrocratie » qui domine désormais la cité : l'émotion violente, telle que la produit la tragédie, règne en maître dans les assemblées, et non pas le raisonnement.

Un conflit d'interprétation. Message ou rire ?

L'un des problèmes que l'on rencontre sans cesse quand on lit et qu'on traduit, est de savoir jusqu'à quel point il faut prendre ces diagnostics et ces évaluations au sérieux, et de définir la place que malgré tout y tient le rire. Vient-il en plus, comme accompagnement, ou rend-il dérisoire les options en apparence sérieuses que l'œuvre semble prendre ? Le rire est-il un « rire de » ou « contre », une critique qui supposerait un fondement sérieux, assumé

---

que, selon un mouvement inévitable et irréversible de la réflexion, il s'était soumis aux exigences nouvelles, rationnelles et non artistiques, de la pensée rationnelle (Socrate). Cela devait se produire quand, de son côté, le contexte politique, miné par la même emprise de la réflexion, s'était affaibli, quand donc le lien était rompu entre vivacité politique et invention poétique authentique.

comme tel, un choix idéologique, ou est-il libre, sereinement dévastateur de toute proposition affirmée, même de celles qui le sont au sein de la comédie ?

Le débat est ancien. Il prend actuellement[16] la forme d'une discussion entre une école historique[17], qui reconnaît dans la poésie d'Aristophane des choix politiques et culturels déterminés qu'un discours autre que celui de la comédie pourrait développer. Aristophane tend alors à devenir le porte-parole d'une partie de la cité contre une autre, dans un débat ouvert qui n'est pas limité à la poésie. Ce sont certains de ses énoncés qui sont ainsi privilégiés, ceux où une opinion paraît clairement exprimée, comme s'ils donnaient la clé de l'œuvre. À l'inverse, une lecture plus globale, plus attentive au cadre de la comédie, à son caractère d'événement faisant partie d'un rite (la célébration de Dionysos dans les différents festivals poétiques et dramatiques qui lui sont dédiés), tend au contraire à minimiser la portée sérieuse de ces énoncés ponctuels pour mettre l'accent sur des pratiques cultuelles plus anciennes, et considérées comme toujours déterminantes, que reprend indubitablement la comédie et qui, en dehors de tout propos politique, savaient donner libre cours à une parole injurieuse ou visant le rire, comme les échanges d'injures auxquelles donnaient lieu les processions des cultes phalliques. Le carnaval, tel que M. Bakhtine l'a défini à propos de Rabelais[18], comme moment d'une inversion radicale des valeurs, de mise en cause momentanée des prétentions de la culture haute par son abaissement vers les fonctions « basses »

---

16. Je renvoie à la présentation qu'en donne R. Saetta-Cottone dans son livre *Aristofane e la poetica dell'ingiuria*.

17. Puissante notamment en Grande-Bretagne et aux États-Unis, avec les travaux de G. E. M. de Ste Croix, J. Henderson, A. H. Sommerstein.

18. Dans le livre devenu canonique, *L'Œuvre de François Rabelais et la culture populaire au Moyen Âge et sous la Renaissance* (1965), trad. fr. par A. Robel, Paris, 1970.

du corps, a pu servir de modèle pour comprendre la fantaisie que déploie la comédie[19].

Un soubassement anthropologique a pu ainsi être donné à l'interprétation que F. Schlegel, au début du XIXᵉ siècle, a esquissée, quand, en défense de la comédie et de ses grossièretés, il y reconnaissait le jeu libre de l'esprit qui sait, dans une sorte de métaphorisation continue et débridée, créer des rapprochements inouïs et se libérer, grâce à une imagination qui ne se reconnaît aucune loi, des contraintes de la culture et de ses formes établies. L'art, avec la comédie, s'ouvrait à une invention infinie, dans « l'arbitraire illimité de la fantaisie »[20]. Transcrite dans les termes d'une conception sociale de la poésie, cette liberté du rire devenait fonctionnelle, comme compensation passagère mais institutionnalisée apportée au sérieux de la vie politique.

Une vraie contradiction s'est mise en place au sein de la science philologique en charge de ces textes, et de vraies découvertes passionnantes, de part et d'autre, ne cessent

---

19. Voir notamment les travaux de J.-Cl. Carrière.

20. Voir sa « Caractéristique de la comédie grecque » (1804), dans la *Kritische Friedrich Schlegel Ausgabe*, éd. par E. Behler, vol. 11, Paderborn/Munich/Vienne, 1958, p. 87 ss. Schlegel prend ainsi le contre-pied d'une autre lecture de la comédie, chez le jeune Hegel, qui reconnaissait la nature libre et non sérieuse du rire comique, mais qui en faisait l'expression non d'une imagination individuelle débridée, mais d'une cité rassurée sur elle-même, d'une « vie morale » réconciliée après les solutions que la tragédie avait pu apporter aux problèmes du droit, comme on le voit avec la réconciliation qui clôt l'*Orestie* (voir l'essai *Des manières de traiter scientifiquement du droit naturel* [1802-1803], trad. fr. par B. Bourgeois, Paris, 1990, p. 71). Sur les théories romantiques de la comédie en Allemagne, F. Schiavon a rédigé une étude très pertinente (*La Storia della fortuna di Aristofane in Germania dagli Schlegel a Nietzsche*, Tesi di Laurea, Padoue, 1994).

de la relancer.[21] Cette contradiction est d'une certaine manière insurmontable si on s'y enferme parce que chaque parti prend appui sur une conception différente du langage poétique, et du langage en général, et que ces conceptions s'opposent frontalement, sans pouvoir désarmer l'autre.

Les historiens, ceux qui reconstruisent un point de vue « réel », situable historiquement, de l'auteur, s'attachent à définir le sens précis, ou plutôt la référence exacte de phrases considérées comme essentielles (sur la politique, sur les valeurs, sur l'art). Ils supposent qu'un message est transmis, sous l'habillage comique ou sans lui, quand les énoncés sont de toute évidence indépendants de leur insertion dans une œuvre comique, par exemple quand le chœur ou un personnage disent ce qu'il faut faire pour sauver la cité. Les autres ne s'intéressent pas aux contenus des phrases, à ce qu'elles dénotent, mais à leur contexte, au fait même qu'elles existent au sein d'une

---

21. On assiste parfois à des retournements, avec des retours au sérieux qu'opère une lecture « ritualiste », si le rite est pris « à la lettre », comme expérience fondatrice, comme si, par exemple, Dionysos subissait effectivement une initiation dans les *Grenouilles*, où il semble bien passer par des étapes rituelles telles que les prévoyaient les Mystères d'Éleusis. La présence du chœur des Initiés dans cette œuvre semble conforter la thèse. On expliquerait ainsi qu'il change d'avis : c'est parce qu'il est initié qu'il reconnaît finalement qu'Eschyle vaut mieux qu'Euripide. Selon la dynamique des rites de passage, il lui faut, après un séjour dans les confins, réintégrer la cité et choisir donc le poète le plus utile à la cité. On fait alors comme si le choix d'Eschyle était une vraie leçon, et comme si le dieu des initiés, Dionysos, devait recevoir lui-même une initiation (cf. le livre d'I. Lada-Richards). X. Riu, dans son livre *Dionysism and Comedy*, est plus prudent : la situation comique est de type rituel, sans que toutes les implications du rite, comme formation, soient reprises. Avec A. M. Bowie *(Aristophanes : Myth, Ritual and Comedy)*, je préfère, de fait, considérer les éléments rituels comme des matériaux sémantiques de l'œuvre, qu'elle fait siens abondamment, sans qu'ils en déterminent nécessairement le sens.

situation de parole créée par le théâtre. La parole comique, pour eux, ne fait pas d'abord référence à des faits ou à des valeurs, mais est expressive de l'appartenance à une culture[22]. En tant qu'expression libre, elle leur paraît caractérisée par le fait qu'elle est déliée de toute obligation argumentative ou normative. Ils s'attachent à rendre compte des orientations générales de cette situation de parole et de représentation en insistant sur son insertion dans la culture. La tendance est alors de chercher le sens de la situation théâtrale dans ce qui paraît être la chose la plus importante pour une culture traditionnelle, à savoir son ancrage dans une tradition religieuse bien établie (pour la comédie : le rire carnavalesque, le rituel dionysiaque ; pour la tragédie, ce serait le culte des héros). Mais le risque est alors d'expliquer le texte comique par quelque chose qui lui est antérieur, qui le conditionne, sans que l'on prête assez attention à la matérialité du texte, à ses parcours, à son propre mode de faire du sens, comme si la forme comique ne valait pas par elle-même, comme reconfiguration particulière d'éléments traditionnels, mais par son origine.

Discontinuités de l'œuvre

Il est vrai que le texte des *Grenouilles* résiste fortement à l'interprétation « interne », et semble défier toute tentative de lui conférer une cohérence quelconque. La rup-

_____

22. On retrouve bien les deux conceptions fondamentales du langage actuellement dominantes et également réductrices, comme dénotation ou comme expression, comme instrument servant à communiquer un message ou comme expression « authentique » d'une identité culturelle, que j'ai analysées avec H. Wismann dans notre livre *L'Avenir des langues. Repenser les Humanités*, Paris, 2004.

ture prime, constamment. Tout le monde note, déjà, une étonnante discontinuité dans l'action du drame. Et cela choque notre conception scolairement « spontanée » du théâtre, qui est encore souvent tributaire de la *Poétique* d'Aristote et de l'accent qu'elle met (mais pour la tragé- die[23]) sur la continuité de l'intrigue.

Le projet initial de Dionysos est de descendre dans l'Hadès pour en faire revenir Euripide, qui vient de mou- rir et qui lui manque douloureusement, puisque les auteurs tragiques encore en vie sont tous médiocres ou mauvais. Suit alors une longue série de scènes burlesques qui pré- sentent le début de cette quête et qui n'ont, apparemment, rien à voir avec le thème posé, la tragédie dans ce qu'elle a de merveilleux chez Euripide. Elles semblent plutôt déployer avec virtuosité, en toute indépendance, les pos- sibilités expressives de la comédie[24]. Puis, une fois atteint le lieu de la quête, la maison de Pluton, l'enjeu de l'action change d'un seul coup. Dionysos se trouve soudain devoir arbitrer un conflit entre Eschyle et Euripide qui se dispu- tent le « fauteuil de la tragédie » chez les morts. Il n'est plus question de faire remonter un auteur disparu, mais de décider qui règnera sur la tragédie dans le monde souter- rain. Suit alors une longue controverse, un *agôn* inattendu qui doit décider qui est le poète le plus « savant » *(sophos)*. Mais la lutte ne débouche sur rien : le dieu se dit finalement incapable de choisir entre ses deux « amis » (v. 1411-1413).

---

23. Où le choix d'Aristote est déjà discutable. Ce n'est ni la posi- tion de Platon, qui insiste sur les effets émotifs, irrationnels du drame, ni d'Aristophane, qui s'intéresse d'abord aux manières de dire des auteurs tragiques et à leur musique.

24. Au point que P. Thiercy a pu dire que la première partie de la pièce a comme thème la comédie et la seconde la tragédie (*Aristophane. Fiction et dramaturgie* ; voir aussi son introduction à la traduction de la pièce dans la Bibliothèque de la Pléiade).

Ce refus de juger est d'autant plus surprenant qu'Eschyle paraît bien avoir remporté l'épreuve, et cette victoire du vieux poète dans un combat portant sur le métier, sur la « science » poétique, est elle-même surprenante, puisqu'au départ c'est Euripide qui se posait comme technicien, comme savant[25], et c'est lui qui réclamait un examen méthodique du métier, vers par vers (v. 801 s.). Tout ce qui précède semble donc avoir été vain, jusqu'à un dernier coup de théâtre. La quête initiale redevient d'actualité dans le drame *in extremis*, quand Pluton, tel un *deus ex machina*, oblige Dionysos à vraiment choisir : le vainqueur, annonce-t-il par surprise, ne règnera pas sous terre, mais retournera à Athènes, selon le vœu premier du dieu. Inopinément, a-t-on envie de dire, Dionysos choisit alors Eschyle, sans expliquer pourquoi il n'est plus aussi « épris » d'Euripide, qui s'en va en maugréant.

Sans doute ces incohérences doivent-elles guider la lecture et nous servir de fil dans la compréhension du rapport entre rire et sérieux. On ne s'en sort pas si l'on cherche dans la pièce l'unité d'une action ou le développement progressif d'un propos, comme si l'on devait reconstruire les étapes d'une progression de Dionysos vers une perception plus juste de ce qu'est la tragédie, comme si la pièce tendait vers un message et se présentait comme une sorte d'apprentissage du dieu, devenu conscient, enfin, de la supériorité d'Eschyle. Cela ne respecte pas les changements de sujet, de situation, les changements d'opinion

---

25. Selon un jugement habituel, cf. les *Nuées* (pièce de 423), v. 1377. Dans cette scène, le fils, contre son père qui lui demande de chanter de l'Eschyle, prononce une condamnation du poète ancien qui anticipe nettement ce qui sera dit dans les *Grenouilles* (v. 1366 s.) : « Car moi, je considère Eschyle comme le premier parmi les poètes, / plein de bruit, désarticulé, criailleur et fabricant d'abîmes »). Les *Grenouilles* mettent en scène des jugements convenus sur les deux auteurs.

du protagoniste, pour qui, au départ, la question de la valeur
relative d'Eschyle et d'Euripide ne se posait même pas :
le dieu ne surmonte pas son deuil d'Euripide, et veut satisfaire un désir dû à une circonstance précise, la mort récen-
te du poète aimé. Il ne pouvait pas prévoir le débat auquel
il sera mêlé. On ne s'en sort pas non plus si l'on voit dans
cette discontinuité une pure liberté, qui se joue à décevoir
toute attente. Ce sont bien des ruptures, des apories qu'il
nous faut interpréter, sans réduire la discontinuité à une
fausse unité, sans non plus (tout au moins, c'est un pari)
la réduire à du pur non-sens. D'un bout à l'autre de la
pièce, on voit bien courir des problématiques qui restent
constantes, quant au langage, quant à son rapport avec
l'art, avec la cité, avec la vie ordinaire. Ces questions
émergent sous des formes inattendues, dans des situations
bizarres, déplacées les unes par rapport aux autres, mais
avec la même force. On a plutôt à définir le type d'unité
qui permet ces diffractions, chaque fois autonomes.

Analyse comique

La confrontation avec la langue de la pièce, avec les
problèmes que pose la structure dramatique, m'a amené à
envisager, après l'essai de plusieurs hypothèses, un changement de perspective. Pour sortir de l'aporie critique,
entre lecture historique et lecture anthropologique, il
convient sans doute de changer la question. Non plus se
demander quel degré de sérieux la comédie peut intégrer
sans se dénaturer, mais, si l'on prend la comédie comme
forme, c'est-à-dire comme réalisation d'un point de vue
particulier sur la matière accueillie et traitée dans l'œuvre :
quel sérieux est produit par la forme comique elle-même ?
Ce que la comédie, ou plutôt celle-ci, les *Grenouilles*, dit

effectivement sur la tragédie, sur la politique et aussi sur le rite est sans doute moins à prendre comme un emprunt à d'autres formes de discours, théoriques, religieux ou autres, que comme un moment nécessaire à la production du rire. Nous aurions moins une opposition figée et statique entre deux types de manifestations langagières, des prises de position articulées, d'une part, et des échappées vers la dérision ou la fantaisie, de l'autre, qu'une relation plus complexe et plus dynamique : la comédie constitue sa manière de parler de réalités qui lui sont extérieures, de façon à alimenter sa propre liberté. Les données historiques sont bien présentes, situation politique d'Athènes, situation de la tragédie, avec les jugements qui les accompagnent. Mais ces données, qui sont bien la référence de la comédie, servent de matière à une refiguration qui ne se penserait pas sans elles. Ce n'est pas, selon une vision courte de la poésie souvent défendue, ou emprise de la réalité extérieure ou liberté de l'art, mais constitution d'une liberté référentielle.

Il m'a paru alors éclairant de recourir à la notion d'« analyse comique », dans l'idée que la forme comique propose des instruments, des critères pour rendre compte, depuis son point de vue, de situations réelles, extérieures à la fiction dramatique et préalables à elle, sans qu'elle ait nécessairement besoin d'adopter, pour parler de ces réalités, des schémas interprétatifs et normatifs qui lui préexistent dans la culture et qu'elle ne ferait que reprendre. Elle constitue le sien. Certes, « analyse » et « comique » paraissent s'exclure mutuellement. Le premier terme renvoie à une pratique sérieuse, argumentée, d'investigation, tandis que le second semble écarter toute prétention au sérieux, ou, en tout cas, ne pouvoir s'y réduire. Mais le point, précisément, est de définir un mode de se rapporter à la culture qui conduit à une perception nouvelle de celle-ci et qui déploie son étude de manière à montrer en quoi la recherche du rire, qui est bien ce vers quoi tend la comédie, est un instrument efficace de connaissance, par le dépaysement et par une forme subite, inattendue, d'élucidation.

Il y aurait donc bien une « fonction cognitive » de la comédie, mais sans que cette connaissance puisse être assimilée à un point de vue qui puisse s'exprimer indépendamment de la représentation comique. Il ne s'agira pas d'une connaissance de type théorique, à savoir assimilable à une représentation conceptuelle cohérente et réglée, qui définit clairement son objet comme chez les théoriciens, mais plutôt d'une expérience conduisant à l'étonnement, à la perception d'incompatibilités risibles, de possibilités inexploitées par les formes de discours « sérieuses » constituant la culture. Il ne s'agira pas non plus d'un simple point de vue normatif, réaffirmant, contre les excès des « modernes » de la culture athénienne, la légitimité de vieilles valeurs éprouvées, comme on le dit souvent pour Aristophane, comme si son inventivité artistique n'apportait rien de fondamentalement neuf.

Le principe d'une telle connaissance ne serait pas à chercher dans une conception définie du langage, du monde, de la politique, de la religion et de la valeur de ses rites, mais dans l'assurance que la représentation comique aura toujours les moyens d'ouvrir à un regard extérieur sur ces réalités et sur les discours qui s'en sont emparés dans la culture. Une connaissance mobile, qui ne prétend pas à la vérité, ou à la conformité aux normes sociales, éthiques ou religieuses, mais qui, par jeu, fait entendre dans ces discours des contradictions, des apories, alors qu'ils se croyaient maîtres de leur domaine.

Cette prise de distance n'aurait même pas à être qualifiée de « critique », car ce mot suppose encore un point de vue conceptuellement défini, stable, à partir duquel les pratiques sociales puissent être analysées et dénoncées. Il y a bien des moments explicitement critiques dans la comédie, dans telle ou telle évaluation de ce qui a cours dans le monde, mais ces moments ne sont, justement, que des instants, immédiatement dépassés en raison de leur insertion dans une forme plus large. Si la politique, par exemple, est bien présente dans les *Grenouilles*, et de manière définie, avec des prises de position précises, ces choix sont immédiatement mis en perspective, sans pour autant être invalidés, par le simple fait que la comédie pose aussi d'autres questions : non seulement, que faut-il faire d'Alcibiade, le leader contesté, ou comment faire que les citoyens se ressaisissent, mais : que se passe-t-il quand on parle, quand on est ému par la poésie, quel type d'expérience procure l'adoration du dieu « Iacchos », le Dionysos des Mystères ? Tout cela est juxtaposé, et excède clairement les problèmes particuliers qui relèvent de la rationalité, en soi limitée, des choix politiques. C'est la même chose pour le rituel : il est frappant que les initiés au culte bachique qui constituent le chœur ne reconnaissent pas leur propre dieu. De fait, il est venu aux Enfers pour autre chose qu'une initiation[26] ; leur dieu est ailleurs, tout simplement, parce qu'il est fasciné par la tragédie. La forme comique permet ces juxtapositions, souvent incongrues, parce qu'elle propose un mode de représentation de l'ensemble des contenus de la culture[27].

---

26. Quand le dieu est finalement bien identifié, parce que mis en fonction de juge dans un concours théâtral, la question de sa reconnaissance par le chœur ne se pose même pas.

27. Ainsi, les *Acharniens* obligent à penser ensemble la guerre, l'économie, la tragédie et la farce mégarique. Voir les analyses

La parole du métier

Les *Grenouilles* contiennent bien une analyse de la grande poésie : de la comédie, dans le prologue, du dithyrambe avec le chœur des Grenouilles, et de la tragédie, au tout début et dans la grande scène des deux poètes. Cette analyse n'est pas seulement parodique ou indirecte[28]. Dans la plupart des cas, elle nomme, discute et examine son objet. Les interprètes se sont alors demandé, à juste titre, à quels modèles de critique littéraire Aristophane pouvait avoir eu recours. Son texte abonde de termes qui seront ensuite repris par la critique savante, et on le voit préfigurer une classification des auteurs tragiques selon leur style[29]. On le voit aussi, apparemment, prendre position dans le débat contemporain sur la force de « l'imitation » poétique, la *mimésis*, sur le lien entre le langage poétique et les effets produits sur les spectateurs, notamment sa capacité à les mettre « hors d'eux-mêmes », à les abstraire du présent[30]. Mais il est difficile de lui trouver de vrais prédécesseurs. Nous avons bien des titres d'ouvrages savants, tous perdus, écrits par les « Sophistes » (il faudrait plutôt dire les intellectuels du moment) sur le langage. Ces livres devaient parler de poésie, mais selon un angle tech-

---

développées par Anne de Cremoux, *La Cité parodique*. Sur l'ensemble de ces questions, voir ma contribution à P. Mureddu et G. F. Nieddu, *Comicità e riso*, p. 43-76.

28. Comme c'est le cas pour le dithyrambe des Grenouilles chantant sur l'Achéron.

29. Voir l'étude très détaillée de N. O'Sullivan, *Alcidamas and the Beginnings of Greek Stylistic Theory*.

30. Particulièrement éclairant est l'essai de P. Mureddu, « Il poeta drammatico da *didaskalos* a *mimetes* : su alcuni aspetti della critica letteraria in Aristofane », *AION* 4-5, 1982-1983, p. 75-98.

nique limité, relatif, par exemple, à la « correction des noms » ou à la « synonymie »[31]. Il n'y a pas vraiment trace d'ouvrages portant sur la poésie considérée dans tous ses aspects, à la fois expressifs et sociaux. Le *Combat d'Homère et d'Hésiode* devait exister, sous une forme différente de celle que nous connaissons. Mais les thèmes traités ne sont pas les mêmes.

Et pourtant, la dispute d'Eschyle et d'Euripide semble bien organisée comme un traité. Dans les premières joutes (celles qui constituent, formellement, la partie de la comédie qui s'appelle *agôn*, v. 895-1098), il est bien question des buts et des moyens de la représentation tragique. Puis, une fois ce cadre général posé, les scènes qui suivent analysent des sections constitutives de la tragédie, les prologues et le chant (v. 1119-1364)[32]. Vient enfin, dans la dernière épreuve en apparence technique, l'examen du « poids des mots » (v. 1365-1410). Il est alors possible de comparer les éléments discutés par Aristophane avec ceux que répertorie et classe Aristote dans sa *Poétique* (ch. 6). On remarque alors que, sur les six « parties » fondamentales de la tragédie qu'isole Aristote – l'action *(muthos)*, le caractère des personnages *(êthos)*, la pensée, ou la « faculté de dire ce qu'implique la situation[33] » *(dianoia)*, l'expression *(lexis)*, le chant *(melopoiia)* et le spectacle *(opsis)* –, Aristophane en aborde peu. L'action, pourtant centrale dans la *Poétique*, manque totalement, cela est déjà

---

31. Voir la liste donnée dans le *Phèdre* de Platon, en 267 b-c, avec les titres d'œuvres de Prodicos, de Polos, de Protagoras. Sur ces traités, voir le premier volume de l'*History of Classical Scholarship* écrite par R. Pfeiffer.

32. Manquent donc les « épisodes », les scènes dialoguées entre les parties chantées, et l'*exodos*, la scène finale.

33. Voir la traduction (pour 1450 b) de la *Poétique* par R. Dupont-Roc et J. Lallot, Paris, 1980.

une surprise pour nous. Elle n'est évoquée que pour les événements antérieurs au drame, tels qu'ils sont racontés dans les prologues d'Euripide. Par contre, les caractères (qui se différencient selon que les personnages sont royaux ou vils, bons ou mauvais[34]) sont fortement présents. La pensée n'est pas dissociée du caractère, ni, surtout, de l'expression, qui est au centre de l'analyse. Les chants occupent toute une partie. Le spectacle est totalement négligé, sauf quand est dénoncée la mauvaise habitude qu'a prise Eschyle de faire figurer des personnages qui restent longtemps voilés et silencieux[35].

Mais on fait sans doute fausse route si l'on cherche dans les *Grenouilles* le reflet de doctrines antérieures sur la tragédie (en fait introuvables) ou l'anticipation des traitements savants de ce genre par Platon et Aristote[36]. Il est, en effet, impossible de dégager des prises de positions contradictoires de Dionysos, du chœur et des deux antagonistes, une conception unifiée de la poésie. Ce qu'ils disent du théâtre, de sa fonction, ne cesse de se contredire et de se renverser de scène en scène. Le propos du drame n'est pas là. Notre lecture doit plutôt éviter de se laisser influencer par le fait que le thème traité par Aristophane,

---

34. Il ne s'agit pas de caractères individuels, au sens moderne du mot, mais de types.

35. Les interprétations récentes qui minimisent, dans une filiation lointaine avec Antonin Artaud, le rôle du texte dans le théâtre grec ancien, au profit du rite, des gestes, de la fête, ont au moins contre elles le témoignage, contemporain, d'Aristophane. Ces éléments sont fortement là, mais toujours dans une relation déterminée à un texte constitué, fixé et élaboré dans tous ses détails.

36. Le jugement de Gorgias selon lequel la tragédie est une tromperie, où l'auteur qui trompe est juste et celui qui se laisse tromper sage (fr. 82 B 23 Diels-Kranz), paraît plutôt être une exemplification de sa théorie du discours que la base d'un examen méthodique de la tragédie.

la tragédie, a fait, par la suite, dans des cercles sociaux fermés, l'objet d'une discussion théorique qui visait à définir l'essence de la tragédie, et par là le degré de sa relation à la vérité. Ce serait commettre à la fois un anachronisme et une erreur quant au genre que de lire la pièce à partir de la perspective construite, dans sa logique propre, par la philosophie, relayée ensuite par la critique scientifique des philologues anciens.

Les *Grenouilles* se situent avant l'appropriation de la poésie, et, surtout, de la discussion publique sur elle, par le discours professionnalisé et conceptuel des philosophes, puis des critiques. Elles se situent avant la constitution de doctrines philosophiques s'efforçant d'en donner une définition rationnelle et systématique, qu'elle soit positive ou négative. La comédie utilise certes des schémas d'analyse de type philosophique, et notamment, nous le verrons, les différentes manières de concevoir le rapport entre langage et réalité. En ce sens elle est bien contemporaine de sa culture. Mais cela aussi est une matière, qu'elle peut employer pour se jouer et suivre son propos à elle, qui, en l'occurrence, s'en prend, aussi, à toute prétention que pourrait émettre un discours théorique savant à prendre le contrôle du théâtre ou de la poésie. C'est moins la critique ou la théorie qu'elle vise que la soumission, opérée par la poésie elle-même, chez Euripide, vis-à-vis de la philosophie. Face à cela, elle développe un point de vue à la fois plus large et plus matériel, c'est-à-dire davantage lié aux questions de son métier. Son analyse n'est pas guidée par la question théorique (socratique) du « qu'est-ce que ? » : qu'est-ce que la tragédie, ou : qu'est-ce que la bonne tragédie ? Ces questions relèvent d'un traitement philosophique de l'art poétique, et non de l'art poétique lui-même. Elles le prennent de l'extérieur pour objet en soi.

Contrairement à une idée trop réductrice du discours sur la poésie, qui suppose qu'il devait nécessairement être orienté par les questions propres à la critique savante, mieux vaut admettre qu'il existait, avant le quasi-monopole qu'a pu exercer la réflexion théorique sur la tragédie, une discussion publique sur l'art poétique et que celle-ci était guidée non par des problèmes de définition, mais par les préoccupations du métier, une parole interne au savoir-faire des poètes, qui s'exposait sur la scène et qui devait susciter des débats parmi les artistes et les spectateurs. Cette discussion portait non sur la tragédie comme objet, mais, plus fondamentalement, sur l'intérêt qu'elle suscite dans la société, sur la puissance qu'elle peut exercer ou non comme pratique reconnue.

La tragédie en dérision d'elle-même

Les *Grenouilles* nous donnent un exemple de cette réflexion publique interne à l'art. La pièce a moins affaire à la tragédie comme telle, qu'elle isolerait de son contexte, qu'à un événement, qu'elle aborde dans sa complexité. La question qu'elle pose n'est pas théorique mais plutôt : que s'est-il passé ? Comment la tragédie a-t-elle pu évoluer de cette sorte, passant d'Eschyle à Euripide ? Et, parallèlement, comment cette évolution concorde-t-elle avec celle de la cité, qui a oublié ce qu'elle était, ou ce qu'on croit qu'elle était ? La pièce d'Aristophane ne pose pas ou ne cherche pas une définition de la tragédie, puisque tout le monde sait à peu près ce que c'est ; il suffit d'aller au théâtre. Elle analyse une histoire collective, et ses conséquences.

Elle ne le fait pas à partir d'un point de vue supérieur, qui fournirait une représentation claire et distincte de ce

qu'est ou doit être l'art. De manière plus interne, plus liée
à la pratique effective des poètes, elle présente les contradictions propres à cet art. La clé du rire qu'elle provoque
est sans doute qu'elle insiste constamment sur l'écart entre
ce que la tragédie prétend réaliser et ce qu'elle a en fait
accompli. Les citations des œuvres, les parodies tombent
comme des démentis des prétentions affichées. Parfois,
les citations sont elles-mêmes trafiquées (comme dans le
prologue, v. 100-102) pour que la dérision soit immédiate.
Eschyle, pas moins qu'Euripide, se contredit, et leur drô-
lerie vient de ce que l'autre pourra toujours montrer à son
adversaire qu'il ne sait pas ce qu'il dit ou ce qu'il a fait,
qu'il n'a pas atteint l'effet visé, mais a produit des monstres poétiques. Dionysos, oscillant entre les deux poètes,
s'amusera à souligner les incohérences. Il n'y a pas de
dernier mot. L'un des deux adversaires vaincra, mais pour
des raisons partielles, pour des promesses ou des tendances plus que par les qualités intrinsèques de son œuvre :
on a du mal à imaginer en quoi l'art ancien d'Eschyle
sauverait l'Athènes menacée de l'année 405[37]. Comme on
l'a vu plus haut, l'ancien poète vainc parce qu'il est le
passé, parce qu'il incarne, dans sa violence intraitable,
titanesque, le rappel intempestif de ce que la cité était avant
de dégénérer ; sa force actuelle est là.

La supériorité de la comédie est de savoir présenter les
apories de l'autre forme d'art dramatique, d'en faire rire,
précisément parce qu'elles sont sans issue, parce que ce
que les deux grands Tragiques ont réalisé vraiment n'est
pas à la hauteur de ce qu'ils voulaient, mais détruit leurs
visées. Le propos n'est pas de surmonter ces contradictions
dans une conception articulée de l'art tragique. La comé-

---

37. D'autant qu'il y était déjà présent, par les reprises de ses pièces.

die se contente de désigner, depuis son dehors à elle, ce que la tragédie devrait essayer d'atteindre ; c'est elle qui le lui dit, fixe les règles du jeu et constate les ridicules de l'art dit sérieux.

Les trois jugements de Dionysos sur Euripide

L'aporie dans le jugement sur la tragédie, l'impossibilité de la réduire à une notion claire semblent bien être un élément moteur dans la conduite du drame. Dionysos, le dieu du théâtre, qui a déjà derrière lui une longue tradition comique de divinité qui fait rire[38], est le porte-parole principal de cet embarras, qui crée l'action et la vivacité des débats. D'une scène à l'autre, il se contredit. Les trois jugements qu'il porte sur Euripide au cours de la pièce sont inconciliables entre eux.

Cela commence par une envie subite et insurmontable, qui pose tout de suite tous les éléments du débat. Le dieu raconte à son frère Héraclès qu'il a été pris d'un désir effréné d'Euripide alors qu'il lisait une copie du texte de la tragédie *Andromède*. Il était dans un bateau de guerre, pendant une bataille qui pourrait être celle des Arginuses, et, en lisant, il s'est brusquement abstrait de ce qui l'entoure. La force du langage d'Euripide l'a absorbé (v. 52-54). Au moment où il fait son récit, il est resté captivé par la puissance métaphorique et par la virtuosité syntaxique de son auteur disparu (v. 100-102). La technique du poète, sa fécondité et son audace fascinent. Le décor est posé. Athènes joue son avenir politique, et le dieu, après avoir, dit-il,

---

38. Cratinos, en 430, avait présenté un *Dionysalexandre*, où le dieu se déguise en Pâris ; dans les *Taxiarques* d'Eupolis, il fait une mauvaise figure de soldat. Aristophane a composé un *Dionysos naufragé* (voir l'édition de K. Dover, p. 39).

coulé plusieurs navires, s'échappe dans les mots. L'art, par sa liberté langagière, efface la réalité, il a sa force propre. Déjà, au tout début de la première scène, Dionysos s'était plaint auprès de son esclave Xanthias de la lourdeur des mauvais poètes comiques qui essaient à tout prix de faire rire en nommant des réalités scatologiques. Dionysos croit que le langage n'a pas d'abord cette fonction-là (nous dirions « référentielle » ou « dénotative »). Il vaut par lui-même, et cette puissance se manifeste dans des écarts, dans des trouvailles maîtrisées qui font que l'on entend les mots pour eux-mêmes et non pour ce qu'ils disent.

Mais ce déni de la réalité au profit du langage se paie lourdement. Pour jouir à nouveau de ces sortes d'extases langagières, le dieu a, en effet, besoin d'Euripide, de le faire revenir des Enfers. Il doit alors affronter la réalité et ses duretés, celles du voyage dans l'au-delà et ses dangers. Le « réel », celui de la fiction, se rappellera à lui et le persécutera, alors même qu'il faisait tout pour y échapper. La première partie du drame, avec les scènes comiques qui s'y accumulent, n'est ainsi pas hors propos. Elle joue librement de la capacité à maîtriser les choses par les mots, de changer les apparences pour s'en sortir, et débouche sur des coups violents assénés au dieu par le portier de l'Hadès. Le dieu, qui avait condamné la scatologie, se conchiera plusieurs fois par peur, et notamment par la peur que les trouvailles langagières d'Euripide se soient soudain métamorphosées en monstres infernaux, bien réels et agressifs (v. 406, en reprise directe de 100-102).

Le second jugement, à la fin de la dispute (v. 1411-1413), constate une impuissance. Contrairement à toute attente, l'art vitupérant d'Eschyle, sa recherche de la terreur, de l'effet violent sur le spectateur, s'est révélé plus régulier, plus « savant » (sophos) que l'art d'Euripide, qui prétendait

pourtant à la précision, à la maîtrise calculée des règles
(cf. v. 801 s.). Eschyle devrait donc gagner, puisque la
« science », la *sophia*, était bien le thème du débat. Mais
il reste qu'Euripide est celui qui « donne du plaisir ». Il y
a là deux dimensions inconciliables de l'art, qu'aucun
concept supérieur ne peut intégrer. Les positions se sont
comme inversées. Les expériences extrêmes que procure
la tragédie d'Eschyle, selon une esthétique qui sera ensuite
définie comme celle du sublime, s'appuient en réalité sur
une conception technique du métier qui est, malgré les
apparences, méthodique et rationnelle. En face, l'art
prétendument rationnel d'Euripide a montré ses défauts,
mais ses écarts, ses trouvailles produisent un effet qu'Eschyle
n'atteint pas et qui n'est pas moins constitutif de la
poésie.

   Le troisième et dernier jugement du dieu, en faveur
d'Eschyle (v. 1471), suppose un changement de l'enjeu de
la discussion : non plus se prononcer sur le métier, mais sur
la capacité de l'un ou l'autre poète à le faire durer, dans une
Athènes libérée de la guerre. Comme les politiciens ont
failli, un auteur tragique est chargé de proposer une solution.
Et, de fait, Eschyle donnera l'avis le plus profond, celui qui
tient le plus compte des catégories fondamentales qui guident
la conception politique que la cité peut avoir d'elle-même
(voir dans le commentaire la présentation de la scène). Mais,
on l'a vu, c'est une parole du passé, menaçante, qui est ainsi
projetée dans le présent, et non une technique artistique. La
poétique plus tranquille d'Euripide, orientée vers la découverte
langagière et le plaisir, ne convient pas à une situation de
crise. Mais encore une fois, comme dans le passage du
premier au second jugement, il y a déplacement, changement
de sujet, et non pas progrès et dépassement. Ce qui a été dit
des mérites d'Euripide reste vrai. Ce ne sera pas l'avis

d'Eschyle ou du chœur, qui, à la toute fin, condamnent tout d'Euripide, même son art, mais le jugement de Dionysos n'est en rien réfuté.

L'épreuve de la balance

Le rire, dans l'analyse comique, pourrait donc venir de l'écart que la comédie sait mettre en évidence entre les intentions des poètes tragiques et leurs œuvres réelles, avec les effets qu'elles produisent[39]. Eschyle et Euripide se laissent alors l'un et l'autre enfermer dans des contradictions qui en font des caricatures d'eux-mêmes. Cela apparaît nettement dans la dernière épreuve, celle de la pesée des mots (v. 1378-1410), qui voit la victoire sans appel d'Eschyle, mais dont on n'a peut-être pas souligné assez à quel point elle est absurde, et ne relève pas de la technique[40]. Cette mesure des mots, spectaculaire, n'a, en effet, aucun objet, elle n'est qu'un jeu sur des métaphores. Les poètes sont censés mettre chacun un vers dans le plateau d'une balance, et le vers le plus « lourd », ou plutôt celui dont les mots sont les plus « pesants » (v. 1367), gagnera. Eschyle l'emporte à chaque fois, car on trouve dans ses vers le nom d'un fleuve, la mort (qui pèse sur les hommes), des cadavres et des chars, alors qu'Euripide y a mis, successivement, l'envol d'un bateau, la Persuasion, et une lance à bout de fer. Ce ne sont donc pas les mots qui sont évalués, mais les objets qu'ils désignent.

---

39. Il est frappant que les théories philosophiques de la tragédie ne prennent pas en compte cet écart : les poètes sont blâmés ou loués pour ce qu'ils font. Ce qu'ils veulent faire, selon Platon ou Aristote, ne peut résider que dans leur conformité à une idée juste de l'art ou, s'ils sont mauvais, dans leur ignorance de cette idée rationnelle.

40. Sauf par D. Del Corno, dans l'introduction à son édition, p. xvi.

Cette pesée ne correspond à aucune pratique savante d'évaluation du langage. L'expression « le poids des mots » ne renvoie à aucune notion technique définie, au contraire : « poids » *(baros)* est resté dans la langue critique pour dire l'emphase, le pompeux, comme terme négatif (c'est bien ainsi qu'Euripide l'emploie contre Eschyle au vers 941). En fait, la mise en scène comique, avec sa balance incongrue[41], produit le « concept » qui sert de critère au jugement. Et cette mise en scène est à son tour produite par une prise à la lettre d'une métaphore habituelle : « peser » se dit couramment pour « évaluer », « examiner par comparaison ». C'est bien la métaphore qui est employée avant la dispute pour annoncer la lutte technique et acharnée qui va s'ouvrir entre les deux poètes : « Et ici même, les effrois seront mis en branle. / Car, à la balance, l'art sera quantifié » (v. 796 s.).

Quel est l'effet de cette théâtralisation d'une métaphore ? Non pas seulement une victoire comique du poète le plus « lourd », le plus « pesant » (en un sens négatif) qu'est Eschyle pendant toute la dispute, mais, plus radicalement, un point de vue ironique sur sa poésie, qui se trouve ainsi comme renversée, mise en contradiction avec elle-même. Eschyle, comme il l'affirme tout au long du débat, pense que la poésie doit impressionner, qu'elle doit sortir brutalement les spectateurs de leur vie banale pour les conduire à l'héroïsme, à l'imitation des grands personnages de l'épopée. Pour rendre ce monde lointain vraiment impressionnant, il en charge ses vers, il multiplie les références à la grandeur homérique, il fait comme si les héros des mythes épiques pouvaient être présents sur la

41. Dont le modèle est la pesée des sorts des guerriers dans l'*Iliade* ; voir ci-dessous, le commentaire.

scène, y prendre une consistance évidente. Les mots puissants d'Homère, qu'il reprend ou qu'il imite[42], produiront un effet de vérité immédiate. La comédie, après coup, pose un regard ironique sur cette poésie tendue vers un idéal qu'elle pense rendre effectif par le langage : somme toute, ce qui compte dans cette forme de tragédie, ce n'est pas la beauté, l'invention, le travail de la langue, mais, tout simplement, les objets qu'elle désigne. Elle fait comme si l'effet de réalité était atteint. Il ne reste plus, alors, que des choses, banalement nommées, un fleuve, des chars de guerre. L'idéal devient trivialité. Il n'y a plus aucune invention[43].

Euripide est plus subtil et plus conscient des possibilités du langage. Ce qui frappe dans les vers qu'il met dans la balance, c'est qu'ils sont composés, dotés d'une syntaxique complexe et non pas grossièrement dénotatifs, qu'ils utilisent des modalités, qu'ils prennent comme objet le discours lui-même (la Persuasion) ; mais cela ne pèse pas, n'accroche rien de réel.

Deux poétiques contradictoires

La dispute fait ainsi apparaître deux poétiques opposées, qui se ruinent l'une et l'autre par leurs contradictions internes. Il est trop simple de dire que l'une serait « traditionnelle », soucieuse de vérité et de conformité aux normes et que l'autre serait dépendante de la « Sophistique »

---

42. Souvent, l'innovation linguistique d'Eschyle cherche, au-delà des « mots de la tribu », à redonner sens et vigueur aux mots anciens de l'épopée. Pour cela, de nombreuses inventions de sa langue d'Eschyle condensent des formules homériques.

43. L'appréciation peut aussi se renverser, puisqu'il n'y a pas de terme à la dérision : ces réalités qu'Eschyle pense rendre présentes, ne sont, après tout, que des mots.

et contaminée par l'analyse dialectique. Aristophane se sert bien de notions définies par les Sophistes pour analyser les deux œuvres, mais cette utilisation est elle-même ironique, au sens où elle fait apparaître des impasses, et non des dépendances. La référence à la sophistique, et notamment à son représentant le plus radical, Gorgias, est de fait paradoxale et croisée.

Eschyle, selon cette pièce, a développé un projet poétique que ne désavouerait pas totalement Gorgias, penseur pourtant plus récent que lui. Ce n'est pas un hasard si cet auteur est cité quand le poète dit que son drame les *Sept contre Thèbes* est « rempli d'Arès » (v. 1021), jugement qui semble bien remonter à Gorgias[44]. Comme Gorgias, Eschyle pose que le langage produit de l'existence ; il ne renvoie pas à une réalité préalable, mais la constitue[45]. Les mots des *Sept* sont « pleins d'Arès », au sens où ils peuvent produire sur scène le dieu de la guerre, en faire la réalité qui s'impose aux spectateurs et qui, après le spectacle, les incitera au courage. Ce discours, qui fait comme si l'objet était bien là, grâce à lui, aura un effet tyrannique sur eux. De vils qu'ils étaient, ils seront contraints à devenir nobles, « utiles ». Mais, à la différence de Gorgias, pour qui le discours pouvait, en toute innocence, sans autre règle que sa propre efficacité, produire toute forme de réalité et même l'amour transgressif d'une Hélène nécessairement séduite par les mots de Pâris (voir son « divertissement » qu'est l'*Éloge d'Hélène*), Eschyle met cette force du langage au service de vérités établies, de normes anciennes et inébranlables, dont il déplore seulement qu'elles ne soient

---

44. Certes Gorgias pourrait avoir repris Aristophane. Mais l'expression lui est prêtée par Plutarque.
45. Voir la reconstruction de sa théorie du discours par B. Cassin, dans *L'Effet sophistique*.

plus suivies. Ce qu'il s'agit de faire exister par les mots est un monde éthique déjà connu, qui ne se discute pas, et sur lequel le discours n'a ou ne devrait avoir aucune prise. Le langage a seulement pour but de transmettre ce monde fixé, de le rendre vivant et contraignant encore une fois. La surprise, la terreur imposées par les mots servent à confirmer la tradition, et non à produire du nouveau. On voit là se mettre en place un traditionalisme violent, pour qui la tradition ne peut se perpétuer que dans la discontinuité, dans les coups de force inattendus qu'accomplissent de temps à autre des poètes hors du commun pour sortir l'auditoire de sa torpeur quotidienne et le raccrocher à un passé grandiose, qui est la seule réalité qui mérite d'exister[46].

Cette poétique de l'enthousiasme est ainsi porteuse d'une contradiction : elle fait confiance au langage, mais seulement pour asséner des vérités indiscutables, qui excluent le raisonnement, et donc qui sont par elles-mêmes soustraites à la force du langage. La conséquence en est que le public sera toujours laissé en état de minorité obéissante. Par mimétisme, il se conduira au mieux comme les Patrocles et les Teucros qu'Eschyle fait parler et partira en campagne, mais il restera soumis, n'ayant appris qu'à désirer l'action, et non à considérer les buts et les moyens de son action. Cette éducation par l'émoi, du coup, ne sera que momentanée : il suffit qu'il n'y ait plus d'Eschyle pour que les Athéniens redeviennent aussi peu nobles qu'avant. Eschyle se vante même de ne pas leur avoir appris à parler, à disserter : un tel exercice n'a pas lieu d'être puisque ce qu'il y a à dire est déjà connu. Son idéal est alors représenté

---

46. C'est l'idée de la tradition, comme suite de ruptures, développée par le Pseudo-Longin dans son *Traité du sublime*.

par les citoyens-rameurs de la galère d'État qui, selon lui, ne savaient de son temps qu'aller au combat sans discuter, réclamer leur pain et crier un grossier cri de nage, *rhuppapaï* (v. 1066-1068). On est loin de la grande poésie. Dionysos ajoutera qu'ils étaient restés des brutes et qu'à terre ils s'amusaient à détrousser le gens, exactement comme les délinquants qui soutiennent Euripide avec ferveur. Le sublime produit en fait du grossier.

Euripide part d'un point de vue opposé, qui est critique vis-à-vis de celui d'Eschyle[47]. Comme Eschyle, il pose que la tragédie est d'abord langage. Mais le langage, selon lui, se caractérise d'abord par le fait qu'il peut être clair et que tout le monde parle. Il est donc universel en ces deux sens, comme moyen de distinguer la totalité des choses, de leur donner une définition précise, et comme outil mis à la disposition de tous. Sa poétique consistera à rendre la tragédie conforme à cette nature du langage et à hausser le public au niveau d'une conscience aiguë des capacités de l'instrument dont il dispose naturellement. Il évite par là de tomber dans le travers d'Eschyle, qui avait oublié que pour communiquer il devait aussi apprendre à parler à son public. Avec Euripide, une communauté linguistique peut être établie, et la tragédie, qui traitera de réalités évidentes et non pas mystérieuses ou autoritaires, entrera ainsi dans une véritable pratique d'échange démocratique. Les spectateurs seront, grâce à lui, à même de critiquer ses œuvres. Ils n'auront plus à subir la poésie.

Il fera donc en sorte que dans la tragédie tout soit clair, notamment l'exposition des faits (v. 946 s.), et que tous

---

47. Et qui ne pouvait donc venir qu'en second. Nous sommes bien dans la perspective d'une histoire de la tragédie.

les personnages, quelle que soit leur condition sociale, aient un droit égal à la parole (v. 948-950) et au chant (v. 944). En ce sens cette poésie, quelles qu'aient été les prises de positions politiques de son auteur, a les mêmes défauts que la démocratie telle que la voyaient alors les conservateurs : comme tout le monde peut parler, l'esclave comme le roi, le roi déguisé en esclave comme la reine débauchée, aucune tradition ne vaut plus, aucune autorité, sauf celle du discours.

Euripide revendique ce lien avec la démocratie (v. 953). Mais loin d'avoir introduit une confusion, il prétend avoir enseigné un art du raisonnement et de la délimitation, de la mise au clair. Il se vante d'avoir introduit dans ses drames des questions de type dialectique, au sens socratique, visant à « discriminer chaque chose », selon les catégories logiques fondamentales du « comment ? », du « où ? », du « qui ? » (v. 975-979). Mais c'est là le point où son art se renverse, et rejoint la conception du langage d'un Gorgias. Cet art de la clarté, qui fait comme s'il pouvait dire les choses, doit, pour être enseigné, se mettre en évidence, montrer ses qualités, faire voir qu'il suit des règles précises, identifiables, que les spectateurs, conduits à la lucidité et non à l'étonnement, pourront reconnaître et dont ils pourront vérifier l'application. C'est pour cela qu'Euripide se pose d'abord face à Eschyle en technicien, en maître de la *sophia*. Mais du coup, au lieu de dire les choses réelles, telles qu'il faudrait les distinguer, la poésie tendra à exhiber sa propre virtuosité, à faire du langage, ainsi maîtrisé, un but en soi. Le langage sera considéré pour lui-même, indépendamment de l'identité des personnages qui parlent, et surtout indépendamment de tout contenu normatif. Il sera tyrannique, non au sens où Eschyle l'employait, mais comme s'il était la seule réalité qui compte. Les reines sauront argumenter avec délicatesse leurs écarts sexuels, les rois parleront d'autant mieux comme rois qu'ils seront d'abord travestis en mendiants : le discours, dans ce contraste, prendra toute sa force. Ce qui compte est la capacité à parler.

Si les mots deviennent l'objet de l'attention, ils risquent de perdre tout contenu déterminé, puisque leur sens peut être discuté à l'infini. Au lieu d'une dialectique rigoureuse et ouvrant à la connaissance des choses, on n'aura qu'une transgression illimitée, et c'est ce qu'Eschyle lui reproche le plus. Euripide, attentif aux seuls moyens de l'expression, a rompu avec toute règle, que ce soit dans le domaine de la morale, puisqu'il présente des femmes qui accouchent dans les temples ou qui s'unissent à leur frère mais qui savent parler, ou de la logique, puisque ces mêmes femmes se demandent si « vivre » n'est pas la même chose que « ne pas vivre » (v. 1080-1082), sans se laisser impressionner par les rigueurs de la contradiction logique[48]. La tragédie, qui se voulait universelle, qui prétendait parler des réalités proches des gens et transmettre les moyens d'analyser et de parler, n'a plus aucun rapport avec aucune réalité digne de ce nom. Les rameurs de la galère de l'État ne travaillent plus, mais « controversent, et, sans plus ramer, voguent de-ci et voguent de-là » (v. 1076). Détachée de tout souci pratique et normatif, la dialectique sophistiquée du poète nouveau se transforme en pure source de plaisir, et séduit d'abord les plus incultes, ceux qui de toutes manières agissent mal, les canailles qui coupent les bourses et percent les murs (v.771-776).

---

48. L'analyse, pour cet exemple, est ironique. Les passages auxquels Eschyle renvoie, et que nous possédons, montrent bien que chez Euripide « vivre » et « ne pas vivre » pouvaient s'équivaloir selon les contextes où on les emploie. Eschyle, ici, devient fétichiste des mots, comme, en fait, il reproche à Euripide de l'être.

La pièce laisse la tragédie, avec ses deux options contraires, en l'état. Le débat ne se clôt pas. Comme Euripide colle trop à une réalité politique qui est devenue, en partie de son fait, simple jeu de discours, le dieu ne retiendra que la poésie qui gronde, qui rappelle la contrainte des normes antiques, et qui ne vaut que parce qu'elle est inactuelle.

*

Traduire

Il y a déjà un long passé de traduction d'Aristophane en français[49]. Les traductions sont très différentes les unes des autres parce qu'elles obéissent à des idées différentes de la langue et de l'actualité de la comédie, et parfois aussi à des idéologies politiques contrastées. Pour prendre les plus récentes, celles de V.-H. Debidour (1966), P. Thiercy (1997) notamment ont fait leurs preuves, avec des orientations diverses, comme textes à lire et à jouer[50]. Une orientation autre, me semble-t-il, pouvait être suivie. Ce qui m'a frappé dans la langue d'Aristophane, c'est à quel point elle est « haute », au plus près de la langue de la tragédie et de la poésie dite sérieuse, qu'elle utilise mas-

---

49. Voir C. Orfanos, « Aristophane en français au XIXᵉ siècle. Approches d'un malaise », dans C. Avlami (éd.), *L'Antiquité classique au XIXᵉ siècle. Un* exemplum *contesté ?*, Paris/Montréal. Budapest/Turin, 2000, p. 293-311, ainsi que les travaux de Romain Piana sur la réception d'Aristophane en France, aux XIXᵉ et XXᵉ siècles, jusqu'à Vittez.

50. Il est de bon ton de s'en prendre à celle qu'a donnée Hilaire Van Daele pour l'édition des Belles Lettres. Mais il s'agit avant tout de l'œuvre d'un grammairien, qui donne une analyse du texte, en français, et non d'une traduction à proprement parler. Au moins, il s'interdit la vulgarité et la transposition au présent.

sivement, pas seulement dans les passages explicitement parodiques de la tragédie, ou « paratragiques » selon le terme consacré, mais constamment, comme si c'était un moyen naturel d'expression. Cette conformité à la grande tradition poétique est parfois brisée, brutalement, par des mots obscènes ou grossiers, qui apparaissent comme des accidents, ou par des familiarités syntaxiques et lexicales inattendues, qui ne constituent pas le fond de cette langue. Le décalage, presque constant, entre la manière conventionnellement poétique de parler des personnages et du chœur et la trivialité de leur situation ou de ce qu'ils ont à dire crée une dissonance au sein des phrases ; un sens à côté se laisse entendre, qui est presque toujours obscène. Il y a un débat actuellement pour savoir quel est le degré de vulgarité de cette langue, et l'on a reproché aux analyses linguistiques de Jeffrey Henderson d'avoir cherché trop systématiquement des sous-entendus sexuels[51]. Mais la question est sans doute autre. Même un énoncé sérieux peut ouvrir sur des connotations érotiques ou scatologiques sans que son sérieux en soit entamé. Il fait sens, dans la comédie, par cette tension. Le fond de cette langue est plutôt cela, cette capacité à faire entendre plusieurs registres, le haut langage signalant *a contrario* des grossièretés qui pourraient être dites directement, mais qui ne le sont pas même si elles affleurent, jusqu'à ce que la catastrophe arrive, et qu'un mot, à la référence matérielle bien claire, vienne interrompre ce jeu sophistiqué de prises de distance. Il est sans doute vain de se demander si tel ou tel mot a effectivement une résonance érotique. Tous, potentiellement, le peuvent, comme nous l'ont rappelé pour le français les travaux du linguiste Pierre Guiraud sur François

---

51. Dans son livre *The Maculate Muse*.

Villon et sur l'argot[52]. C'est l'usage, et non le vocabulaire, qui introduit ces étagements du sens. Cette profondeur n'ouvre pas la langue à la grossièreté seulement, mais à tout ce qui peut se dire ou qui a été dit ailleurs dans la société.

Une telle hétérogénéité de la langue, qui caractérise sans doute la comédie face à la tentative de la tragédie de se construire, à partir d'un matériau très divers, une langue compacte, est ce qui rend un texte comme celui d'Aristophane traduisible. On n'a pas affaire à des codes établis, à des normes, qu'il serait difficile de rendre dans notre langue, puisque nous n'avons plus du tout les mêmes, mais davantage à une ironie au sein des énoncés : les mots de la tradition disent plus dans la comédie que ce qu'ils étaient amenés à dire dans leur genre d'origine. Cette ouverture, dans une parodie constante[53], établit une liberté, qui est ce qu'une traduction doit essayer de rendre et qui en fonde la possibilité.[54] Nous ne sommes pas condamnés à essayer de trouver l'équivalent des langages employés. Cet équivalent serait introuvable en français, ne serait-ce que parce

---

52. Voir *Le Jargon de Villon ou le Gai savoir de la Coquille*, Paris, 1968.

53. Pascal Thiercy y a déjà fortement insisté (voir son introduction, p. xvi, à sa traduction pour la Bibliothèque de la Pléiade).

54. Je renvoie à mon essai, « Théâtre, syntaxe, traduction », dans Pascal Charvet (éd.), *Enseigner le Théâtre à l'École*, publication de la Direction de l'Enseignement Scolaire du Ministère de l'Éducation nationale, Paris, 2005. Ce qui rend un texte traduisible est son individualité, son travail sur la langue, par la dimension nouvelle qu'il ouvre, et non ce qu'il a de typique, comme application de règles. Ces règles, différentes d'une culture à l'autre, restent non transposables. Le livre de M. de Launay, *Qu'est-ce que traduire ?* (Paris, 2006), retrace sur un mode clair et profond l'histoire des besoins de traduction depuis l'Antiquité, des concepts et des pratiques, et montre à quelle condition une traduction historiquement productive, parce que liée à une philologie rigoureuse, est possible.

que nous n'avons pas de langue propre à la comédie. Nous ne sommes pas condamnés non plus à vouloir faire du comique à tout prix, selon une idée réductrice du comique, et à rendre par du langage « bas », prétendument drôle (mais en fait monotone et oppressant), ce qui, en grec, est exprimé en langage noble. La raison d'être de la traduction se perd alors au profit d'une esthétique de la communication immédiate, proche de la langue efficace et dégrammaticalisée de la publicité et de nombreuses formes actuelles d'échanges médiatiques. Une telle esthétique, qui dit viser le public, mais qui repose en fait sur une conception humiliante et antidémocratique de ce public, s'oppose à toute forme de littérature. Aucune aventure n'est plus proposée. Les vrais comiques contemporains, Coluche, Devos, Dard et beaucoup d'autres après eux, ont montré que le rire suppose une analyse précise et raffinée des langages. Ils rejoignent en cela la comédie ancienne, et n'en sont pas moins très populaires. L'équivalent, quand on traduit un texte aussi élaboré que celui d'Aristophane, doit plutôt être cherché dans ce mouvement, qui oppose à la langue de la poésie sérieuse un usage qui la détourne constamment d'elle-même.

L'un des obstacles vient évidemment des nombreuses allusions à la réalité historique, et avant tout à l'actualité politique, qui est devenue muette pour nous. On dit que pour cela la comédie ancienne est intraduisible et injouable. Mais il ne s'agit pas seulement, dans une traduction même « fidèle » et « philologique » comme le croit être celle-ci, de rapporter la référence exacte des attaques lancées par les personnages. Ces attaques sont toujours des constructions verbales élaborées. À un nom propre, souvent réel et porté par un membre de l'assistance, elles opposent un sens qu'on peut, si on est malveillant, y lire ; ou à partir des ressources de la tradition poétique elles tissent un réseau métaphorique désobligeant autour d'un événement ou d'un individu. Le texte ne se réfère pas à des faits bruts, mais les reprend dans des phrases qui en dénaturent ou en inventent le sens. L'important n'est pas de faire connaître la cible visée, ce que seul peut un commentaire quand nous possédons l'information, mais de faire entendre qu'il y a bien une cible, une référence, que l'invention part d'une réalité, s'en éloigne pour finalement la retrouver dans une désignation nouvelle, qui lui donne une existence langagière improbable, souvent magnifiante, négativement, par le soin et l'acharnement même que déploie la violence comique quand elle fait d'un individu historique, parfois mesquin, un être monstrueux et ridiculement grandiose. Certes, il y a des restes qui continuent à résister, des jeux de mots non transposables, jusqu'à ce qu'une solution, un jour, soit inventée. Le commentaire, alors, explique. Mais idéalement, une transposition, si elle sait redistribuer autrement dans la phrase les éléments qui font rire par l'incongruité de leur rapprochement, est toujours possible. Encore une fois, ce sont des parcours langagiers qui sont l'objet de la traduction, des décalages, des ruptures de ton ou de syntaxe, et non des mots. Le français actuel n'est alors pas plus désarmé que le grec poétique ancien, même s'il dispose de moins de registres. Quand la matière verbale manque, il est alors intéressant, pour nous qui sommes encore sous le coup de l'épuration classique de la langue, d'aller chercher du côté des usages poétiques anciens, préclassiques, qui retrouvent ainsi une actualité. Mais la langue classique qui est la nôtre peut aussi se faire comique. S'obligeant, par convention, à être une langue du sous-entendre, elle accueille en elle, avec son air de ne pas dire, la dissonance parodique qui fait le sens.

Mercis

À Christiane Donati, Anne de Cremoux, Myrto Gondicas, Rossella Saetta-Cottone, Marc de Launay et Jean Bollack pour leurs lectures, leurs avis.

À Nathalie Mauger, metteur en scène, qui est à l'origine de cette traduction.

ARISTOPHANE

LES GRENOUILLES

ΤΑ ΤΟΥ ΔΡΑΜΑΤΟΣ ΠΡΟΣΩΠΑ

ΞΑΝΘΙΑΣ
ΔΙΟΝΥΣΟΣ
ΗΡΑΚΛΗΣ
ΝΕΚΡΟΣ[1]
ΧΑΡΩΝ
ΠΑΡΑΧΟΡΗΓΗΜΑ[2] ΒΑΤΡΑ-
  ΧΩΝ[3]
ΧΟΡΟΣ ΜΥΣΤΩΝ

ΑΙΑΚΟΣ
ΘΕΡΑΠΑΙΝΑ ΠΕΡΣΕΦΟ-
  ΝΗΣ[4]
ΠΑΝΔΟΚΕΥΤΡΙΑΙ ΔΥΟ[5]
ΟΙΚΕΤΗΣ[6] ΠΛΟΥΤΩΝΟΣ[7]
ΕΥΡΙΠΙΔΗΣ
ΑΙΣΧΥΛΟΣ
ΠΛΟΥΤΩΝ[8]

PERSONNAGES

Xanthias	Éaque
Dionysos	Un esclave de Perséphone
Héraclès	Deux femmes d'auberge
Un cadavre	Un serviteur de Pluton
Charon	Euripide
Le chœur des grenouilles	Eschyle
Le chœur des initiés	Pluton

La scène est d'abord devant la maison d'Héraclès, puis sur la route des Enfers, notamment sur les rives de l'Achéron, enfin devant la maison de Pluton.

Les italiques notent les parties chantées.

Les (?) marquent les incertitudes quant à l'établissement du texte grec.

Les [ ] marquent un passage considéré comme ajouté.

Les écarts entre l'édition de V. Coulon et la traduction quant à l'établissement du texte grec (choix des variantes, distribution des répliques) sont signalés et discutés dans le Commentaire.

ΞΑΝΘΙΑΣ

　　Εἴπω τι τῶν εἰωθότων, ὦ δέσποτα,
　　ἐφ' οἷς ἀεὶ γελῶσιν οἱ θεώμενοι;

ΔΙΟΝΥΣΟΣ

　　Νὴ τὸν Δι' ὅ τι βούλει γε, πλὴν « Πιέζομαι. »
　　Τοῦτο δὲ φύλαξαι· πάνυ γάρ ἐστ' ἤδη χολή.

ΞΑ.　Μηδ' ἕτερον ἀστεῖόν τι;
ΔΙ.　　　　　　　　　Πλὴν γ' « Ὡς θλίβομαι. »

ΞΑ.　Τί δαί; Τὸ πάνυ γέλοιον εἴπω;
ΔΙ.　　　　　　　　　Νὴ Δία　　　　6
　　θαρρῶν γε· μόνον ἐκεῖν' ὅπως μὴ 'ρεῖς —
ΞΑ.　　　　　　　　　　　　Τὸ τί;

ΔΙ.　μεταβαλλόμενος τἀνάφορον ὅτι χεζητιᾷς.

(Entrent Dionysos, vêtu d'une robe de femme couleur
safran, d'une peau de lion, et portant une massue, et
Xanthias, son esclave, sur un âne, portant un bagage
sur l'épaule.)

XANTHIAS
Est-ce que je peux dire, maître, l'un des mots habituels
Qui font chaque fois rire les spectateurs ?

DIONYSOS
Oui, nom de Zeus, ce que tu voudras, sauf « j'ai la pression » !
Fais attention, maintenant ça me donne que de la bile.

XANTHIAS
Et pas quelque autre mot raffiné ?   5

DIONYSOS
                                        Tout, sauf « je vais lâcher ».

XANTHIAS
Mais alors quoi ? Je peux dire le mot absolument drôle ?

DIONYSOS
                                        Au nom de Zeus, oui !
Prends ton courage ! Tâche seulement de ne pas dire cette chose-là !

XANTHIAS
                                        Quelle chose-là ?

DIONYSOS
Qu'en changeant ton porte-charge de côté, tu as envie de chier.

ΞΑ. Μηδ' ὅτι τοσοῦτον ἄχθος ἐπ' ἐμαυτῷ φέρων,
     εἰ μὴ καθαιρήσει τις, ἀποπαρδήσομαι;   10

ΔΙ. Μὴ δῆθ', ἱκετεύω, πλήν γ' ὅταν μέλλω 'ξεμεῖν.

ΞΑ. Τί δῆτ' ἔδει με ταῦτα τὰ σκεύη φέρειν,
     εἴπερ ποήσω μηδὲν ὧνπερ Φρυνίχοις
     εἴωθε ποιεῖν καὶ Λύκισι κἀμειψίαις
     σκεύη φέρουσ' ἑκάστοτ' ἐν κωμῳδίᾳ;   15

ΔΙ. Μή νυν ποήσῃς· ὡς ἐγὼ θεώμενος,
     ὅταν τι τούτων τῶν σοφισμάτων ἴδω,
     πλεῖν ἢ 'νιαυτῷ πρεσβύτερος ἀπέρχομαι.

ΞΑ. Ὦ τρισκακοδαίμων ἄρ' ὁ τράχηλος οὑτοσί,
     ὅτι θλίβεται μέν, τὸ δὲ γέλοιον οὐκ ἐρεῖ.   20

ΔΙ. Εἶτ' οὐχ ὕβρις ταῦτ' ἐστὶ καὶ πολλὴ τρυφή,
     ὅτ' ἐγὼ μὲν ὢν Διόνυσος, υἱὸς Σταμνίου,
     αὐτὸς βαδίζω καὶ πονῶ, τοῦτον δ' ὀχῶ,
     ἵνα μὴ ταλαιπωροῖτο μηδ' ἄχθος φέροι;

ΞΑ. Οὐ γὰρ φέρω 'γώ;
ΔΙ.   Πῶς φέρεις γὰρ ὅς γ' ὀχεῖ;   25

XANTHIAS

Et pas que, devant porter sur moi un fardeau si grand,
Si on ne me l'enlève pas, je péterai jusqu'au bout ?   10

DIONYSOS

Non, je t'en supplie, sauf si je dois vomir.

XANTHIAS

Mais alors, pourquoi devais-je porter ce bagage
Si je ne peux rien faire de ce que les Phrynichos
Font d'habitude, et les Lykis et les Amipsias,
Chaque fois qu'ils portent un bagage dans une comédie ?   15

DIONYSOS

Non, n'en fais rien. Car quand je suis spectateur
Et que j'assiste à ces finesses,
Je ressors vieilli de plus d'un an.

XANTHIAS

Ô trois fois vouée au démon du malheur, cette nuque-ci,
Qui va lâcher, d'une part, et, d'autre part, ne dira rien de drôle !   20

DIONYSOS

Mais enfin ! N'est-ce pas outrage et grande mollesse,
Quand moi, qui suis Dionysos, fils de Cruche,
Je marche sur mes propres pieds et fatigue, et que lui, je le monte,
Afin qu'il ne souffre pas et ne porte pas le fardeau ?

XANTHIAS

Comment, je ne porte pas ?   25

DIONYSOS

                    Comment portes-tu, toi qui es monté ?

ΞΑ.   Φέρων γε ταυτί.

ΔΙ.   Τίνα τρόπον ;

ΞΑ.   Βαρέως πάνυ.

ΔΙ.   Οὔκουν τὸ βάρος τοῦθ' ὃ σὺ φέρεις ὄνος φέρει;

ΞΑ.   Οὐ δῆθ' ὅ γ' ἔχω 'γὼ καὶ φέρω, μὰ τὸν Δί' οὔ.

ΔΙ.   Πῶς γὰρ φέρεις, ὅς γ' αὐτὸς ὑφ' ἑτέρου φέρει;

ΞΑ.   Οὐκ οἶδ'· ὁ δ' ὦμος οὑτοσὶ πιέζεται.   30

ΔΙ.   Σὺ δ' οὖν ἐπειδὴ τὸν ὄνον οὐ φῇς σ' ὠφελεῖν,
ἐν τῷ μέρει σὺ τὸν ὄνον ἀράμενος φέρε.

ΞΑ.   Οἴμοι κακοδαίμων· τί γὰρ ἐγὼ οὐκ ἐναυμάχουν ;
Ἦ τἄν σε κωκύειν ἂν ἐκέλευον μακρά.

ΔΙ.   Κατάβα, πανοῦργε. Καὶ γὰρ ἐγγὺς τῆς θύρας   35
ἤδη βαδίζων εἰμὶ τῆσδ', οἷ πρῶτά με
ἔδει τραπέσθαι. Παιδίον, παῖ, ἠμί, παῖ.

Xanthias

En portant ces choses-ci.

Dionysos

De quelle façon ?

Xanthias

Tout à fait pesamment.

Dionysos

Mais n'est-ce pas plutôt que ce poids que tu portes, l'âne le porte ?

Xanthias

Pas celui que je tiens et que je porte, nom de Zeus, mais non !

Dionysos

Mais comment portes-tu, toi qui es porté par un autre ?

Xanthias

Je ne sais pas. Mais cette épaule, là, elle est bien mise à la   30
[pression.

Dionysos

Alors, puisque tu dis que l'âne ne te sert à rien,
Inverse les rôles. Prends l'âne et porte le !

Xanthias

Ô mon mal, ma mauvaise étoile ! Pourquoi ne suis-je pas allé
[me battre en mer ?
Je t'aurais obligé à crier de douleur, et beaucoup.

Dionysos

Descends, canaille, car voici qu'en marchant   35
Je suis près de la porte que voici, vers où il fallait
Que d'abord je me rende. Petit garçon, petit, je dis, petit !

(La porte s'ouvre, entre Héraclès.)

.ΗΡΑΚΛΗΣ

Τίς τὴν θύραν ἐπάταξεν; Ὡς κενταυρικῶς
ἐνήλαθ' ὅστις. Εἰπέ μοι, τουτὶ τί ἦν;

ΔΙ.   Ὁ παῖς.

ΞΑ.   Τί ἐστιν;

ΔΙ.   Οὐκ ἐνεθυμήθης;

ΞΑ.   Τὸ τί;   40

ΔΙ.   Ὡς σφόδρα μ' ἔδεισε.

ΞΑ.   Νὴ Δία, μὴ μαίνοιό γε.

ΗΡ.   Οὔ τοι μὰ τὴν Δήμητρα δύναμαι μὴ γελᾶν.
Καίτοι δάκνω γ' ἐμαυτόν· ἀλλ' ὅμως γελῶ.

ΔΙ.   Ὦ δαιμόνιε, πρόσελθε· δέομαι γάρ τί σου.

ΗΡ.   Ἀλλ' οὐχ οἷός τ' εἴμ' ἀποσοβῆσαι τὸν γέλων   45
ὁρῶν λεοντὴν ἐπὶ κροκωτῷ κειμένην.
Τίς ὁ νοῦς; Τί κόθορνος καὶ ῥόπαλον ξυνηλθέτην;
Ποῖ γῆς ἀπεδήμεις;

ΔΙ.   Ἐπεβάτευον Κλεισθένει.

HÉRACLÈS

Qui a cogné contre la porte ? Ce quiconque, quel assaut
De Centaure il a lancé ! Mais dis-moi, ça, c'est quoi ?

DIONYSOS *(à Xanthias)*

Mon petit !　　　　　　　　　　　　　　　　　　　　40

XANTHIAS

　　　　Qu'est-ce qu'il y a ?

DIONYSOS

　　　　　　　　　N'as-tu pas considéré la chose ?

XANTHIAS

　　　　　　　　　　　　　　　　Quelle chose ?

DIONYSOS

Comme il s'est totalement effrayé de moi.

XANTHIAS

　　　　　　　　　Nom de Zeus, effrayé de ton délire.

HÉRACLÈS

Vraiment, au nom de Déméter, je ne peux pas ne pas rire,
Et pourtant je me mords, mais je ris quand même.

DIONYSOS

Ô béni des dieux, viens, car j'ai quelque chose à te demander.

HÉRACLÈS

Mais je suis dans l'incapacité de faire s'envoler le rire　　45
Quand je vois une peau de lion recouvrir une robe de safran.
Quelle est l'idée ? Pourquoi le cothurne et la massue se sont-ils
　　　　　　　　　　　　　　　　　　　　[mis ensemble ?
Où es-tu allé te promener sur la terre ?

DIONYSOS

　　　　　　　J'étais monté sur le pont de Clisthène.

ΗΡ.　Κἀναυμάχησας;
ΔΙ.　　　　　　　Καὶ κατεδύσαμέν γε ναῦς
　　　τῶν πολεμίων ἢ δώδεκ' ἢ τρεισκαίδεκα.　　50

ΗΡ.　Σφώ;
ΔΙ.　　　Νὴ τὸν 'Απόλλω.
ΞΑ.　　　　　　　Κᾆτ' ἔγωγ' ἐξηγρόμην.

ΔΙ.　Καὶ δῆτ' ἐπὶ τῆς νεὼς ἀναγιγνώσκοντί μοι
　　　τὴν 'Ανδρομέδαν πρὸς ἐμαυτὸν ἐξαίφνης πόθος
　　　τὴν καρδίαν ἐπάταξε πῶς οἴει σφόδρα.

ΗΡ.　Πόθος; πόσος τις;
ΔΙ.　　　　　　Σμικρός, ἡλίκος Μόλων.　　55

ΗΡ.　Γυναικός;
ΔΙ.　　　　Οὐ δῆτ'.
ΗΡ.　　　　　　'Αλλὰ παιδός;
ΔΙ·　　　　　　　　　Οὐδαμῶς.

HÉRACLÈS
Et tu t'es battu sur mer?

DIONYSOS

          Eh oui, nous avons mis par le fond
Douze bateaux ennemis, ou treize.   50

HÉRACLÈS

        Vous deux?

DIONYSOS

            Oui, au nom d'Apollon!

XANTHIAS *(à part)*
Et c'est alors que je me réveillais.

DIONYSOS
Et voilà que sur le bateau, alors que j'étais en train de lire
Andromède, tout d'un coup, en moi, un désir
Vint me cogner le cœur avec la véhémence que tu imagines.

HÉRACLÈS
Un désir? De quelle dimension?   55

DIONYSOS

        Petit, comme l'est l'acteur Molon.

HÉRACLÈS
D'une femme?

DIONYSOS

    Mais non!

HÉRACLÈS

        Alors, d'un garçon?

DIONYSOS

            Pas du tout!

ΗΡ.   Ἀλλ' ἀνδρός;

ΔΙ.   Ἀπαπαῖ.

ΗΡ.   Ξυνεγένου τῷ Κλεισθένει;

ΔΙ.   Μὴ σκῶπτέ μ', ὦδέλφ'· οὐ γὰρ ἀλλ' ἔχω κακῶς·
      τοιοῦτος ἵμερός με διαλυμαίνεται.

ΗΡ.   Ποῖός τις, ὦδελφίδιον;

ΔΙ.   Οὐκ ἔχω φράσαι.   60
      Ὅμως γε μέντοι σοι δι' αἰνιγμῶν ἐρῶ.
      Ἤδη ποτ' ἐπεθύμησας ἐξαίφνης ἔτνους;

ΗΡ.   Ἔτνους; Βαβαιάξ, μυριάκις γ' ἐν τῷ βίῳ.

ΔΙ.   Ἆρ' ἐκδιδάσκω τὸ σαφὲς ἢ πέρα φράσω;

ΗΡ.   Μὴ δῆτα περὶ ἔτνους γε· πάνυ γὰρ μανθάνω.   65

ΔΙ.   Τοιουτοσὶ τοίνυν με δαρδάπτει πόθος
      Εὐριπίδου.

ΗΡ.   Καὶ ταῦτα τοῦ τεθνηκότος;

ΔΙ.   Κοὐδείς γέ μ' ἂν πείσειεν ἀνθρώπων τὸ μὴ οὐκ
      ἐλθεῖν ἐπ' ἐκεῖνον.

HÉRACLÈS
Alors d'un homme ?

DIONYSOS

Non de non de non !

HÉRACLÈS

Tu es allé avec Clisthène ?

DIONYSOS
Ne te moque pas, mon frère, non, car je vais mal.
Je suis dévasté par une telle passion.

HÉRACLÈS
Quelle sorte de passion, mon petit frère ?   60

DIONYSOS

Je ne sais pas le dire.
Mais, pourtant, je le dirai par énigmes.
T'est-il déjà arrivé d'avoir, tout d'un coup, une envie de purée ?

HÉRACLÈS
De purée ? Misère ! Dix mille fois dans ma vie !

DIONYSOS
T'instruis-je clairement, ou dois-je parler autrement ?

HÉRACLÈS
Non, ça va, pour la purée, je comprends tout.   65

DIONYSOS
Eh bien donc, me dévore un semblable désir
D'Euripide.

HÉRACLÈS

Tu veux dire de celui qui est mort ?

DIONYSOS
Et personne chez les hommes ne me persuadera de ne pas
Aller le chercher.

ΗΡ.   Πότερον εἰς Ἅιδου κάτω;

ΔΙ.   Καὶ νὴ Δί᾽ εἴ τί γ᾽ ἔστιν ἔτι κατωτέρω.   70

ΗΡ.   Τί βουλόμενος;
ΔΙ.   Δέομαι ποιητοῦ δεξιοῦ.
       Οἱ μὲν γὰρ οὐκέτ᾽ εἰσίν, οἱ δ᾽ ὄντες κακοί.

ΗΡ   Τί δ᾽; Οὐκ Ἰοφῶν ζῇ;
ΔΙ.   Τοῦτο γάρ τοι καὶ μόνον
       ἔτ᾽ ἐστὶ λοιπὸν ἀγαθόν, εἰ καὶ τοῦτ᾽ ἄρα·
       οὐ γὰρ σάφ᾽ οἶδ᾽ οὐδ᾽ αὐτὸ τοῦθ᾽ ὅπως ἔχει.   75

ΗΡ.   Εἶτ᾽ οὐ Σοφοκλέα πρότερον ἀντ᾽ Εὐριπίδου
       μέλλεις ἀνάγειν, εἴπερ ⟨γ᾽⟩ ἐκεῖθεν δεῖ σ᾽ ἄγειν;

ΔΙ.   Οὔ, πρίν γ᾽ ἂν Ἰοφῶντ᾽, ἀπολαβὼν αὐτὸν μόνον,
       ἄνευ Σοφοκλέους ὅ τι ποεῖ κωδωνίσω.
       Κἄλλως ὁ μέν γ᾽ Εὐριπίδης πανοῦργος ὢν   80
       κἂν ξυναποδρᾶναι δεῦρ᾽ ἐπιχειρήσειέ μοι·
       ὁ δ᾽ εὔκολος μὲν ἐνθάδ᾽, εὔκολος δ᾽ ἐκεῖ.

ΗΡ.   Ἀγάθων δὲ ποῦ ᾽στιν;
ΔΙ.   Ἀπολιπών μ᾽ ἀποίχεται,
       ἀγαθὸς ποιητὴς καὶ ποθεινὸς τοῖς φίλοις.

HÉRACLÈS

> Tu veux dire en bas, dans l'Hadès ?

DIONYSOS

Mais oui, nom de Zeus, et plus bas s'il y a.   70

HÉRACLÈS

Dans quelle idée ?

DIONYSOS

> Il me faut un poète adroit.

Car les uns ne sont plus et les autres qui sont sont mauvais.

HÉRACLÈS

Mais quoi ? Iophon n'est plus de ce monde ?

DIONYSOS

> Si, et c'est là la seule

Chose bonne qui nous reste, si c'est bien le cas,

Car même pour ça, je ne sais pas clairement ce qu'il en est.   75

HÉRACLÈS

Mais pourquoi tu ne ferais pas monter Sophocle, qui vaut mieux
> [qu'Euripide,

S'il te faut vraiment en faire remonter un de là-bas ?

DIONYSOS

Non ! D'abord, je veux prendre Iophon à part, seul à seul,

Et entendre ce qu'il sait faire sans l'aide de Sophocle.

Et, de toutes manières, Euripide est une canaille.   80

Il fera ce qu'il peut pour déserter avec moi.

L'autre, placide ici, est placide là-bas.

HÉRACLÈS

Et Agathon, où est-t-il ?

DIONYSOS

> Il m'a abandonné, parti,

Un vrai poète, qui laisse ses amis en plein désir.

ΗΡ. Ποῖ γῆς ὁ τλήμων;
ΔΙ.   Ἐς μακάρων εὐωχίαν.   85

ΗΡ. Ὁ δὲ Ξενοκλέης;
ΔΙ.   Ἐξόλοιτο νὴ Δία.

ΗΡ. Πυθάγγελος δέ;
ΞΑ.   Περὶ ἐμοῦ δ' οὐδεὶς λόγος
ἐπιτριβομένου τὸν ὦμον οὑτωσὶ σφόδρα.

ΗΡ. Οὔκουν ἕτερ' ἔστ' ἐνταῦθα μειρακύλλια
τραγῳδίας ποιοῦντα πλεῖν ἢ μυρία,   90
Εὐριπίδου πλεῖν ἢ σταδίῳ λαλίστερα;

ΔΙ. Ἐπιφυλλίδες ταῦτ' ἐστὶ καὶ στωμύλματα,
χελιδόνων μουσεῖα, λωβηταὶ τέχνης,
ἃ φροῦδα θᾶττον, ἢν μόνον χορὸν λάβῃ,
ἅπαξ προσουρήσαντα τῇ τραγῳδίᾳ.   95
Γόνιμον δὲ ποιητὴν ἂν οὐχ εὕροις ἔτι
ζητῶν ἄν, ὅστις ῥῆμα γενναῖον λάκοι.

ΗΡ. Πῶς γόνιμον;
ΔΙ.   Ὡδὶ γόνιμον, ὅστις φθέγξεται
τοιουτονί τι παρακεκινδυνευμένον,
« αἰθέρα Διὸς δωμάτιον, » ἢ « χρόνου πόδα, »   100

HÉRACLÈS
Où est-il allé, le pauvre ?   85

DIONYSOS
                    Faire bombance chez les Bienheureux.

HÉRACLÈS
Et Xénoclès ?

DIONYSOS
            Qu'il crève, nom de Zeus !

HÉRACLÈS
Pythangelos, alors ?

XANTHIAS *(à part)*
                Et sur moi, pas un mot,
Quand l'épaule m'est si cruellement broyée !

HÉRACLÈS
Mais, à part ça, ne trouve-t-on pas ici des petits mignons,
Par milliers et plus, qui écrivent des tragédies,   90
Et qui en bavardage devancent Euripide de plus d'un stade ?

DIONYSOS
C'est de la petite grappe et des babilleurs,
De la Muse d'hirondelle, des outrageurs de l'art.
Ils s'en vont au plus vite, pour peu qu'ils obtiennent un chœur,
Dès qu'ils ont, une seule fois, compissé la tragédie.   95
Cherche, et tu ne trouveras plus un poète généreux,
Un qui sache faire sonner un verbe noble.

HÉRACLÈS
Comment ça, généreux ?

DIONYSOS
                Généreux, cela veut dire qui prononce
Une parole risquée comme celle-là :
« Éther, la petite chambre à coucher de Zeus », ou « Le pied du   100
                                    [temps »,

ἢ « φρένα μὲν οὐκ ἐθέλουσαν ὀμόσαι καθ' ἱερῶν,
γλῶτταν δ' ἐπιορκήσασαν ἰδίᾳ τῆς φρενός. »

ΗΡ. Σὲ δὲ ταῦτ' ἀρέσκει;
ΔΙ.   Μᾶλλά πλεῖν ἢ μαίνομαι.
ΗΡ. Ἦ μὴν κόβαλά γ' ἐστίν, ὡς καὶ σοὶ δοκεῖ.
ΔΙ. Μὴ τὸν ἐμὸν οἴκει νοῦν· ἔχεις γὰρ οἰκίαν.   105
ΗΡ. Καὶ μὴν ἀτεχνῶς γε παμπόνηρα φαίνεται.
ΔΙ. Δειπνεῖν με δίδασκε.
ΞΑ.   Περὶ ἐμοῦ δ' οὐδεὶς λόγος.
ΔΙ. 'Αλλ' ὧνπερ ἕνεκα τήνδε τὴν σκευὴν ἔχων
ἦλθον κατὰ σὴν μίμησιν, ἵνα μοι τοὺς ξένους
τοὺς σοὺς φράσειας, εἰ δεοίμην, οἷσι σὺ   110
ἐχρῶ τόθ', ἡνίκ' ἦλθες ἐπὶ τὸν Κέρβερον,
τούτους φράσον μοι, λιμένας, ἀρτοπώλια,
πορνεῖ', ἀναπαύλας, ἐκτροπάς, κρήνας, ὁδούς,
πόλεις, διαίτας, πανδοκευτρίας, ὅπου
κόρεις ὀλίγιστοι.
ΞΑ.   Περὶ ἐμοῦ δ' οὐδεὶς λόγος.   115
ΗΡ. Ὦ σχέτλιε, τολμήσεις γὰρ ἰέναι;

Ou « L'esprit se refusant, quant à lui, à jurer sur les offrandes,
Quand la langue, quant à elle, se parjure séparée de l'esprit. »

HÉRACLÈS
Et toi, ça te plaît ?

DIONYSOS
Ne dis pas ça, j'en suis plus que fou !

HÉRACLÈS
Mais ce sont de mauvaises farces, et tu le penses aussi.

DIONYSOS
Ne viens pas prendre maison dans mon esprit. Tu as ton chez toi.   105

HÉRACLÈS
Tu sais, cela, pour moi, est tout simplement totalement minable.

DIONYSOS
Ce que tu dois m'enseigner, c'est comment dîner.

XANTHIAS *(à part)*
Et sur moi, pas un mot.

DIONYSOS
Mais ce pourquoi je suis venu ici avec cette tenue
Qui me fait à ton image, c'est que tu m'indiques,
Au cas où j'en aurais besoin, les gens accueillants   110
Qui t'ont servi le jour où tu es allé chercher Cerbère,
Indique-les moi, et les havres, les boulangeries,
Les bordels, les aires de repos, les croisements, les sources, les chemins,
Les villes, les séjours, les femmes d'auberge ouvertes où
Les jeunes punaises abondent le moins.   115

XANTHIAS *(à part)*
Et sur moi, pas un mot.

HÉRACLÈS
Ô le sans peur ! Tu oseras aller là-bas ?

ΔΙ.   Καὶ σύ γε
        μηδὲν ἔτι πρὸς ταῦτ', ἀλλὰ φράζε τῶν ὁδῶν
        ὅπῃ τάχιστ' ἀφιξόμεθ' εἰς Ἅιδου κάτω·
        καὶ μήτε θερμὴν μήτ' ἄγαν ψυχρὰν φράσῃς.

ΗΡ.   Φέρε δή, τίν' αὐτῶν σοι φράσω πρώτην; τίνα;   120
        Μία μὲν γάρ ἔστιν ἀπὸ κάλω καὶ θρανίου,
        κρεμάσαντι σαυτόν.

ΔΙ.   Παῦε, πνιγηρὰν λέγεις.

ΗΡ.   'Αλλ' ἔστιν ἀτραπὸς ξύντομος τετριμμένη,
        ἡ διὰ θυείας.

ΔΙ.   Ἄρα κώνειον λέγεις;

ΗΡ.   Μάλιστά γε.

ΔΙ.   Ψυχράν γε καὶ δυσχείμερον·   125
        εὐθὺς γὰρ ἀποπήγνυσι τἀντικνήμια.

ΗΡ.   Βούλει ταχεῖαν καὶ κατάντη σοι φράσω;

ΔΙ.   Νὴ τὸν Δί', ὡς ὄντος γε μὴ βαδιστικοῦ.

ΗΡ.   Καθέρπυσόν νυν εἰς Κεραμεικόν.

ΔΙ.   Κᾆτα τί;

DIONYSOS

Toi, que ce soit clair,
Ne dis plus rien contre cela ! Indique-moi quel est le chemin
Le plus rapide pour arriver en bas dans l'Hadès.
Et indique m'en un qui ne soit pas chaud, ni trop froid.

HÉRACLÈS

Voyons, lequel vais-je t'indiquer en premier, lequel ?   120
D'abord, il y a celui qui commence par un cordage et un petit banc.
Tu peux t'y suspendre.

DIONYSOS

Arrête ! Tu veux dire qu'on y étouffe.

HÉRACLÈS

Alors, il est un sentier direct, bien tassé,
Qui passe par le mortier.

DIONYSOS

Tu veux dire la ciguë ?

HÉRACLÈS

Eh oui.

DIONYSOS

Mais il est froid et de climat trop dur.   125
Il congèle les jambes tout de suite.

HÉRACLÈS

Veux-tu que je t'en indique un rapide et bien en pente ?

DIONYSOS

Oui, nom de Zeus, car je ne suis pas du genre marcheur.

HÉRACLÈS

Alors conduis-toi jusqu'au Céramique.

DIONYSOS

Et ensuite ?

24   ΒΑΤΡΑΧΟΙ

ΗΡ. Ἀναβὰς ἐπὶ τὸν πύργον τὸν ὑψηλόν —
ΔΙ.   Τί δρῶ;   130
ΗΡ. ἀφιεμένην τὴν λαμπάδ' ἐντεῦθεν θεῶ,
κἄπειτ' ἐπειδὰν φῶσιν οἱ θεώμενοι
« εἶνται, » τόθ' εἶναι καὶ σὺ σαυτόν.
ΔΙ.   Ποῖ;
ΗΡ.   Κάτω.
ΔΙ. Ἀλλ' ἀπολέσαιμ' ἂν ἐγκεφάλου θρίω δύο.
Οὐκ ἂν βαδίσαιμι τὴν ὁδὸν ταύτην.
ΗΡ.   Τί δαί;   135
ΔΙ. Ἥνπερ σὺ τότε κατῆλθες.
ΗΡ.   Ἀλλ' ὁ πλοῦς πολύς.
Εὐθὺς γὰρ ἐπὶ λίμνην μεγάλην ἥξεις πάνυ
ἄβυσσον.
ΔΙ.   Εἶτα πῶς γε περαιωθήσομαι;
ΗΡ. Ἐν πλοιαρίῳ τυννουτῳὶ σ' ἀνὴρ γέρων
ναύτης διάξει δύ' ὀβολὼ μισθὸν λαβών.   140
ΔΙ. Φεῦ.
Ὡς μέγα δύνασθον πανταχοῦ τὼ δύ' ὀβολώ.

HÉRACLÈS
Monte sur la haute tour.   130

DIONYSOS
                    Et que fais-je ?

HÉRACLÈS
Assiste depuis là au départ de la course des flambeaux.
Puis, quand les spectateurs diront :
« Départ ! », alors tu pars toi aussi.

DIONYSOS
                              Pour où ?

HÉRACLÈS
                                        Le bas.

DIONYSOS
Mais j'y perdrais deux farcis de cervelle.
Non, je ne prendrai pas ce chemin-là.   135

HÉRACLÈS
                                   Mais lequel alors ?

DIONYSOS
Celui-là même que tu pris pour descendre.

HÉRACLÈS
                        Mais c'est une très longue traversée,
Car tout de suite tu arriveras au lac immense d'un grand
Abîme.

DIONYSOS
            Et ensuite, comment me ferai-je transporter ?

HÉRACLÈS
Dans une barquette toute petite petite, un vieux
Marin te fera passer pour un salaire de deux oboles.   140

DIONYSOS
Eh beh !
Quelle puissance, partout, ces deux oboles !

ΗΡ.
       Πῶς ἠλθέτην κἀκεῖσε ;
                      Θησεὺς ἤγαγεν.
       Μετὰ ταῦτ' ὄφεις καὶ θηρί' ὄψει μυρία
       δεινότατα.

ΔΙ.
            Μή μ' ἔκπληττε μηδὲ δειμάτου·
       οὐ γάρ μ' ἀποτρέψεις.

ΗΡ.
                      Εἶτα βόρβορον πολὺν   145
       καὶ σκῶρ ἀείνων· ἐν δὲ τούτῳ κειμένους,
       εἴ που ξένον τις ἠδίκησε πώποτε,
       ἢ παῖδα κινῶν τἀργύριον ὑφείλετο,
       ἢ μητέρ' ἠλόησεν, ἢ πατρὸς γνάθον
       ἐπάταξεν, ἢ 'πίορκον ὅρκον ὤμοσεν.   150

ΔΙ.
       Νὴ τοὺς θεοὺς ἐχρῆν γε πρὸς τούτοισι κεῖ   152
       τὴν πυρρίχην τις ἔμαθε τὴν Κινησίου,   153
       ἢ Μορσίμου τις ῥῆσιν ἐξεγράψατο.   151

ΗΡ.
       Ἐντεῦθεν αὐλῶν τίς σε περίεισιν πνοή,   154
       ὄψει τε φῶς κάλλιστον ὥσπερ ἐνθάδε,   155
       καὶ μυρρινῶνας καὶ θιάσους εὐδαίμονας
       ἀνδρῶν γυναικῶν καὶ κρότον χειρῶν πολύν.

ΔΙ.
       Οὗτοι δὲ δὴ τίνες εἰσίν ;

ΗΡ.
                     Οἱ μεμυημένοι —

ΞΑ.
       Νὴ τὸν Δί' ἐγὼ γοῦν ὄνος ἄγω μυστήρια.
       Ἀτὰρ οὐ καθέξω ταῦτα τὸν πλείω χρόνον.   160

Comment sont-elles arrivées là ?

HÉRACLÈS

       C'est Thésée qui les a apportées.
Après cela, tu verras des serpents et des bêtes par milliers,
Les plus terrifiantes.

DIONYSOS

     N'essaie pas de m'affoler et de me terroriser !
Tu n'arriveras pas à me détourner.   145

HÉRACLÈS

      Puis viennent une fange immense
Et une merde intarissable. Et dedans, gît
Qui, un jour, a été injuste envers un hôte,
Ou qui a besogné un enfant en le privant de son argent,
Qui a passé sa mère à la batteuse, ou tambouriné la mâchoire
De son père, ou juré un serment de parjure,   150
Ou s'est fait recopier une tirade du mortel Morsimos.

DIONYSOS

Nom des dieux ! il faudrait y mettre en plus qui, s'il y en a,
A appris la danse militaire de Cinésias.

HÉRACLÈS

Après, un souffle de flûtes viendra t'envelopper,
Tu verras la lumière la plus belle, comme ici,   155
Et des buissons de myrte, et des troupes bachiques en plein bonheur,
D'hommes et de femmes, et un continu claquement de mains.

DIONYSOS

Et eux, qui est-ce ?

HÉRACLÈS

    Les initiés.

XANTHIAS *(à part)*

Nom de Zeus ! Et moi je suis l'âne qui conduit les mystères.
Mais je ne tiendrai pas cela plus longtemps.   160

ΗΡ. οἵ σοι φράσουσ' ἁπαξάπανθ' ὧν ἂν δέῃ.
Οὗτοι γὰρ ἐγγύτατα παρ' αὐτὴν τὴν ὁδὸν
ἐπὶ ταῖσι τοῦ Πλούτωνος οἰκοῦσιν θύραις.
Καὶ χαῖρε πόλλ', ὦδελφέ.

ΔΙ.   Νὴ Δία καὶ σύ γε
ὑγίαινε. Σὺ δὲ τὰ στρώματ' αὖθις λάμβανε.   165

ΞΑ. Πρὶν καὶ καταθέσθαι;
ΔΙ.   Καὶ ταχέως μέντοι πάνυ,

ΞΑ. Μὴ δῆθ', ἱκετεύω σ', ἀλλὰ μίσθωσαί τινα
τῶν ἐκφερομένων, ὅστις ἐπὶ τοῦτ' ἔρχεται.

ΔΙ. Ἐὰν δὲ μηὕρω;
ΞΑ.   Τότ' ἔμ' ἄγειν.
ΔΙ.   Καλῶς λέγεις.

Καὶ γάρ τιν' ἐκφέρουσι τουτονὶ νεκρόν.   170
Οὗτος, σὲ λέγω μέντοι, σὲ τὸν τεθνηκότα.
Ἄνθρωπε, βούλει σκευάρι' εἰς Ἅιδου φέρειν;

ΝΕΚΡΟΣ
    Πόσ' ἄττα;

(Il commence à se décharger.)

HÉRACLÈS
Eux t'indiqueront tout le détail dont tu auras besoin.
Car ils habitent au plus près de la route même,
Devant les portes de Pluton.
Et beaucoup de bonheur pour toi, mon frère !

DIONYSOS
                                    Oui, nom de Zeus, Et toi,
Santé !   160
                                    (Héraclès sort.)

(à Xanthias)
          Toi, reprends tes matelas !

XANTHIAS
Avant même de les mettre par terre ?

DIONYSOS
                                    Et tout à fait tout de suite.

XANTHIAS
Non, je t'en supplie, embauche plutôt
Un de ceux qu'on inhume ; il y en a bien un qui vient ici pour cela.

DIONYSOS
Et si je ne trouve pas ?

XANTHIAS
                    Alors, prends-moi !

DIONYSOS
                              Bien parlé.
                    (Entre un cadavre, porté sur une bière.)
Voilà justement qu'ils inhument un cadavre.   170
Eh toi, je te parle, le décédé.
Homme, voudrais-tu porter du petit mobilier chez Hadès ?

UN CADAVRE
De quelle taille ?

ΔΙ.   Ταυτί.

ΝΕ.   Δύο δραχμὰς μισθὸν τελεῖς;

ΔΙ. Μὰ Δί', ἀλλ' ἔλαττον.

ΝΕ.   Ὑπάγεθ' ὑμεῖς τῆς ὁδοῦ.

ΔΙ. Ἀνάμεινον, ὦ δαιμόνι', ἐὰν ξυμβῶ τί σοι.   175

ΝΕ. Εἰ μὴ καταθήσεις δύο δραχμάς, μὴ διαλέγου.

ΔΙ. Λάβ' ἐννέ' ὀβολούς.

ΝΕ.   Ἀναβιοίην νυν πάλιν.

ΞΑ. Ὡς σεμνὸς ὁ κατάρατος. Οὐκ οἰμώξεται;
      Ἐγὼ βαδιοῦμαι.

ΔΙ.   Χρηστὸς εἶ καὶ γεννάδας.
      Χωρῶμεν ἐπὶ τὸ πλοῖον.

ΧΑΡΩΝ

             Ὠόπ, παραβαλοῦ.   180

ΞΑ. Τουτὶ τί ἐστι;

ΔΙ.   Τοῦτο; λίμνη νὴ Δία
      αὕτη 'στὶν ἣν ἔφραζε, καὶ πλοῖόν γ' ὁρῶ.

DIONYSOS

      Comme ça.

UN CADAVRE

          Tu paies un salaire de deux drachmes ?

DIONYSOS

Nom de Zeus, pas tant que cela !

UN CADAVRE *(aux porteurs)*

        Allez, avancez !

DIONYSOS

Ô béni des dieux, attends ! Je m'accorderai peut-être avec toi.   175

UN CADAVRE

Si tu ne déposes pas deux drachmes, ne discute pas.

DIONYSOS

Tiens, voilà neuf oboles.

UN CADAVRE

      Plutôt ressusciter !

                   (Il sort.)

XANTHIAS

Il fait le grandiose, l'abominable ! Que ça le fasse pleurer !
Moi, j'y vais.

DIONYSOS

      Tu es digne et noble.

Allons au vaisseau !   180

CHARON *(au loin)*

      Oohoh ! Accostage !

DIONYSOS

C'est quoi ?

XANTHIAS

      Ça ? C'est le lac, nom de Zeus,
Qu'il nous a indiqué, et même que je vois un vaisseau.

ΞΑ.   Νὴ τὸν Ποσειδῶ κᾆστι γ' ὁ Χάρων οὑτοσί.

ΔΙ.   Χαῖρ', ὦ Χάρων, χαῖρ', ὦ Χάρων, χαῖρ', ὦ Χάρων.

ΧΑ.   Τίς εἰς ἀναπαύλας ἐκ κακῶν καὶ πραγμάτων;   185
      Τίς εἰς τὸ Λήθης πεδίον, ἢ 'ς Ὀνουπόκας,
      ἢ 'ς Κερβερίους, ἢ 'ς κόρακας, ἢ 'πὶ Ταίναρον;

ΔΙ.   Ἐγώ.

ΧΑ.   Ταχέως ἔμβαινέ που.

ΔΙ.   Σχήσειν δοκεῖς
   ἐς κόρακας ὄντως;

ΧΑ.   Ναὶ μὰ Δία σοῦ γ' οὕνεκα.
   Εἴσβαινε δή.

ΔΙ.   Παῖ, δεῦρο.

ΧΑ.   Δοῦλον οὐκ ἄγω,   190
   εἰ μὴ νεναυμάχηκε τὴν περὶ τῶν κρεῶν.

ΞΑ.   Μὰ τὸν Δί' οὐ γὰρ ἀλλ' ἔτυχον ὀφθαλμιῶν.

Dionysos

Par Poséidon, et même que c'est Charon qui est là.

(Entre Charon.)

Ciao Charon ! Ciao Charon ! Ciao Charon !

Charon

Qui vient à l'aire du repos, loin des malheurs et des affaires ?   185
Qui vient à la plaine de l'Oubli, ou au lieu-dit des Ânes à tondre,
Ou aux gens de Cerbère, ou à Va te faire chez les corbeaux ou
[au Ténare ?

Dionysos

Moi.

Charon

    Alors embarque tout de suite.

Dionysos

                         Où comptes-tu relâcher ?

Charon

À Va te faire chez les corbeaux.

Dionysos

                Vraiment ?

Charon

                Oui, nom de Zeus, puisque c'est pour toi.

Allez, embarque !   190

Dionysos *(à Xanthias)*

            Petit, par ici !

Charon

                    Je ne prends pas d'esclaves,
Sauf ceux qui se sont battus sur mer pour garder leurs viandes.

Xanthias

Je n'y fus pas, nom de Zeus, j'avais une ophtalmie.

ΧΑ. Οὐκουν περιθρέξει δῆτα τὴν λίμνην κύκλῳ;

ΞΑ. Ποῦ δῆτ' ἀναμενῶ;

ΧΑ.   Παρὰ τὸν Αὐαίνου λίθον,
ἐπὶ ταῖς ἀναπαύλαις.

ΔΙ.   Μανθάνεις;

ΞΑ.   Πάνυ μανθάνω. 195
Οἴμοι κακοδαίμων, τῷ ξυνέτυχον ἐξιών;

ΧΑ. Κάθιζ' ἐπὶ κώπην. Εἴ τις ἔτι πλεῖ, σπευδέτω.
Οὗτος, τί ποιεῖς;

ΔΙ. .   Ὅ τι ποιῶ; Τί δ' ἄλλο γ' ἢ
ἵζω 'πὶ κώπην, οὗπερ ἐκέλευές με σύ;

ΧΑ. Οὔκουν καθεδεῖ δῆτ' ἐνθαδί, γάστρων;

ΔΙ.   Ἰδού. 200

ΧΑ. Οὔκουν προβαλεῖ τὼ χεῖρε κἀκτενεῖς;

ΔΙ.   Ἰδού.

CHARON
Alors, va en courant faire ta course autour du lac.

XANTHIAS
Et où attendrai-je ?

CHARON
                    Près de la Pierre de Dessèche-toi,
Au lieu des repos.   195

DIONYSOS
                    Tu as compris ?

XANTHIAS
                              Tout à fait compris.
Ô tristesse ! Mauvais destin ! Quelle mauvaise rencontre ai-je
                              [fait en sortant ?
                                        (Il sort.)

CHARON
Assied-toi à la rame. Si quelqu'un veut monter à bord, qu'il se
                              [dépêche !
Toi, qu'est-ce que tu fais ?

DIONYSOS
                    Qu'est-ce que je fais ? Quoi d'autre
Que de m'asseoir à la rame, comme tu m'en donnes l'ordre ?

CHARON
Alors, viens t'asseoir ici, bedaine !   200

DIONYSOS
                              Et voilà.

CHARON
Alors, mets les deux bras devant toi, et tends les.

DIONYSOS
                              Et voilà.

ΧΑ.   Οὐ μὴ φλυαρήσεις ἔχων, ἀλλ' ἀντιβὰς
      ἔλθῃς προθύμως.

ΔΙ.   Κᾆτα πῶς δυνήσομαι
      ἄπειρος, ἀθαλάττευτος, ἀσαλαμίνιος
      ὢν εἶτ' ἐλαύνειν;

ΧΑ.   'Ρᾷστ'· ἀκούσει γὰρ μέλη   205
      κάλλιστ', ἐπειδὰν ἐμβάλῃς ἅπαξ.

ΔΙ.   Τίνων;

ΧΑ.   Βατράχων κύκνων θαυμαστά.

ΔΙ.   Κατακέλευε δή.

ΧΑ.   'Ωοπόπ, ὠοπόπ.

ΒΑΤΡΑΧΟΙ

      Βρεκεκεκὲξ κοὰξ κοάξ,
      βρεκεκεκὲξ κοὰξ κοάξ.   210
      Λιμναῖα κρηνῶν τέκνα,
      ξύναυλον ὕμνων βοὰν
      φθεγξώμεθ', εὔγηρυν ἐμὰν
      ἀοιδάν, κοὰξ κοάξ,
      ἣν ἀμφὶ Νυσήιον   215
      Διὸς Διώνυσον ἐν
      Λίμναισιν ἰαχήσαμεν,

CHARON

Arrête tes niaiseries ! Mets tes pieds là contre
Et pousse de toutes tes forces.

DIONYSOS

        Mais, dis-moi, comment pourrais-je,
Moi, l'inexpérimenté, le non amariné, le non salaminé,
Me mettre à pousser ?   205

CHARON

        Rien de plus facile, car tu entendras les chants
Les plus beaux, dès que tu frapperas l'eau.

DIONYSOS

                 Chants de qui ?

CHARON

Chants fabuleux des grenouilles-cygnes.

DIONYSOS

            Alors, donne le rythme.

CHARON

Oohoh oh ! Oohoh oh !

        (Entre le Chœur des grenouilles.)

LE CHŒUR

Brekekekex, koax, koax !
Brekekekex, koax, koax !   210
Filles des sources, paludéennes,
Le cri des chants, avec ses flûtes,
Prononçons-le, ma poésie
Bellement vocalique, koax, koax !,
Que pour le dieu de Nysa,   215
Dionysos fils de Zeus,
Aux Paludes en fêtes nous criions,

   ἡνίχ' ὁ κραιπαλόκωμος
   τοῖς ἱεροῖσι Χύτροισι
  χωρεῖ κατ' ἐμὸν τέμενος λαῶν ὄχλος.
   Βρεκεκεκεξ κοαξ κοαξ.   220

ΔΙ. Ἐγὼ δέ γ' ἀλγεῖν ἄρχομαι
   τὸν ὄρρον, ὦ κοαξ κοαξ.

ΒΑ. Βρεκεκεκεξ κοαξ κοαξ.

ΔΙ. Ὑμῖν δ' ἴσως οὐδὲν μέλει.

ΒΑ. Βρεκεκεκεξ κοαξ κοαξ.   225

ΔΙ. Ἀλλ' ἐξόλοισθ' αὐτῷ κοαξ·
   οὐδὲν γάρ ἐστ' ἀλλ' ἢ κοαξ.

ΒΑ. Εἰκότως γ', ὦ πολλὰ πράττων.
  Ἐμὲ γὰρ ἔστερξαν εὔλυροί τε Μοῦσαι
  καὶ κεροβάτας Πάν, ὁ καλαμόφθογγα παίζων·   230
  προσεπιτέρπεται δ' ὁ φορμικτὰς Ἀπόλλων,
   ἕνεκα δόνακος, ὃν ὑπολύριον
   ἔνυδρον ἐν λίμναις τρέφω.
   Βρεκεκεκεξ κοαξ κοαξ.   235

ΔΙ. Ἐγὼ δὲ φλυκταίνας γ' ἔχω,
   χὡ πρωκτὸς ἰδίει πάλαι,
   κᾆτ' αὐτίκ' ἐκκύψας ἐρεῖ —

ΒΑ. Βρεκεκεκεξ κοαξ κοαξ.

Quand la clique migraineuse des bourrés,
Au jour des Pots sacrés,
Pénètre mon enclos sacré en foule citoyenne.
Brekekekex, koax, koax ! 220

DIONYSOS
Oui mais moi, je commence à pâtir
Du cul, ô koax, koax.

LE CHŒUR
Brekekekex, koax, koax !

DIONYSOS
Pour vous, sans doute, ce n'est nul souci.

LE CHŒUR
Brekekekex, koax, koax ! 225

DIONYSOS
Mais crevez jusqu'à la dernière avec ce koax,
Car vous n'êtes que du koax.

LE CHŒUR
Et c'est non sans raison, ô l'agité,
Car me ravissent les Muses et leurs belles lyres,
Et Pan, le monté sur corne, enfantilleur aux sons de calame,
Et Apollon le cithariste nous fait surjouir,
À cause du roseau que pour tenir le dessous des lyres,
Aquatique, dans les paludes nous cultivons.
Brekekekex, koax, koax ! 235

DIONYSOS
Oui, mais moi j'ai des cloques,
Et l'anus me sue depuis un moment,
Si bien que bientôt, tout penché, il sortira et dira…

LE CHŒUR
Brekekekex, koax, koax !

ΔΙ. 'Αλλ', ὦ φιλῳδὸν γένος,   240
     παύσασθε.

ΒΑ.   Μᾶλλον μὲν οὖν
     φθεγξόμεσθ', εἰ δή ποτ' εὖ
     ἡλίοις ἐν ἀμέραισιν
     ἡλάμεσθα διὰ κυπείρου
     καὶ φλέω, χαίροντες ᾠδῆς
     πολυκολύμβοισι μέλεσιν   245
     ἢ Διὸς φεύγοντες ὄμβρον
     ἔνυδρον ἐν βυθῷ χορείαν
     αἰόλαν ἐφθεγξάμεσθα
          πομφολυγοπαφλάσμασιν.

ΔΙ. Βρεκεκεκὲξ κοὰξ κοάξ.   250
     Τουτὶ παρ' ὑμῶν λαμβάνω.

ΒΑ. Δεινά τἄρα πεισόμεσθα.

ΔΙ. Δεινότερα δ' ἔγωγ', ἐλαύνων
     εἰ διαρραγήσομαι.   255

ΒΑ. Βρεκεκεκὲξ κοὰξ κοάξ.

ΔΙ. Οἰμώζετ'· οὐ γάρ μοι μέλει.

ΒΑ. 'Αλλὰ μὴν κεκραξόμεσθά γ'
     ὁπόσον ἡ φάρυξ ἂν ἡμῶν
          χανδάνῃ δι' ἡμέρας —   260

Dionysos
Ô race amoureuse des odes,   240
Arrêtez!

Le Chœur
          Bien d'avantage, au contraire,
Nous ferons bruit, s'il est vrai qu'autrefois,
Aux journées de beau soleil,
Nous sautions par le souchet
Et la canne fleurie, jouissant de l'ode
Dans nos chants mille fois plongés,   245
Ou que fuyant la pluie de Zeus,
Dans les fonds nous menions la danse
Aquatique à grand bruit, aux mille figures,
Dans le bouillon des bulles volubiles.

Dionysos
Brekekekex, koax, koax!   250
Ça, je le tiens de vous.

Le Chœur
Terreur, ce que nous allons subir!

Dionysos
Terreur plus grande pour moi, si en poussant
J'éclate en morceaux!   255

Le Chœur
Brekekekex, koax, koax!

Dionysos
Pleurez! Je n'en ai souci.

Le Chœur
Alors nous vociférerons
Autant que notre pharynx
Y pourvoira, toute la journée.   260

ΔΙ.   Βρεκεκεκεξ κοαξ κοαξ.

         Τούτῳ γὰρ οὐ νικήσετε.

ΒΑ.   Οὐδὲ μὴν ἡμᾶς σὺ πάντως.   263

ΔΙ.   Οὐδὲ μὴν ὑμεῖς γ' ἐμέ.

         Οὐδέποτε· κεκράξομαι γὰρ

           κᾶν με δῇ δι' ἡμέρας,   265

    ἕως ἂν ὑμῶν ἐπικρατήσω τῷ κοαξ,

      βρεκεκεκεξ κοαξ κοαξ.

    Ἔμελλον ἄρα παύσειν ποθ' ὑμᾶς τοῦ κοαξ.

ΧΑ.   Ὦ παῦε, παῦε, παραβαλοῦ τὼ κωπίω.

      Ἔκβαιν', ἀπόδος τὸν ναῦλον.

ΔΙ.   Ἔχε δὴ τὠβολώ.   270

    Ὁ Ξανθίας. Ποῦ Ξανθίας; Ἦ, Ξανθία.

ΞΑ.   Ἰαῦ.

ΔΙ.   Βάδιζε δεῦρο.

ΞΑ.   Χαῖρ', ὦ δέσποτα.

ΔΙ.   Τί ἐστι τἀνταυθοῖ;

ΞΑ.   Σκότος καὶ βόρβορος.

DIONYSOS
Brekekekex, koax, koax!
Vous ne me vaincrez pas par là.

LE CHŒUR
Ni toi nous, de toute façon.

DIONYSOS
Ni vous moi,
Jamais, car je vociférerai
dussé-je le faire tout le jour,   265
Jusqu'à ce que je triomphe de vous avec le koax.
Brekekekex, koax, koax!
Ah! C'était sûr que je vous ferai arrêter le koax!

                                        (Le Chœur sort.)

CHARON
Arrête, oh, arrête! Mets les deux petits avirons côte à côte,
Débarque et paie le passage.   270

DIONYSOS
                        Tiens, voilà les deux oboles.
                                        (Charon sort.)

Xanthias, où est Xanthias? Hé, Xanthias!

XANTHIAS
Je suis là.

                                        (Entre Xanthias.)

DIONYSOS
            Viens ici.

XANTHIAS
                        Bonheur sur toi, ô maître!

DIONYSOS
Qu'est-ce qu'on trouve jusqu'ici?

XANTHIAS
                        Noirceur et fange.

ΔΙ.   Κατεῖδες οὖν που τοὺς πατραλοίας αὐτόθι
       καὶ τοὺς ἐπιόρκους, οὓς ἔλεγεν ἡμῖν;

ΞΑ.   Σὺ δ' οὔ;   275

ΔΙ.   Νὴ τὸν Ποσειδῶ 'γωγε, καὶ νυνὶ γ' ὁρῶ.
       Ἄγε δή, τί δρῶμεν;

ΞΑ.   Προτέναι βέλτιστα νῷν,
       ὡς οὗτος ὁ τόπος ἐστὶν οὗ τὰ θηρία
       τὰ δείν' ἔφασκ' ἐκεῖνος.

ΔΙ.   Ὡς οἰμώξεται.
       Ἠλαζονεύεθ' ἵνα φοβηθείην ἐγώ,   280
       εἰδώς με μάχιμον ὄντα, φιλοτιμούμενος.
       Οὐδὲν γὰρ οὕτω γαῦρόν ἐσθ' ὡς Ἡρακλῆς.
       Ἐγὼ δέ γ' εὐξαίμην ἂν ἐντυχεῖν τινι
       λαβεῖν τ' ἀγώνισμ' ἄξιόν τι τῆς ὁδοῦ.

ΞΑ.   Νὴ τὸν Δία· καὶ μὴν αἰσθάνομαι ψόφου τινός.   285

ΔΙ.   Ποῦ ποῦ 'στιν;

ΞΑ.   Ἐξόπισθεν.

ΔΙ.   Ἐξόπισθ' ἴθι.

ΞΑ.   Ἀλλ' ἔστιν ἐν τῷ πρόσθε.

DIONYSOS

Et, à cet endroit, tu as vu les parricides
Et les parjures dont il nous a parlé ?   275

XANTHIAS

Pas toi ?

DIONYSOS

Si, par Poséidon,
(se tournant vers le public)

et j'en vois même maintenant.

Bon ! Que faisons-nous ?

XANTHIAS

Le mieux est d'avancer tous les deux,
Car c'est ici le lieu où le grand homme a dit qu'étaient
Les bêtes terrifiantes.

DIONYSOS

Il en pleurera !
Il exagérait pour que j'aie peur ;   280
Me sachant d'esprit guerrier, il se donnait de la valeur.
Car rien ne fait le fier plus qu'Héraclès.
Mais moi, je prierais même pour en rencontrer une,
Et atteindre à un exploit qui soit digne de notre marche.

XANTHIAS

Eh oui, nom de Zeus, et justement, j'entends comme un bruit.   285

DIONYSOS

Où c'est, où ?

XANTHIAS

Là derrière.

DIONYSOS

Va derrière !

XANTHIAS

Non, c'est vers devant.

ΔΙ.   Πρόσθε νυν ἴθι.

ΞΑ.   Καὶ μὴν ὁρῶ νὴ τὸν Δία θηρίον μέγα.

ΔΙ.   Ποῖόν τι;

ΞΑ.   Δεινόν. Παντοδαπὸν γοῦν γίγνεται·
τοτὲ μέν γε βοῦς, νυνὶ δ' ὁρεύς, τοτὲ δ' αὖ γυνή   290
ὡραιοτάτη τις.

ΔΙ.   Ποῦ 'στι; Φέρ' ἐπ' αὐτὴν ἴω.

ΞΑ.   'Αλλ' οὐκέτ' αὖ γυνή 'στιν, ἀλλ' ἤδη κύων.

ΔΙ.   Ἔμπουσα τοίνυν ἐστί.

ΞΑ.   Πυρὶ γοῦν λάμπεται
ἅπαν τὸ πρόσωπον.

ΔΙ.   Καὶ σκέλος χαλκοῦν ἔχει;

ΞΑ.   Νὴ τὸν Ποσειδῶ, καὶ βολίτινον θἄτερον,   295
σάφ' ἴσθι.

ΔΙ.   Ποῖ δῆτ' ἂν τραποίμην;

ΞΑ.   Ποῖ δ' ἐγώ;

DIONYSOS

Va devant !

(Entre Empuse.)

XANTHIAS

Nom de Zeus, maintenant je vois une grande bête.

DIONYSOS

De quel genre ?

XANTHIAS

Une terreur. Et en tout cas de tous les genres.
Une fois bœuf, maintenant mulet, une autre fois femme   290
Dans sa plus belle saison.

DIONYSOS

Où c'est ? Vite, que j'aille à elle !

XANTHIAS

Mais ce n'est plus une femme, mais une chienne maintenant.

DIONYSOS

Alors, c'est la vieille Empuse.

XANTHIAS

En tout cas, tout son visage
Flamboie de feu.

DIONYSOS

A-t-elle une jambe de bronze ?

XANTHIAS

Oui, par Poséidon, et l'autre de bouse,   295
Tu peux en être sûr.

DIONYSOS

Où me tournerais-je alors ?

XANTHIAS

Et moi où ?

ΔΙ. 'Ιερεῦ, διαφύλαξόν μ', ἵν' ὦ σοι ξυμπότης.

ΞΑ. 'Απολούμεθ', ὦναξ, 'Ηράκλεις.

ΔΙ.   Οὐ μὴ καλεῖς μ',
ὦνθρωφ', ἱκετεύω, μηδὲ κατερεῖς τοὔνομα.

ΞΑ. Διόνυσε τοίνυν.

ΔΙ.   Τοῦτ' ἔθ' ἧττον θἀτέρου.   300

ΞΑ. "Ἴθ' ᾗπερ ἔρχει. Δεῦρο δεῦρ', ὦ δέσποτα.

ΔΙ. Τί δ' ἐστί;

ΞΑ.   Θάρρει· πάντ' ἀγαθὰ πεπράγαμεν,
ἔξεστί θ' ὥσπερ 'Ηγέλοχος ἡμῖν λέγειν·
« 'Εκ κυμάτων γὰρ αὖθις αὖ γαλῆν ὁρῶ. »
"Ημπουσα φρούδη.

ΔΙ.   Κατόμοσον.

ΞΑ.   Νὴ τὸν Δία.   305

ΔΙ. Καὖθις κατόμοσον.

DIONYSOS *(au prêtre de Dionysos, assis au premier rang)*
Prêtre, veille sur moi, que je puisse aller boire avec toi !

XANTHIAS
Nous sommes perdus, ô seigneur Héraclès !

DIONYSOS
          Évite de m'appeler,
Ô homme ! Je t'en supplie, ne dénonce pas mon nom !

XANTHIAS
Dionysos, alors.   300

DIONYSOS
    Celui-là encore moins que l'autre.

XANTHIAS
Va ton chemin !

             (Empuse sort.)

    Ici, ici, ô mon maître !

DIONYSOS
Qu'y a-t-il ?

XANTHIAS
    Courage ! Nous avons totalement réussi,
Et à nous il est permis de dire, comme l'acteur Hégélokhos :
« Au sortir de la tempête, j'ai bien vu mon pointu qui
            [s'enculminait. »

L'Empuse est partie.   305

DIONYSOS
    Jure-le !

XANTHIAS
      Oui, nom de Zeus !

DIONYSOS
Jure-le encore !

ΞΑ.   Νὴ Δί'.

ΔΙ.   Ὄμοσον.

ΞΑ.   Νὴ Δία.

ΔΙ.   Οἴμοι τάλας, ὡς ὠχρίασ' αὐτὴν ἰδών.

ΞΑ.   Ὁδὶ δὲ δείσας ὑπερεπυρρίασέ σου.

ΔΙ.   Οἴμοι, πόθεν μοι τὰ κακὰ ταυτὶ προσέπεσεν;

       Τίν' αἰτιάσομαι θεῶν μ' ἀπολλύναι;   310

       Αἰθέρα Διὸς δωμάτιον ἢ χρόνου πόδα;

ΞΑ.   Οὗτος.

ΔΙ.   Τί ἔστιν;

ΞΑ.   Οὐ κατήκουσας;

ΔΙ.   Τίνος;

ΞΑ.   Αὐλῶν πνοῆς.

ΔΙ.   Ἔγωγε, καὶ δᾴδων γέ με

       αὔρα τις εἰσέπνευσε μυστικωτάτη.

       Ἀλλ' ἠρεμεὶ πτήξαντες ἀκροασώμεθα.   315

XANTHIAS

Nom de Zeus !

DIONYSOS

Jure !

XANTHIAS

Nom de Zeus !

DIONYSOS

Ô mon mal, mon malheur ! Comme j'ai pâli à sa vue !

XANTHIAS *(parlant de la robe de Dionysos)*
Mais elle, d'effroi, s'est plus que cramoisie pour toi.

DIONYSOS

Ô mon mal ! D'où viennent ces maux-ci qui m'assaillent ?
Qui, chez les dieux, accuserai-je de ma perte ?   310
Éther, la petite chambre à coucher de Zeus ? Ou le pied du temps ?

XANTHIAS
Dis-moi !

DIONYSOS

Qu'est-ce qu'il y a ?

XANTHIAS

Tu n'as pas entendu ?

DIONYSOS

Quoi ?

XANTHIAS
Un souffle de flûtes.

DIONYSOS

Oui, et, venant des torches, sur moi
A soufflé une brise des plus mystiques.
Mais, doucement, allons nous blottir pour écouter.   315

(Entre le Chœur des initiés.)

ΧΟΡΟΣ
      Ἴακχ', ὦ Ἴακχε.
      Ἴακχ', ὦ Ἴακχε.

ΞΑ.   Τοῦτ' ἔστ' ἐκεῖν', ὦ δέσποθ'· οἱ μεμυημένοι
      ἐνταῦθά που παίζουσιν, οὓς ἔφραζε νῷν.
      Ἄδουσι γοῦν τὸν Ἴακχον ὅνπερ δι' ἀγορᾶς.   320

ΔΙ.   Κἀμοὶ δοκοῦσιν. Ἡσυχίαν τοίνυν ἄγειν
      βέλτιστόν ἐστιν, ὡς ἂν εἰδῶμεν σαφῶς.

ΧΟ.   Ἴακχ', ὦ πολυτίμητ' ἐν ἕδραις ἐνθάδε ναίων,   Str.
           Ἴακχ', ὦ Ἴακχε,   325
      ἐλθὲ τόνδ' ἀνὰ λειμῶνα χορεύσων
      ὁσίους εἰς θιασώτας,
      πολύκαρπον μὲν τινάσσων
      περὶ κρατὶ σῷ βρύοντα
      στέφανον μύρτων, θρασεῖ δ' ἐγκατακρούων   330
      ποδὶ τὰν ἀκόλαστον
      φιλοπαίγμονα τιμάν,
  χαρίτων πλεῖστον ἔχουσαν μέρος, ἁγνήν, ἱερὰν   335
      ὁσίοις μύσταις χορείαν.

ΞΑ.   Ὦ πότνια πολυτίμητε Δήμητρος κόρη,
      ὡς ἡδύ μοι προσέπνευσε χοιρείων κρεῶν.

ΔΙ.   Οὔκουν ἀτρέμ' ἕξεις, ἤν τι καὶ χορδῆς λάβῃς;

ΧΟ.   Ἔγειρε· φλογέας ἐν χερσὶ γὰρ ἥκει τινάσσων,   Ant.
           Ἴακχ', ὦ Ἴακχε,   341
      νυκτέρου τελετῆς φωσφόρος ἀστήρ.

Le Chœur
Iacchos ! Ô Iacchos !
Iacchos ! Ô Iacchos !

Xanthias
C'est bien eux, ô mon maître, les initiés,
Qui viennent se divertir par ici, comme il nous l'avait expliqué.
Ils chantent Iacchos, le même que chante Diagoras.   320

Dionysos
C'est aussi mon avis. Le mieux est donc
De rester tranquille, pour tout savoir en toute clarté.

Le Chœur
Iacchos, ô mille fois honoré, qui ici as pris résidence,   str.
Iacchos ! Ô Iacchos !,   325
Viens danser sur cette prairie
Et rejoindre le saint cortège,
Secouant les mille fruits,
Sur ta tête, d'une couronne
Foisonnante de myrtes, et des coups d'un pied résolu   330
Battant l'hommage effréné
Qui se plaît au divertir,
Détentrice de la part la plus grande des Grâces, la danse   335
Pure, sacrée pour les saints initiés.

Xanthias
Ô souveraine, fille mille fois honorée de Déméter,
Quel délice de viandes de gorettes a soufflé sur moi.

Dionysos
Arrête de bouger, si tu pouvais attraper une saucisse !

Le Chœur
Éveille-toi ! Car il vient, secouant dans ses mains des torches en   ant.
                                        [feu (?),
Iacchos ! Ô Iacchos !,
L'astre porteur de lumière du mystère nocturne.

Φλογὶ φέγγεται δὲ λειμών·
γόνυ πάλλεται γερόντων·   345
ἀποσείονται δὲ λύπας
χρονίους τ' ἐτῶν παλαιῶν ἐνιαυτοὺς
ἱερᾶς ὑπὸ τιμῆς.   350
Σὺ δὲ λαμπάδι φέγγων
προβάδην ἔξαγ' ἐπ' ἀνθηρὸν ἕλειον δάπεδον
χοροποιόν, μάκαρ, ἥβαν.

Εὐφημεῖν χρὴ κἀξίστασθαι τοῖς ἡμετέροισι χοροῖσιν,
ὅστις ἄπειρος τοιῶνδε λόγων ἢ γνώμην μὴ καθαρεύει,
ἢ γενναίων ὄργια Μουσῶν μήτ' εἶδεν μήτ' ἐχόρευσεν,
μηδὲ Κρατίνου τοῦ ταυροφάγου γλώττης Βακχεῖ' ἐτελέσθη,
ἢ βωμολόχοις ἔπεσιν χαίρει μὴ 'ν καιρῷ τοῦτο ποιοῦσιν,
ἢ στάσιν ἐχθρὰν μὴ καταλύει μηδ' εὔκολός ἐστι πολίταις,
ἀλλ' ἀνεγείρει καὶ ῥιπίζει κερδῶν ἰδίων ἐπιθυμῶν,
ἢ τῆς πόλεως χειμαζομένης ἄρχων καταδωροδοκεῖται,
ἢ προδίδωσιν φρούριον ἢ ναῦς, ἢ τἀπόρρητ' ἀποπέμπει
ἐξ Αἰγίνης Θωρυκίων ὢν εἰκοστολόγος κακοδαίμων,
ἀσκώματα καὶ λίνα καὶ πίτταν διαπέμπων εἰς Ἐπίδαυρον,
ἢ χρήματα ταῖς τῶν ἀντιπάλων ναυσὶν παρέχειν τινὰ πείθει,
ἢ κατατιλᾷ τῶν Ἑκατείων κυκλίοισι χοροῖσιν ὑπᾴδων,
ἢ τοὺς μισθοὺς τῶν ποιητῶν ῥήτωρ ὢν εἶτ' ἀποτρώγει,
κωμῳδηθεὶς ἐν ταῖς πατρίοις τελεταῖς ταῖς τοῦ Διονύσου.

La prairie s'illumine de feu,
Le genou des vieux s'ébranle,   345
Les secousses renversent les chagrins
Et les cycles attardés des anciennes années,
Sous l'effet de l'hommage sacré.   350
Et toi, flamboyant de ta torche,
Avance et guide vers la plaine spongieuse et fleurie,
Ô Bienheureux, la jeunesse qui forme le chœur !

Il doit garder silence et s'écarter devant nos danses,
Qui est sans connaître de tels discours ou ne s'est pas purifié la   355
                                                    [pensée,
Ou qui ni n'a vu les fêtes des Muses nobles, ni n'y a dansé,
Ou de la langue de Cratinos le dévoreur de taureaux n'a pas subi
                                        [la révélation bachique,
Ou se délecte des mots de pitre qui se mettent à la peine quand
                                        [ce n'est pas l'heure,
Ou ne dénoue pas la discorde ennemie et n'est pas indulgent
                                        [avec les citoyens,
Mais la réveille et l'attise par passion de ses gains à lui,   360
Ou qui, magistrat d'une ville en tempête, se fait acheter par des
                                        [présents,
Ou abandonne un bastion ou des bateaux, ou d'Égine exporte
Des biens interdits, comme un Thorykion, ce mauvais génie de
                                [la collecte des cinq pour cent,
Et prodigue vers Épidaure du cuir de sabords, de la toile de lin
                                        [et de la poix,
Ou convainc quiconque de financer les bateaux des adversaires   365
Ou dépose sa diarrhée sur les images d'Hécate tout en chantant
                                        [dans la ronde des danses,
Ou, n'étant que tribun, rogne sur le salaire des poètes,
Parce que la comédie l'a traité selon les rites ancestraux de
                                                    [Dionysos.

Τούτοις αὐδῶ καὖθις ἐπαυδῶ καὖθις τὸ τρίτον μάλ' ἐπαυδῶ

ἐξίστασθαι μύσταισι χοροῖς· ὑμεῖς δ' ἀνεγείρετε μολπὴν   3

καὶ παννυχίδας τὰς ἡμετέρας αἳ τῇδε πρέπουσιν ἑορτῇ.

> Χώρει νυν πᾶς ἀνδρείως
> εἰς τοὺς εὐανθεῖς κόλπους
> λειμώνων ἐγκρούων
>   κἀπισκώπτων   375
> καὶ παίζων καὶ χλευάζων.
> Ἠρίστηται δ' ἐξαρκούντως. —
>
> Ἀλλ' ἔμβα χὤπως ἀρεῖς
> τὴν Σώτειραν γενναίως
> τῇ φωνῇ μολπάζων,
> ἢ τὴν χώραν   380
> σῴζειν φήσ' εἰς τὰς ὥρας,
> κἂν Θωρυκίων μὴ βούληται.

Ἄγε νυν ἑτέραν ὕμνων ἰδέαν τὴν καρποφόρον βασίλειαν,

Δήμητρα θεάν, ἐπικοσμοῦντες ζαθέαις μολπαῖς κελαδεῖτε.

> Δήμητερ, ἁγνῶν ὀργίων   Str.
> ἄνασσα, συμπαραστάτει,   385
> καὶ σῷζε τὸν σαυτῆς χορόν·
> καί μ' ἀσφαλῶς πανήμερον
> παῖσαί τε καὶ χορεῦσαι. —
>
> Καὶ πολλὰ μὲν γέλοιά μ' εἰ-   Ant·
> πεῖν, πολλὰ δὲ σπουδαῖα, καὶ   390
> τῆς σῆς ἑορτῆς ἀξίως
> παίσαντα καὶ σκώψαντα νι-
> κήσαντα ταινιοῦσθαι.

À ceux-là, je dis et encore je redis et avec force une troisième
[fois je redis
De s'écarter devant les danses mystiques. Et vous, réveillez le   370
[chant
Et la nuitée festive qui est toute à nous, comme il le faut pour
[cette réjouissance.

Que chacun, d'un courage viril, pénètre   str.
Les belles profondeurs en fleurs
Des prairies, avec les bruits de la chamade
Et les railleries   375
Et les plaisanteries et les rires de moquerie.
Le déjeuner fut fait, autant qu'il suffit.
Mais marche ! Mets-toi en mesure d'exalter   ant.
La Salvatrice noblement
Par les chanteries de ta voix,
Elle qui, elle le dit,   380
Sauvegarde le pays pour les saisons qui viennent,
Quand bien même Thorykion ne le voudrait.

Allez, maintenant ! Dans une autre forme d'hymne, la souveraine
[porteuse de fruits,
Déméter la déesse, l'ornant de chants très divins, célébrez-la
[avec bruit !

Déméter, maîtresse des fêtes   str.
Saintes, assiste-nous aussi,   385
Et sauvegarde la danse qui est tienne ;
Donne-moi, sans que je faiblisse, tout le jour,
De jouer et de danser,
Et de dire beaucoup de choses drôles   ant.
Et beaucoup, aussi, de choses sérieuses, et,   390
Sans démériter de ta fête,
De jouer et de railler en
Vainqueur, pour que j'aie la couronne de rubans !

Ἄγ' εἶά

νυν καὶ τὸν ὡραῖον θεὸν παρακαλεῖτε δεῦρο   395
ᾠδαῖσι, τὸν ξυνέμπορον τῆσδε τῆς χορείας.

Ἴακχε πολυτίμητε, μέλος ἑορτῆς
ἥδιστον εὑρών, δεῦρο συνακολούθει
        πρὸς τὴν θεὸν   400
    καὶ δεῖξον ὡς ἄνευ πόνου
    πολλὴν ὁδὸν περαίνεις.
Ἴακχε φιλοχορευτά, συμπρόπεμπέ με. —
    Σὺ γὰρ κατεσχίσω μὲν ἐπὶ γέλωτι
    κἀπ' εὐτελείᾳ τόδε τὸ σανδαλίσκον   405
        καὶ τὸ ῥάκος,
    κἀξηῦρες ὥστ' ἀζημίους
    παίζειν τε καὶ χορεύειν.
Ἴακχε φιλοχορευτά, συμπρόπεμπέ με. —
    Καὶ γὰρ παραβλέψας τι μειρακίσκης
    νυνδὴ κατεῖδον καὶ μάλ' εὐπροσώπου,   410
        συμπαιστρίας,
    χιτωνίου παραρραγέν-
        τος τιτθίον προκύψαν.
Ἴακχε φιλοχορευτά, συμπρόπεμπέ με.

ΞΑ.   Ἐγὼ δ' ἀεί πως φιλακόλου-
        θός εἰμι καὶ μετ' αὐτῆς
    παίζων χορεύειν βούλομαι.
ΔΙ.   Κἄγωγε πρός.   415
ΧΟ.   Βούλεσθε δῆτα κοινῇ
        σκώψωμεν Ἀρχέδημον,
    ὃς ἑπτέτης ὢν οὐκ ἔφυσε φράτερας; —
        Νυνὶ δὲ δημαγωγεῖ
        ἐν τοῖς ἄνω νεκροῖσι,   420

Allez maintenant, courage !
Convoquez aussi le dieu de saison, qu'il vienne ici,   395
Par vos odes, le compagnon des chemins de cette danse !

Iacchos, mille fois honoré, découvreur   str.
Du chant de fête le plus doux, ici, accompagne-nous
Jusqu'à la déesse,   400
Et montre que sans peiner
Tu enfiles une route longue,
Iacchos, amoureux de la danse, convoie-moi en avant !
Car c'est toi qui déchiqueta pour rire   ant.
Et par esprit de pingrerie, mes petits nu-pieds   405
Et ma guenille,
Et toi qui fis que, sans nous ruiner,
Nous jouons et dansons.
Iacchos, amoureux de la danse, convoie-moi en avant !
Car voici que l'œil tourné de côté, j'ai vu   ant.'
D'une adolescentine, au visage si beau   410
Et joueuse avec moi,
Par la déchirure de sa tunique
Le téton petit s'échapper devant.
Iacchos, amoureux de la danse, convoie-moi en avant !

XANTHIAS
Et moi toujours, je peux le dire, je suis amoureux
Du convoyage, et pour jouer
Avec elle, je désire danser.   415

DIONYSOS
                    Et moi en sus !

LE CHŒUR
Vous désirez donc qu'ensemble
Nous nous moquions d'Arkhédémos,
Qui, à sept ans, était encore un sans-patrie génitoire ?
Et maintenant il fait le démagogue
Chez les cadavres de là-haut,   420

κᾆστιν τὰ πρῶτα τῆς ἐκεῖ μοχθηρίας. —

    Τὸν Κλεισθένους δ' ἀκούω
    ἐν ταῖς ταφαῖσι πρωκτὸν
τίλλειν ἑαυτοῦ καὶ σπαράττειν τὰς γνάθους. —

    Κἀκόπτετ' ἐγκεκυφώς,   425
    κἄκλαε κἀκεκράγει
Σεβῖνον ὅστις ἐστὶν Ἀναφλύστιος. —

    Καὶ Καλλίαν γέ φασι
    τοῦτον τὸν Ἱπποκίνου
κύσθου λεοντῆν ναυμαχεῖν ἐνημμένον.   430

ΔΙ.   Ἔχοιτ' ἂν οὖν φράσαι νῷν
    Πλούτων' ὅπου 'νθάδ' οἰκεῖ;
Ξένω γάρ ἐσμεν ἀρτίως ἀφιγμένω.

ΧΟ.   Μηδὲν μακρὰν ἀπέλθῃς,
    μηδ' αὖθις ἐπανέρῃ με,   435
ἀλλ' ἴσθ' ἐπ' αὐτὴν τὴν θύραν ἀφιγμένος.

ΔΙ.   Αἴροι' ἂν αὖθις, ὦ παῖ.

ΞΑ.   Τουτὶ τί ἦν τὸ πρᾶγμα;
    Ἀλλ' ἦ Διὸς Κόρινθος ἐν τοῖς στρώμασιν;

ΧΟ. Χωρεῖτέ   440
νυν ἱερὸν ἀνὰ κύκλον θεᾶς, ἀνθοφόρον ἀν' ἄλσος
παίζοντες οἷς μετουσία θεοφιλοῦς ἑορτῆς.
Ἐγὼ δὲ σὺν ταῖσιν κόραις εἶμι καὶ γυναιξίν,   445
οὗ παννυχίζουσιν θεᾷ, φέγγος ἱερὸν οἴσων.

Et il y est premier des dépravés.
Et j'entends que le fils de Clisthène,
Parmi les sépultures, s'arrachait la toison
De l'anus et se lacérait les joues.
Et il se frappait tout à son affaissement,   425
Et dans ses encululements hurlait le nom
De Sébinos, auto-érecteur de la circonscription d'Anaphlystos.
Et Callias, on le dit,
Ce fils du bourreur équestre Hippobinos,
S'en est allé se battre en mer revêtu d'une peau de con léonine.   430

DIONYSOS
Êtes-vous en mesure à tous deux de nous dire
Où Pluton habite en ces lieux ?
Car nous sommes deux étrangers, qui arrivent à peine.

LE CHŒUR
En rien tu n'en es éloigné de beaucoup,
et ne dois à nouveau m'en poser la question.   435
Sache que tu es arrivé à la porte même.

DIONYSOS *(à Xanthias)*
Lève ta charge à nouveau, mon petit !

XANTHIAS
Qu'est-ce que c'est que cela ?
Tu fais pour les matelas ton né de Zeus comme un punaisot de
                                        [Corinthe ?

LE CHŒUR
Pénétrez, oui,   440
Le cercle sacré de la déesse, en jouant dans le bosquet porte-
                                        [fleurs,
Vous à qui est donné de prendre part à la réjouissance aimée
                                        [des dieux !
Moi, avec ces jeunes filles et ces femmes, j'irai   445
Là où la nuit entière célèbre la déesse, dressant la lumière
                                        [sacrée.

Χωρῶμεν εἰς πολυρρόδους
  λειμῶνας ἀνθεμώδεις,
τὸν ἡμέτερον τρόπον,   450
τὸν καλλιχορώτατον,
παίζοντες, ὃν ὄλβιαι
  Μοῖραι ξυνάγουσιν. —
Μόνοις γὰρ ἡμῖν ἥλιος
  καὶ φέγγος ἱλαρόν ἐστιν,   455
ὅσοι μεμυήμεθ' εὐ-
σεβῆ τε διήγομεν
τρόπον περὶ τοὺς ξένους
  καὶ τοὺς ἰδιώτας.

ΔΙ.   Ἄγε δὴ τίνα τρόπον τὴν θύραν κόψω; Τίνα   460
      Πῶς ἐνθάδ' ἄρα κόπτουσιν οὑπιχώριοι;

ΞΑ.   Οὐ μὴ διατρίψεις, ἀλλὰ γεῦσαι τῆς θύρας,
      καθ' Ἡρακλέα τὸ σχῆμα καὶ τὸ λῆμ' ἔχων.

ΔΙ.   Παῖ παῖ.

ΑΙΑΚΟΣ

      Τίς οὗτος;
ΔΙ.   Ἡρακλῆς ὁ καρτερός.

ΑΙ.   Ὦ βδελυρὲ κἀναίσχυντε καὶ τολμηρὲ σὺ   465
      καὶ μιαρὲ καὶ παμμίαρε καὶ μιαρώτατε,
      ὃς τὸν κύν' ἡμῶν ἐξελάσας τὸν Κέρβερον
      ἀπῇξας ἄγχων κἀποδρὰς ᾤχου λαβών,
      ὃν ἐγὼ 'φύλαττον. Ἀλλὰ νῦν ἔχει μέσος·

Pénétrons parmi les milliers de roses   str.
Dans les prairies aux odeurs de fleur,
Et notre mode à nous,   450
Le plus beau pour la danse,
Menons-en le jeu, lui que composent
Les Moires bienheureuses.

Pour nous seuls, soleil   ant.
Et lumière sont puissances sacrées,   455
Nous, qui fûmes tous introduits aux mystères et tous
Vécûmes sur le mode
De la piété envers les étrangers
Et les gens normaux.

DIONYSOS

Bon ! Comment vais-je frapper à cette porte ? Comment ?   460
De quelle manière frappent-ils, ici, les gens du pays ?

XANTHIAS

Ne perds pas ton temps, et jette-toi sur la porte
À la manière d'Héraclès, dont tu as la figure et la force d'âme !

DIONYSOS

Petit, petit !

                                                    (Entre Éaque.)

ÉAQUE

            Qui est-ce ?

DIONYSOS

            Héraclès, le fort.

ÉAQUE

Ô toi, empuanti, impudique, insolent !   465
Et salaud, et salaud total et salissime,
Toi qui emportas notre chien à nous, Cerbère,
Qui le garrottas, qui partis en courant pour filer avec
Quand j'en avais la garde ! Maintenant, tu es cerné.

τοία **Στυγός** σε μελανοκάρδιος πέτρα   470
Ἀχερόντιός τε σκόπελος αἱματοσταγὴς
φρουροῦσι, **Κωκυτοῦ** τε περίδρομοι κύνες,
ἔχιδνά θ' ἑκατογκέφαλος, ἣ τὰ σπλάγχνα σου
διασπαράξει· πλευμόνων τ' ἀνθάψεται
Ταρτησσία μύραινα, τὼ νεφρὼ δέ σου   475
αὐτοῖσιν ἐντέροισιν ᾑματωμένω
διασπάσονται **Γοργόνες Τειθράσιαι,**
ἐφ' ἃς ἐγὼ δρομαῖον ὁρμήσω πόδα.

ΞΑ.   Οὗτος, τί δέδρακας;
ΔΙ.   Ἐγκέχοδα· κάλει θεόν.

ΞΑ.   Ὦ καταγέλαστ', οὔκουν ἀναστήσει ταχὺ   480
πρίν τινά σ' ἰδεῖν ἀλλότριον;
ΔΙ.   Ἀλλ' ὡρακιῶ.
Ἀλλ' οἶσε πρὸς τὴν καρδίαν μου σπογγιάν.

ΞΑ.   Ἰδοὺ λαβέ· πρόσθου. — Ποῦ 'στιν; Ὦ χρυσοῖ θεοί,
ἐνταῦθ' ἔχεις τὴν καρδίαν;
ΔΙ.   Δείσασα γὰρ
εἰς τὴν κάτω μου κοιλίαν καθείρπυσεν.   485

Car, si haute, la pierre au cœur d'ombre du Styx, 470
Et le rocher de l'Achéron, qui fait sourdre le sang,
Te surveillent, et les chiens tournoyants du Cocyte,
Et la vipère aux cent têtes, qui t'écartèlera
Les entrailles. À tes poumons s'accrochera
Une murène à la Tartésienne. Et tes deux rognons, 475
Baignant dans leur sang avec tes entrailles,
Les femmes du faubourg de Tithras, les Gorgones, les
                                    [disperseront,
Elles, vers qui, moi, je fais saillir un pied qui court.

(Éaque sort.)

XANTHIAS *(à Dionysos)*
Eh toi, qu'est-ce que tu as fait ?

DIONYSOS
            J'ai fait sacrifice de ma merde. Invoque le dieu !

XANTHIAS
Ô le ridicule, ne vas-tu pas te redresser tout de suite 480
Avant qu'un étranger ne te voie ?

DIONYSOS
                Mais je perds mes esprits.
Porte à mon cœur une éponge !

XANTHIAS
En voilà une, tiens ! Applique-la !

DIONYSOS *(parlant de son cœur)*
                Où est-il ?

XANTHIAS
                    Ô divinités d'or !
C'est là que tu as le cœur ?

DIONYSOS
        D'effroi,
Il s'est faufilé jusqu'au bas de mon intestin. 485

ΞΑ. �ͅΩ δειλότατε θεῶν σὺ κἀνθρώπων.

ΔΙ.   Ἐγώ;

Πῶς δειλὸς ὅστις σπογγιὰν ᾔτησά σε;
Οὐ τἂν ἕτερός γ' αὖτ' εἰργάσατ' ἀνήρ.

ΞΑ.   Ἀλλὰ τί;

ΔΙ.   Κατέκειτ' ἂν ὀσφραινόμενος, εἴπερ δειλὸς ἦν·
ἐγὼ δ' ἀνέστην καὶ προσέτ' ἀπεψησάμην.   490

ΞΑ.   Ἀνδρεῖά γ', ὦ Πόσειδον.

ΔΙ.   Οἶμαι νὴ Δία.
Σὺ δ' οὐκ ἔδεισας τὸν ψόφον τῶν ῥημάτων
καὶ τὰς ἀπειλάς;

ΞΑ.   Οὐ μὰ Δί' οὐδ' ἐφρόντισα.

ΔΙ.   Ἴθι νυν, ἐπειδὴ ληματίας κἀνδρεῖος εἶ,
σὺ μὲν γενοῦ 'γὼ τὸ ῥόπαλον τουτὶ λαβὼν   495
καὶ τὴν λεοντῆν, εἴπερ ἀφοβόσπλαγχνος εἶ·
ἐγὼ δ' ἔσομαί σοι σκευοφόρος ἐν τῷ μέρει.

ΞΑ.   Φέρε δὴ ταχέως αὖτ'· οὐ γὰρ ἀλλὰ πειστέον.
Καὶ βλέψον εἰς τὸν Ἡρακλειοξανθίαν,
εἰ δειλὸς ἔσομαι καὶ κατὰ σὲ τὸ λῆμ' ἔχων.   500

ΔΙ.   Μὰ Δί' ἀλλ' ἀληθῶς οὐκ Μελίτης μαστιγίας.

XANTHIAS

Ô le plus peureux des dieux et des humains !

DIONYSOS

Moi ?

Comment serais-je peureux, qui t'ai demandé une éponge ?
Un autre homme n'aurait pas accompli un tel acte.

XANTHIAS

Quel acte ?

DIONYSOS

Il se serait prostré, à humer, en peureux qu'il est.
Moi, je me suis dressé et, encore mieux, me suis essuyé.   490

XANTHIAS

C'est du courage, ô Poséidon !

DIONYSOS

C'est mon avis, nom de Zeus !

Et toi, tu ne t'es pas effrayé devant le mugissement des mots
Et les menaces ?

XANTHIAS

Non, par Zeus, je n'y ai pas fait attention.

DIONYSOS

Eh bien, puisque tu as force d'âme et courage,
Deviens moi-même et prends cette massue   495
Et la peau du lion, puisque tu n'as pas l'entraille angoissée.
Et moi, à mon tour, je serai ton porte-bagages.

XANTHIAS

Donne-moi vite tout cela, puisqu'il me faut obéir.
Et contemple le Xanthias-Héraclès,
Tu verras si je suis peureux et si j'ai l'âme faite à ta manière.   500

DIONYSOS

Que non, nom de Zeus, tu es vraiment ce grand Callias de Mélité,
[à qui vont les verges.

68   BATRACHOI

Φέρε νυν, ἐγὼ τὰ στρώματ' αἴρωμαι ταδί.

ΘΕΡΑΠΑΙΝΑ

Ὦ φίλταθ' ἥκεις Ἡράκλεις; Δεῦρ' εἴσιθι.
Ἡ γὰρ θεός σ' ὡς ἐπύθεθ' ἥκοντ', εὐθέως
ἔπεττεν ἄρτους, ἧψε κατερικτῶν χύτρας   505
ἔτνους δύ' ἢ τρεῖς, βοῦν ἀπηνθράκιζ' ὅλον,
.πλακοῦντας ὤπτα, κολλάβους. Ἀλλ' εἴσιθι.

ΞΑ. Κάλλιστ', ἐπαινῶ.
ΘΕ.   Μὰ τὸν Ἀπόλλω οὐ μή σ' ἐγὼ
περιόψομἀπελθόντ', ἐπεί τοι καὶ κρέα
ἀνέβραττεν ὀρνίθεια, καὶ τραγήματα   510
ἔφρυγε, κᾦνον ἀνεκέραννυ γλυκύτατον.
Ἀλλ' εἴσιθ' ἅμ' ἐμοί.
ΞΑ.   Πάνυ καλῶς.
ΘΕ.   Ληρεῖς ἔχων·
οὐ γάρ σ' ἀφήσω. Καὶ γὰρ αὐλητρίς τέ σοι
ἤδη 'νδον ἔσθ' ὡραιοτάτη κὠρχηστρίδες
ἕτεραι δύ' ἢ τρεῖς —
ΞΑ.   Πῶς λέγεις; Ὀρχηστρίδες; 515
ΘΕ. ἡβυλλιῶσαι κἄρτι παρατετιλμέναι.
Ἀλλ' εἴσιθ', ὡς ὁ μάγειρος ἤδη τὰ τεμάχη

Allez ! Je vais soulever ces matelas-là.

(Entre un esclave de Perséphone.)

UN ESCLAVE
Ô mille fois aimé Héraclès, tu es donc venu ? Entre ici !
Car dès qu'elle sut, la déesse, que tu venais, vite
Elle a cuit du froment, mis sur le feu des marmites, deux ou trois,   505
De purée de pois cassés, grillé au charbon un bœuf entier,
Doré des gâteaux plats et des petits pains. Je t'en prie, entre !

XANTHIAS
Magnifique, je te remercie !

UN ESCLAVE
               Par Apollon, il est totalement exclu
Que tu t'en ailles sous mes yeux alors même qu'elle a mis à
                            [bouillir
De la viande de volaille et à frire des desserts   510
Croquants, et mouillé le vin le plus doux.
Je t'en prie, entre avec moi !

XANTHIAS
             C'est parfait.

UN ESCLAVE
                 Tu continues à parler dans le vide.
Mais je ne te laisserai pas partir. Car, pour toi, dedans, ici même, il y a
Une joueuse de flûte, dans la plus belle de ses saisons, et des danseuses
Aussi, deux ou trois.   515

XANTHIAS
             Que dis-tu ? Des danseuses ?

UN ESCLAVE
Dans leur petite jouvence, et dont on vient juste d'épiler les bords.
Entre, je t'en prie, car le cuisinier à l'instant allait sortir du feu

      ἔμελλ' ἀφαιρεῖν χἠ τράπεζ' εἰσήρετο.

ΞΑ. "Ιθι νυν, φράσον πρώτιστα ταῖς ὀρχηστρίσιν
      ταῖς ἔνδον οὔσαις αὐτὸς ὅτι εἰσέρχομαι.   520
      Ὁ παῖς, ἀκολούθει δεῦρο τὰ σκεύη φέρων.

ΔΙ. Ἐπίσχες, οὗτος. Οὔ τί που σπουδὴν ποεῖ,
      ὁτιή σε παίζων Ἡρακλέα 'νεσκεύασα;
      Οὐ μὴ φλυαρήσεις ἔχων, ὦ Ξανθία,
      ἀλλ' ἀράμενος οἴσεις πάλιν τὰ στρώματα.   525

ΞΑ. Τί δ' ἐστίν; Οὔ τί πού μ' ἀφελέσθαι διανοεῖ
      ἅδωκας αὐτός;

ΔΙ.   Οὐ τάχ', ἀλλ' ἤδη ποιῶ.
      Κατάθου τὸ δέρμα.

ΞΑ.   Ταῦτ' ἐγὼ μαρτύρομαι
      καὶ τοῖς θεοῖσιν ἐπιτρέπω.

ΔΙ.   Ποίοις θεοῖς;
      Τὸ δὲ προσδοκῆσαί σ' οὐκ ἀνόητον καὶ κενὸν   530
      ὡς δοῦλος ὢν καὶ θνητὸς Ἀλκμήνης ἔσει;

ΞΑ. Ἀμέλει, καλῶς· ἔχ' αὔτ'. Ἴσως γάρ τοί ποτε
      ἐμοῦ δεηθείης ἄν, εἰ θεὸς θέλοι.

Les tranches salées des poissons, et la table a été dressée.

XANTHIAS

Eh bien va ! Explique avant toute chose aux danseuses
qui se trouvent à l'intérieur, que moi, moi-même, je fais mon   520
[entrée.

(à Dionysos)

Mon petit, accompagne-moi dans ces lieux avec tout l'équipage !

DIONYSOS

Tu t'arrêtes, toi ! Tu ne vas quand même pas te faire prendre au sérieux,
Quand c'est par jeu que je t'ai harnaché en Héraclès ?
Cesseras-tu de divaguer, ô Xanthias ?
Tu vas soulever ces matelas et les porter à nouveau.   525

XANTHIAS

Que veux-tu dire ? Tu ne t'imagines quand même pas que tu vas
[me dépouiller
De ce que toi-même tu m'as donné ?

DIONYSOS

Pas que je vais, je le fais déjà.

La peau, tu la quittes !

XANTHIAS

J'en appelle à témoins,

Et me tourne vers les dieux.

DIONYSOS

C'est quoi, ces dieux ?

Te faire cette idée, toi, n'est-ce pas insensé et vide,   530
Qu'étant esclave et mortel tu serais le fils d'Alcmène ?

XANTHIAS

On se calme, c'est d'accord. Prends tout cela ! Car peut-être
[qu'un jour
Tu auras à nouveau à faire appel à moi, si le dieu le veut.

ΧΟ.   Ταῦτα μὲν πρὸς ἀνδρός ἐστι   Str.
        νοῦν ἔχοντος καὶ φρένας καὶ
        πολλὰ περιπεπλευκότος,   535
        μετακυλίνδειν αὑτὸν ἀεὶ
        πρὸς τὸν εὖ πράττοντα τοῖχον
        μᾶλλον ἢ γεγραμμένην
        εἰκόν' ἑστάναι, λαβόνθ' ἓν
        σχῆμα· τὸ δὲ μεταστρέφεσθαι
        πρὸς τὸ μαλθακώτερον
        δεξιοῦ πρὸς ἀνδρός ἐστι   540
        καὶ φύσει Θηραμένους.

ΔΙ.   Οὐ γὰρ ἂν γέλοιον ἦν, εἰ
        Ξανθίας μὲν δοῦλος ὢν ἐν
        στρώμασιν Μιλησίοις
        ἀνατετραμμένος κυνῶν ὀρ-
        χηστρίδ' εἶτ' ᾔτησεν ἀμίδ', ἐ-
        γὼ δὲ πρὸς τοῦτον βλέπων
        τοὐρεβίνθου 'δραττόμην, οὑ-   545
        τος δ' ἅτ' ὢν αὐτὸς πανοῦργος
        εἶδε, κᾆτ' ἐκ τῆς γνάθου
        πὺξ πατάξας μοὐξέκοψε
        τοῦ χοροῦ τοὺς προσθίους;   548

ΠΑΝΔΟΚΕΥΤΡΙΑ Α'

        Πλαθάνη, Πλαθάνη, δεῦρ' ἐλθ'. Ὁ πανοῦργος οὑτοσί,
        ὃς εἰς τὸ πανδοκεῖον εἰσελθών ποτε   550
        ἑκκαίδεκ' ἄρτους κατέφαγ' ἡμῶν —

ΠΑΝΔΟΚΕΥΤΡΙΑ Β'

                                        Νὴ Δία,

LE CHŒUR

Oui, c'est là l'apanage d'un homme   str.
Doué d'intellect et de raison et qui
A beaucoup sillonné les mers du monde,   535
De toujours alterner le roulement de sa vie
Pour tenir le bon bord,
Plutôt que, dressé tel une icône
Peinte, de ne prendre qu'une seule
Figure. Virer dans sa course,
Pour tenir ce qu'il y a de plus doux,
Est l'apanage d'un homme adroit   540
et bâti comme Théramène.

DIONYSOS

Car ne serait-ce pas risible, si
Xanthias, qui est l'esclave, chaviré
Sur des matelas de facture milésienne
Donnait des baisers à une dan-
Seuse et ensuite réclamait l'urinoir, tandis
Que moi, les yeux fixés sur lui,
Je m'empoigne le pois chiche ? Et lui,   545
Qui est toute canaille,
Voyant cela, de ma mâchoire ferait ensuite,
Cognant de ses poings, crouler
L'orchestre de mes dents de devant.

(Entrent deux femmes d'auberge.)

PREMIÈRE FEMME D'AUBERGE

Moulagathe, Moulagathe ! Viens ici ! Elle est là, la canaille
Qui est venue autrefois à l'auberge   550
Et nous a dévoré seize pains de froment.

SECONDE FEMME D'AUBERGE

                    Nom de Zeus !

ἐκεῖνος αὐτὸς δῆτα.

ΞΑ.   Κακὸν ἥκει τινί.

ΠΑ. Α΄ καὶ κρέα γε πρὸς τούτοισιν ἀνάβραστ' εἴκοσιν
ἀνημιωβολιαῖα —

ΞΑ.   Δώσει τις δίκην.

ΠΑ. Α΄ καὶ τὰ σκόροδα τὰ πολλά.

ΔΙ.   Ληρεῖς, ὦ γύναι,   555
κοὐκ οἶσθ' ὅ τι λέγεις.

ΠΑ. Α΄   Οὐ μὲν οὖν με προσεδόκας,
ὁτιὴ κοθόρνους εἶχες, ἂν γνῶναί σ' ἔτι.
Τί δαί; Τὸ πολὺ τάριχος οὐκ εἴρηκά πω.

ΠΑ. Β΄ Μὰ Δί' οὐδὲ τὸν τυρόν γε τὸν χλωρόν, τάλαν,
ὃν οὗτος αὐτοῖς τοῖς ταλάροις κατήσθιεν.   560

ΠΑ. Α΄ Κᾆπειτ' ἐπειδὴ τἀργύριον ἐπραττόμην,
ἔβλεψεν εἴς με δριμὺ κἀμυκᾶτό γε —

ΞΑ.   Τούτου πάνυ τοὖργον· οὗτος ὁ τρόπος πανταχοῦ.

ΠΑ. Α΄ καὶ τὸ ξίφος γ' ἐσπᾶτο μαίνεσθαι δοκῶν.

ΠΑ. Β΄ Νὴ Δία, τάλαινα.

ΠΑ. Α΄   Νὼ δὲ δεισάσα γέ πω   565

C'est lui, en personne.

XANTHIAS *(à part)*

>Un malheur arrive à quelqu'un.

SECONDE FEMME D'AUBERGE
Et, en sus, des viandes bouillies, une vingtaine,
D'une demi-obole chacune.

XANTHIAS *(à part)*

>Quelqu'un ira en justice.

PREMIÈRE FEMME D'AUBERGE
Et l'ail mangé en masse.   555

DIONYSOS

>Tu parles dans le vide, femme,

et ne sais pas ce que tu dis.

PREMIÈRE FEMME D'AUBERGE

>Oh non ! C'est que tu n'imaginais pas

qu'avec ton cothurne je te reconnaîtrais encore.
Mais quoi ? Je n'ai même pas parlé de ces masses de viandes séchées.

SECONDE FEMME D'AUBERGE
Ni, nom de Zeus, du fromage encore jeune, ma pauvre,
que cet homme a dévoré à même les corbeilles.   560

PREMIÈRE FEMME D'AUBERGE
Et puis quand je réclamais mon argent,
Il m'a regardée dru et s'est mis à mugir.

XANTHIAS
Tout à fait de lui, ces agissements. C'est partout sa manière.

SECONDE FEMME D'AUBERGE
Et il a tiré l'épée, avec l'air d'un fou.

XANTHIAS
Oh, nom de Zeus ! Ma pauvre !   565

ἐπὶ τὴν κατῆλιφ' εὐθὺς ἀνεπηδήσαμεν·
ὁ δ' ᾤχετ' ἐξᾴξας γε τὰς ψιάθους λαβών.

ΞΑ.   Καὶ τοῦτο τούτου τοὖργον.

ΠΑ. Α'   'Αλλ' ἐχρῆν τι δρᾶν.
           "Ιθι δὴ κάλεσον τὸν προστάτην Κλέωνά μοι —

ΠΑ. Β'   Σὺ δ' ἔμοιγ' ἐάνπερ ἐπιτύχῃς 'Υπέρβολον·   570

ΠΑ. Α'   ἵν' αὐτὸν ἐπιτρίψωμεν. "Ω μιαρὰ φάρυξ,
           ὡς ἡδέως ἄν σου λίθῳ τοὺς γομφίους
           κόπτοιμ' ἄν, οἷς μου κατέφαγες τὰ φορτία.

ΞΑ.·   'Εγὼ δέ γ' εἰς τὸ βάραθρον ἐμβάλοιμί σε.

ΠΑ. Β'   'Εγὼ δὲ τὸν λάρυγγ' ἂν ἐκτέμοιμί σου   575
           δρέπανον λαβοῦσ', ᾧ τὰς χόλικας κατέσπασας.

ΠΑ. Α'   'Αλλ' εἶμ' ἐπὶ τὸν Κλέων', ὃς αὐτοῦ τήμερον
           ἐκπηνιεῖται ταῦτα προσκαλούμενος.

ΔΙ.   Κάκιστ' ἀπολοίμην, Ξανθίαν εἰ μὴ φιλῶ.

ΞΑ.   Οἶδ' οἶδα τὸν νοῦν· παῦε παῦε τοῦ λόγου.   580
           Οὐκ ἂν γενοίμην 'Ηρακλῆς αὖ.

ΔΙ.   Μηδαμῶς,

SECONDE FEMME D'AUBERGE

                Et terrifiées toutes deux,
Nous sautons sans attendre dans la soupente,
Et lui s'en va d'un grand bond, non sans voler les nattes.

XANTHIAS

De lui aussi, ces agissements.

PREMIÈRE FEMME D'AUBERGE

              Mais il faudrait faire quelque chose.
Va demander l'aide de Cléon, mon protecteur à Athènes !

SECONDE FEMME D'AUBERGE

Et pour moi, si tu le trouves, celle d'Hyperbolos,   570
Pour que nous pulvérisions cet homme.

PREMIÈRE FEMME D'AUBERGE

                 Ô gorge dégueulasse,
Qu'avec plaisir j'y ferais à coups de pierre s'écrouler
Les molaires qui t'ont servi à dévorer mon stock.

SECONDE FEMME D'AUBERGE

Et moi, je te jetterais dans le trou des condamnés.

PREMIÈRE FEMME D'AUBERGE

Et moi, je trancherais de part en part avec une serpe   575
Le gosier où tu évacuas mes tripes.
Mais je vais chercher Cléon, qui ici même, aujourd'hui,
Dévidera l'affaire en t'attaquant en justice.

                    (Elles sortent.)

DIONYSOS

Que je meure de la pire mort si je ne chéris pas Xanthias !

XANTHIAS

Je saisis, saisis bien l'idée. Mais arrête ton discours, arrête !   580
Je ne redeviendrai pas Héraclès.

DIONYSOS

              Tu as tout à fait tort,

ὦ Ξανθίδιον.

ΞΑ.   Καὶ πῶς ἂν Ἀλκμήνης ἐγὼ
υἱὸς γενοίμην δοῦλος ἅμα καὶ θνητὸς ὤν;

ΔΙ.   Οἶδ' οἶδ' ὅτι θυμοῖ, καὶ δικαίως αὐτὸ δρᾷς·
κἂν εἴ με τύπτοις, οὐκ ἂν ἀντείποιμί σοι.   585
'Αλλ' ἤν σε τοῦ λοιποῦ ποτ' ἀφέλωμαι χρόνου,
πρόρριζος αὐτός, ἡ γυνή, τὰ παιδία,
κάκιστ' ἀπολοίμην, κἀρχέδημος ὁ γλάμων.

ΞΑ.   Δέχομαι τὸν ὅρκον κἀπὶ τούτοις λαμβάνω.

ΧΟ.   Νῦν σὸν ἔργον ἔστ', ἐπειδὴ   Ant.
τὴν στολὴν εἴληφας ἥνπερ   590
εἶχες, ἐξ ἀρχῆς πάλιν
ἀνανεάζειν ⟨αὖ τὸ λῆμα⟩
καὶ βλέπειν αὖθις τὸ δεινόν,
τοῦ θεοῦ μεμνημένον
ᾧπερ εἰκάζεις σεαυτόν.
"Ην δὲ παραληρῶν ἁλῷς ἢ
κἀκβάλῃς τι μαλθακόν,   595
αὖθις αἴρεσθαί σ' ἀνάγκη
'σται πάλιν τὰ στρώματα.

ΞΑ.   Οὐ κακῶς, ὦνδρες, παραινεῖτ',
ἀλλὰ καὐτὸς τυγχάνω ταῦτ'
ἄρτι συννοούμενος.
"Οδε μὲν οὖν, ἤν χρηστὸν ᾖ τι,

Mon petit Xanthias.

XANTHIAS

                    Et comment deviendrais-je, moi, le fils
D'Alcmène, quand je suis esclave et mortel à la fois ?

DIONYSOS

Je saisis, saisis bien que tu es fâché, et tu l'es justement.
Et même si tu me frappais, je ne dirais rien contre.   585
Mais, je le dis, si au cours du temps futur, un jour, je venais à
                                              [te dépouiller,
Que moi-même, jusqu'au bout de mes racines, avec femme et
                                              [progéniture,
Je meure de la pire mort, et avec Arkhédémos et ses yeux gluants.

XANTHIAS

Je reçois le serment, et l'accepte à cette condition-là.

LE CHŒUR

Tu as pour tâche maintenant, puisque   ant.
Tu possèdes l'équipage qui avant   590
Était tien, de revenir à la force originelle
De ta jeunesse (…)
Et de lancer à nouveau un regard de terreur,
Dans le souvenir du dieu
Dont toi-même tu donnes l'image.
Mais si l'on t'entend radoter, ou si
Tu lâches quelque trait de mollesse,   595
Alors, à nouveau, tu seras dans la nécessité
De te charger, encore une fois, des matelas.

XANTHIAS

Hommes ! Votre conseil n'est pas mauvais
Et il se trouve qu'à l'instant,
Je le méditais en moi-même.
Mais que, si quelque chose de bon arrive,

ταῦτ' ἀφαιρεῖσθαι πάλιν πει-
ράσεταί μ' εὖ οἶδ' ὅτι.
'Αλλ' ὅμως ἐγὼ παρέξω
'μαυτὸν ἀνδρεῖον τὸ λῆμα
καὶ βλέποντ' ὀρίγανον.
Δεῖν δ' ἔοικεν, ὡς ἀκούω
τῆς θύρας καὶ δὴ ψόφον.

ΑΙ. Ξυνδεῖτε ταχέως τουτονὶ τὸν κυνοκλόπον, 605
ἵνα δῷ δίκην· ἀνύετον.

ΔΙ.   Ἥκει τῳ κακόν.

ΞΑ. Οὐκ ἐς κόρακας; Μὴ πρόσιτον.

ΑΙ.   Εἶέν, καὶ μάχει;
Ὁ Διτύλας χὠ Σκεβλύας χὠ Παρδόκας,
χωρεῖτε δευρὶ καὶ μάχεσθε τουτῳί.

ΔΙ. Εἶτ' οὐχὶ δεινὰ ταῦτα, τύπτειν τουτονὶ 610
κλέπτοντα πρὸς τἀλλότρια;

ΑΙ.   Μᾶλλ' ὑπερφυᾶ.

ΔΙ. Σχέτλια μὲν οὖν καὶ δεινά.

ΞΑ.   Καὶ μὴν νὴ Δία,
εἰ πώποτ' ἦλθον δεῦρ', ἐθέλω τεθνηκέναι,
ἢ 'κλεψα τῶν σῶν ἄξιόν τι καὶ τριχός.

Il essaiera encore de me dépouiller   600
De ces atours, je le sais très bien.
Je donnerai, nonobstant, le spectacle
D'une âme virile
Et d'un regard acide comme l'origan.
L'occasion est venue, semble-t-il, car j'entends
Un grand bruit, à l'instant, venir de la porte.

                    (Entre Éaque avec deux esclaves.)

ÉAQUE
Ligotez tout de suite ce voleur de chien,   605
Et que justice soit faite ! N'attendez pas, vous deux !

DIONYSOS *(à part)*

                    Un malheur, à quelqu'un, arrive.

XANTHIAS
Allez vous faire chez les corbeaux ! N'avancez pas !

ÉAQUE

                    Donc, en plus, tu veux te battre ?
Toi, Camélas, toi, Babouinas et toi, Pétocas,
Venez ici et battez-vous contre lui !

DIONYSOS
N'est-ce pas terrifiant, qu'il se mette à frapper,   610
Lui qui a volé le bien d'autrui ?

ÉAQUE

                    Je dirais plus, surnaturel.

DIONYSOS
Entêté, disons, et terrifiant.

XANTHIAS

                    Mais, nom de Zeus,
Je veux bien mourir si je suis venu ici une seule fois,
Ou si je t'ai volé quoi que ce soit qui vaille un cheveu.

Καὶ σοι ποήσω πρᾶγμα γενναῖον πάνυ·   615
βασάνιζε γὰρ τὸν παῖδα τουτονὶ λαβών,
κἂν ποτέ μ' ἕλῃς ἀδικοῦντ', ἀπόκτεινόν μ' ἄγων.

ΑΙ.   Καὶ πῶς βασανίσω;

ΞΑ.   Πάντα τρόπον· ἐν κλίμακι
δήσας, κρεμάσας, ὑστριχίδι μαστιγῶν, δέρων,
στρεβλῶν, ἔτι δ' εἰς τὰς ῥῖνας ὄξος ἐγχέων,   620
πλίνθους ἐπιτιθείς, πάντα τἄλλα, πλὴν πράσῳ
μὴ τύπτε τοῦτον μηδὲ γητείῳ νέῳ.

ΑΙ.   Δίκαιος ὁ λόγος· κἂν τι πηρώσω γέ σοι
τὸν παῖδα τύπτων, τἀργύριόν σοι κείσεται.

ΞΑ.   Μὴ δῆτ' ἔμοιγ'. Οὕτω δὲ βασάνιζ' ἀπαγαγών.   625

ΑΙ.   Αὐτοῦ μὲν οὖν, ἵνα σοι κατ' ὀφθαλμοὺς λέγῃ.
Κατάθου σὺ τὰ σκεύη ταχέως, χὤπως ἐρεῖς
ἐνταῦθα μηδὲν ψεῦδος.

ΔΙ.   Ἀγορεύω τινὶ
ἐμὲ μὴ βασανίζειν ἀθάνατον ὄντ'· εἰ δὲ μή,
αὐτὸς σεαυτὸν αἰτιῶ.

ΑΙ.   Λέγεις δὲ τί;   630

Pour toi, je vais faire une chose noble, absolument.   615
Prends ce petit avec toi, et torture-le !
Et si tu me découvres coupable, tu m'emmènes et me tues.

ÉAQUE

Et comment le torturerai-je ?

XANTHIAS

        Sur tous les modes. Tu l'attaches
À une échelle, tu le suspends, tu le fouettes avec des piquants,
              [tu l'écorches,
Tu le tords, et, en plus, tu lui verses du vinaigre dans les   620
                 [narines,
Tu le couvres de briques, et toute la suite. Mais ne lui donne
                  [pas
Des coups de poireaux ou de ciboulette nouvelle !

ÉAQUE

Le propos est juste. Et si j'abîme ton petit
Quelque peu par mes coups, tu auras l'argent réglementaire.

XANTHIAS

Non, vraiment. Emporte-le, sans plus, et torture !   625

ÉAQUE

Non, ce sera ici même, qu'il parle sous tes yeux.
(à Dionysos)
Toi, pose ton bagage tout de suite, et évite de dire
Le moindre mensonge en ces lieux !

DIONYSOS

         À quiconque, j'ordonne
De ne pas me torturer, car je suis immortel. Autrement,
Tu n'auras qu'à t'accuser toi-même.   630

ÉAQUE

      Qu'est-ce que tu dis ?

ΔΙ. Ἀθάνατος εἶναί φημι, Διόνυσος Διός,
τοῦτον δὲ δοῦλον.

ΑΙ.   Ταῦτ' ἀκούεις;

ΞΑ.   Φήμ' ἐγώ.
Καὶ πολύ γε μᾶλλόν ἐστι μαστιγωτέος·
εἴπερ θεὸς γάρ ἐστιν, οὐκ αἰσθήσεται.

ΔΙ. Τί δῆτ', ἐπειδὴ καὶ σὺ φῂς εἶναι θεός,   635
οὐ καὶ σὺ τύπτει τὰς ἴσας πληγὰς ἐμοί;

ΞΑ. Δίκαιος ὁ λόγος· χὠπότερόν γ' ἂν νῷν ἴδῃς
κλαύσαντα πρότερον ἢ προτιμήσαντά τι
τυπτόμενον, εἶναι τοῦτον ἡγοῦ μὴ θεόν.

ΑΙ. Οὐκ ἔσθ' ὅπως οὐκ εἶ σὺ γεννάδας ἀνήρ·   640
χωρεῖς γὰρ εἰς τὸ δίκαιον. Ἀποδύεσθε δή.

ΞΑ. Πῶς οὖν βασανιεῖς νὼ δικαίως;

ΑΙ.   Ῥᾳδίως·
πληγὴν παρὰ πληγὴν ἑκάτερον.

ΞΑ.   Καλῶς λέγεις.
Ἰδού· σκόπει νυν ἤν μ' ὑποκινήσαντ' ἴδῃς.

ΑΙ. Ἤδη 'πάταξά σ';

ΞΑ.   Οὐ μὰ Δί' οὐδαμοῖ δοκεῖς.   645

DIONYSOS

J'affirme que je suis immortel, Dionysos, né de Zeus,
Et que lui est esclave.

ÉAQUE *(à Xanthias)*

Tu entends cela ?

XANTHIAS

J'affirme que oui.
Et cela le rend beaucoup plus à fouetter encore.
S'il est dieu, il ne sentira rien.

DIONYSOS *(à Xanthias)*

Mais alors, puisque toi aussi tu affirmes que tu es dieu,   635
Pourquoi ne serais-tu pas frappé des mêmes coups que moi ?

XANTHIAS *(à Éaque)*

Le propos est juste. Et de nous deux celui que tu verras
Pleurer le premier ou se préoccuper
De ce qu'on le frappe, tu pourras penser qu'il n'est pas dieu.

ÉAQUE

Rien ne permet de dire que tu n'es pas un homme bien né,   640
Car tu cours vers ce qui est juste. Et maintenant, déshabillez-vous !

XANTHIAS

Et comment nous tortureras-tu en toute justice ?

ÉAQUE

C'est facile,
Coup après coup, à l'un et à l'autre.

XANTHIAS

C'est bien dit.
Tiens ! Regarde si tu me vois perturbé le moins du monde.
As-tu déjà cogné ?   645

ÉAQUE

Non, nom de Zeus !

(Il frappe Xanthias.)

ΑΙ. 'Αλλ' εἶμ' ἐπὶ τονδὶ καὶ πατάξω.
ΑΙ.   Πηνίκα;
ΑΙ. Καὶ δὴ 'πάταξα.
ΔΙ.   Κᾆτα πῶς οὐκ ἔπταρον;
ΑΙ. Οὐκ οἶδα· τουδὶ δ' αὖθις ἀποπειράσομαι.
ΞΑ. Οὔκουν ἀνύσεις; 'Ιατταταῖ.
ΑΙ.   Τί τᾶτταταῖ;
     Μῶν ὠδυνήθης;
ΞΑ.   Οὐ μὰ Δί' ἀλλ' ἐφρόντισα   650
     ὁπόθ' 'Ηράκλεια τἀν Διομείοις γίγνεται.
ΑΙ. Ἄνθρωπος ἱερός. Δεῦρο πάλιν βαδιστέον.
ΔΙ. Ἰοὺ ἰού.
ΑΙ.   Τί ἐστιν;

XANTHIAS

Ce n'est pas non plus mon avis.

ÉAQUE

Je viens à lui maintenant et je vais le cogner.

(Il frappe Dionysos.)

DIONYSOS

À quelle heure ?

ÉAQUE

Je t'ai cogné à l'instant.

DIONYSOS

Et pourquoi n'ai-je pas éternué ?

ÉAQUE

Je ne sais pas. Je vais essayer à nouveau avec celui-là.

XANTHIAS

Ne vas-tu pas te dépêcher ?

(Éaque le frappe.)

Aïeaïeaïe !

ÉAQUE

Quel aïeaïeaïe ?

Serait-ce que tu es au supplice ?   650

XANTHIAS

Non, nom de Zeus, mais je réfléchissais.

Quel jour a lieu la fête d'Héraclès au faubourg de Diomos ?

ÉAQUE

Oh, l'homme divin ! Je viens à nouveau par ici.

(Il frappe Dionysos.)

DIONYSOS

Ô surprise, surprise !

ÉAQUE

Qu'y a-t-il ?

ΔΙ.   Ἱππέας ὁρῶ.

ΑΙ.   Τί δῆτα κλάεις;
ΔΙ.   Κρομμύων ὀσφραίνομαι.

ΑΙ.   Ἐπεὶ προτιμᾷς γ' οὐδέν;
ΔΙ.   Οὐδέν μοι μέλει.   655

ΑΙ.   Βαδιστέον τἄρ' ἐστὶν ἐπὶ τονδὶ πάλιν.

ΞΑ.   Οἴμοι.
ΑΙ.   Τί ἐστι;
ΞΑ.   Τὴν ἄκανθαν ἔξελε.

ΑΙ.   Τί τὸ πρᾶγμα τουτί; Δεῦρο πάλιν βαδιστέον.

ΔΙ.   Ἄπολλον, — ὅς που Δῆλον ἢ Πυθῶν' ἔχεις.

ΞΑ.   Ἤλγησεν· οὐκ ἤκουσας;
ΔΙ.   Οὐκ ἔγωγ', ἐπεὶ   660
ἴαμβον Ἱππώνακτος ἀνεμιμνησκόμην.

DIONYSOS

                    Je vois passer des cavaliers.

ÉAQUE
Et pourquoi pleures-tu ?

DIONYSOS

                    Je hume des oignons.

ÉAQUE
Car tu ne te préoccupes de rien ?   655

DIONYSOS

                    Je n'ai aucun souci.

ÉAQUE
Bon ! Il faut que je revienne à celui-là.

                                        (Il frappe Xanthias.)

XANTHIAS
Mon malheur !

ÉAQUE

          Qu'y a-t-il ?

XANTHIAS

                    Cette épine, ôte-la moi !

ÉAQUE
Qu'est-ce que c'est que cette histoire ? Je dois revenir ici.
                                        (Il frappe Dionysos.)

DIONYSOS
Ô Apollon ! Toi qui, où que tu sois, détiens Délos ou Pythô !

XANTHIAS *(à Éaque)*
Il a souffert, tu n'as pas entendu ?   660

DIONYSOS

                    Non pas, puisque
Je me remémorais un poème iambique d'Hipponax.

XANTHIAS *(à Éaque)*

ΞΑ. Οὐδὲν ποεῖς γάρ· ἀλλὰ τὰς λαγόνας σπόδει.

ΑΙ. Μὰ τὸν Δί', ἀλλ' ἤδη πάρεχε τὴν γαστέρα.

ΔΙ. Πόσειδον, —

ΞΑ.   Ἤλγησέν τις.   664

ΔΙ.   ἁλὸς ἐν βένθεσιν
δς Αἰγαίου πρωνὸς ἢ γλαυκᾶς μέδεις —

ΑΙ. Οὔ τοι μὰ τὴν Δήμητρα δύναμαι 'γὼ μαθεῖν   668
ὁπότερος ὑμῶν ἐστι θεός. 'Αλλ' εἴσιτον·
ὁ δεσπότης γὰρ αὐτὸς ὑμᾶς γνώσεται   670
χἠ Φερρέφατθ', ἅτ' ὄντε κἀκείνω θεώ.

ΔΙ. 'Ορθῶς λέγεις· ἐβουλόμην δ' ἂν τοῦτό σε
πρότερον νοῆσαι, πρὶν ἐμὲ τὰς πληγὰς λαβεῖν.

ΧΟ. Μοῦσα, χορῶν ἱερῶν ἐπίβηθι καὶ ἔλθ' ἐπὶ τέρψιν
              ἀοιδᾶς ἐμᾶς,   Str. 675
   .τὸν πολὺν ὀψομένη λαῶν ὄχλον, οὗ σοφίαι
              μυρίαι κάθηνται
   φιλοτιμότεραι Κλεοφῶντος, ἐφ' οὗ δὴ
   χείλεσιν ἀμφιλάλοις δεινὸν ἐπιβρέμεται   680
              Θρηικία χελιδὼν

C'est vrai que tu n'arrives à rien. Pulvérise lui le creux des côtes !

ÉAQUE
C'est cela, nom de Zeus.
(à Dionysos)

                    Offre ton ventre !
                              (Il frappe Dionysos.)

DIONYSOS
Ô Poséidon !

XANTHIAS
            Quelqu'un a souffert.

DIONYSOS
… *toi qui, dans les gouffres de l'eau,*   665
Règnes sur le cap de la mer Égée ou sur la bleutée.

ÉAQUE
Par Déméter ! Je n'arrive pas du tout à savoir
Lequel de vous deux est dieu. Alors, entrez !
Le maître en personne vous identifiera,   670
Et Perséphone avec lui, car eux aussi, ils sont dieux, tous les deux.

DIONYSOS
Tu as raison. Mais j'aurais voulu que cette idée
Te vienne d'abord, avant que je n'attrape ces coups.
                              (Ils sortent.)

LE CHŒUR
Muse, viens, embarque sur les danses sacrées et   ode
Viens au plaisir de mon chant !   675
Tu contempleras l'immense foule citoyenne, où par milliers
Ont pris place les arts savants,
Qui ont plus grand appétit d'honneur que Cléophon ;
Sur ses lèvres de bavard pullulant,
Effroyablement grogne   680

ἐπὶ βάρβαρον ἑζομένη πέταλον·
τρύζει δ' ἐπίκλαυτον ἀηδόνιον νόμον, ὡς ἀπολεῖται,
　　　κἂν ἴσαι γένωνται.　　　　　　　　　685

Τὸν ἱερὸν χορὸν δίκαιόν ἐστι χρηστὰ τῇ πόλει
ξυμπαραινεῖν καὶ διδάσκειν. Πρῶτον οὖν ἡμῖν δοκεῖ
ἐξισῶσαι τοὺς πολίτας κἀφελεῖν τὰ δείματα.
Κεἴ τις ἥμαρτε σφαλείς τι Φρυνίχου παλαίσμασιν,
ἐγγενέσθαι φημὶ χρῆναι τοῖς ὀλισθοῦσιν τότε　　　690
αἰτίαν ἐκθεῖσι λῦσαι τὰς πρότερον ἀμαρτίας.
Εἶτ' ἄτιμόν φημι χρῆναι μηδέν' εἶν' ἐν τῇ πόλει.
Καὶ γὰρ αἰσχρόν ἐστι τοὺς μὲν ναυμαχήσαντας μίαν
καὶ Πλαταιᾶς εὐθὺς εἶναι κἀντὶ δούλων δεσπότας.
Κοὐδὲ ταῦτ' ἔγωγ' ἔχοιμ' ἂν μὴ οὐ καλῶς φάσκειν ἔχειν,
ἀλλ' ἐπαινῶ· μόνα γὰρ αὐτὰ νοῦν ἔχοντ' ἐδράσατε.
Πρὸς δὲ τούτοις εἰκὸς ὑμᾶς, οἳ μεθ' ὑμῶν πολλὰ δὴ 697
χοἱ πατέρες ἐναυμάχησαν καὶ προσήκουσιν γένει
τὴν μίαν ταύτην παρεῖναι ξυμφορὰν αἰτουμένοις.
Ἀλλὰ τῆς ὀργῆς ἀνέντες, ὦ σοφώτατοι φύσει,　　700
πάντας ἀνθρώπους ἑκόντες ξυγγενεῖς κτησώμεθα
κἀπιτίμους καὶ πολίτας, ὅστις ἂν ξυνναυμαχῇ.
Εἰ δὲ ταῦτ' ὀγκωσόμεθα κἀποσεμνυνούμεθα,
τὴν πόλιν καὶ ταῦτ' ἔχοντες κυμάτων ἐν ἀγκάλαις,

L'hirondelle de Thrace,
Assise à sa ramure barbare.
Et il susurre aussi le chant chargé de pleurs
Du rossignol, car il est condamné à mourir,
Même si le jury vote à égalité.   685

Il est légitime que le chant des danses sacrées conseille aussi la cité
Et lui enseigne ce qui est utile. Notre avis, tout d'abord,
Est de faire les citoyens égaux et de supprimer les sujets d'effroi.
Et si quelqu'un a fauté, ébranlé par les feintes de Phrynichos,
J'affirme qu'il doit être possible à ceux qui ont dérapé alors   690
De renvoyer leur inculpation et d'être libres de leurs fautes d'avant.
J'affirme ensuite que personne ne doit être privé de ses droits
                                                    [dans la cité.
Car il est ignoble que certains, parce qu'une seule fois ils se
                                          [sont battus sur mer,
Deviennent sur le coup des Platéens et maîtres au lieu d'esclave –
Mais, oui, je ne saurais nullement dire que ce ne fut nullement   695
                                                    [bien ;
Et je l'approuve, car c'est la seule chose que vous ayez faite de sensé.
Mais, en plus de cela, il est normal qu'à ceux qui tant de fois avec vous
Se sont, et leurs pères aussi, battus sur la mer et qui sont vos
                                          [proches par le lignage,
Vous fassiez grâce de cette unique circonstance, puisqu'ils le
                                                [demandent.
Renvoyez votre colère, ô vous, les plus sages des êtres par la   700
                                                [naissance ;
De tout être humain, faisons de bon cœur un membre de notre
                                                    [lignée,
Un être doté de droits et un citoyen, pour peu qu'il ait combattu
                                          [avec nous sur la mer.
Mais si en ce moment nous nous gonflons d'orgueil et faisons
                                                [les superbes,
Alors que la ville et le moment se trouvent pris par l'étreinte
                                                [des vagues,

ὑστέρῳ χρόνῳ ποτ' αὖθις εὖ φρονεῖν οὐ δόξομεν. 705

Εἰ δ' ἐγὼ ὀρθὸς ἰδεῖν βίον ἀνέρος ἢ τρόπον ὅστις Ant.
    ἔτ' οἰμώξεται,
  οὐ πολὺν οὐδ' ὁ πίθηκος οὗτος ὁ νῦν ἐνοχλῶν,
    Κλειγένης ὁ μικρός,
  ὁ πονηρότατος βαλανεὺς ὁπόσοι κρα-
    τοῦσι κυκησίτεφροι ψευδολίτρου τε κονί- 711
    ας καὶ Κιμωλίας γῆς,
    χρόνον ἐνδιατρίψει· ἰδὼν δὲ τάδ' οὐκ
εἰρηνικὸς ἔσθ', ἵνα μή ποτε κἀποδυθῇ μεθύων ἄ- 715
    νευ ξύλου βαδίζων.

Πολλάκις γ' ἡμῖν ἔδοξεν ἡ πόλις πεπονθέναι
ταὐτὸν εἴς τε τῶν πολιτῶν τοὺς καλούς τε κἀγαθοὺς
εἴς τε τἀρχαῖον νόμισμα καὶ τὸ καινὸν χρυσίον. 720
Οὔτε γὰρ τούτοισιν οὖσιν οὐ κεκιβδηλευμένοις,
ἀλλὰ καλλίστοις ἁπάντων, ὡς δοκεῖ, νομισμάτων
καὶ μόνοις ὀρθῶς κοπεῖσι καὶ κεκωδωνισμένοις
ἔν τε τοῖς Ἕλλησι καὶ τοῖς βαρβάροισι πανταχοῦ
χρώμεθ' οὐδέν, ἀλλὰ τούτοις τοῖς πονηροῖς χαλκίοις
χθές τε καὶ πρώην κοπεῖσι τῷ κακίστῳ κόμματι. 726
Τῶν πολιτῶν θ' οὓς μὲν ἴσμεν εὐγενεῖς καὶ σώφρονας
ἄνδρας ὄντας καὶ δικαίους καὶ καλούς τε κἀγαθοὺς
καὶ τραφέντας ἐν παλαίστραις καὶ χοροῖς καὶ μουσικῇ,
προυσελοῦμεν, τοῖς δὲ χαλκοῖς καὶ ξένοις καὶ πυρρίαις

Dans le futur, le retour des choses ne nous fera pas passer pour   705
                                   [raisonnables.

Si j'ai une vision droite de la vie et de la façon d'être   antode
D'un homme, à qui, un jour, il faudra gémir,
Non, pas longtemps non plus ce singe qui nous ennuie
                                [aujourd'hui,
Le petit Cligène,
Le plus lamentable des maîtres de bains   710
Remueurs de cendre qui
Règnent sur une lessive de soude frelatée
Et sur la terre de Cimôle,
N'aura à s'employer à vivre. Il voit cela mais
N'est pas du parti de la paix, car il a peur qu'on lui vole ses   715
                                 [vêtements

Quand il se promène ivre et
Sans bâton.

Souvent, il nous est paru évident que la ville avait les mêmes
Sentiments envers les citoyens bons et nobles
Qu'envers l'antique monnaie ou les nouvelles pièces d'or.   720
Car ces valeurs, qui n'ont aucune fausseté en elles,
Qui sont, à l'évidence, le plus beau des numéraires,
Le seul qui soit frappé et sonne correctement
Qu'on trouve partout chez les Grecs et chez les barbares,
Nous n'en faisons pas usage, à l'inverse de ces lamentables pièces   725
                                 [de bronze,
Frappées hier ou il y a deux jours de la plus mauvaise frappe.
De même, les citoyens dont nous savons qu'ils sont hommes
                                 [bien nés

Et raisonnables et justes et bons et nobles
Et qui ont grandi dans les gymnases, dans les danses et l'art
                                 [des Muses,

καὶ πονηροῖς κἀκ πονηρῶν εἰς ἅπαντα χρώμεθα   731
ὑστάτοις ἀφιγμένοισιν, οἶσιν ἡ πόλις πρὸ τοῦ
οὐδὲ φαρμακοῖσιν εἰκῇ ῥᾳδίως ἐχρήσατ' ἄν.
Ἀλλὰ καὶ νῦν, ὦνόητοι, μεταβαλόντες τοὺς τρόπους
χρῆσθε τοῖς χρηστοῖσιν αὖθις· καὶ κατορθώσασι γὰρ
εὔλογον, κἄν τι σφαλῆτ', ἐξ ἀξίου γοῦν τοῦ ξύλου,   736
ἢν τι καὶ πάσχητε, πάσχειν τοῖς σοφοῖς δοκήσετε.

ΟΙΚΕΤΗΣ

    Νὴ τὸν Δία τὸν σωτῆρα, γεννάδας ἀνὴρ
    ὁ δεσπότης σου.
ΞΑ.   Πῶς γὰρ οὐχὶ γεννάδας,
    ὅστις γε πίνειν οἶδε καὶ βινεῖν μόνον;   740
ΟΙ.   Τὸ δὲ μὴ πατάξαι σ' ἐξελεγχθέντ' ἄντικρυς,
    ὅτι δοῦλος ὢν ἔφασκες εἶναι δεσπότης.
ΞΑ.   Ὤιμωξε μεντἄν.
ΟΙ.   Τοῦτο μέντοι δουλικὸν
    εὐθὺς πεπόηκας, ὅπερ ἐγὼ χαίρω ποιῶν.
ΞΑ.   Χαίρεις, ἱκετεύω;
ΟΙ.   Μᾶλλ' ἐποπτεύειν δοκῶ,   745

Nous les mortifions, mais le bronze et les étrangers et les   730
                                                                    [rouquins
Et les misérables fils de misérables, nous en usons pour tout,
Ces tout derniers arrivés que la cité aurait eu du mal,
Autrefois, à employer, sait-on jamais, pour sa purge rituelle.
Maintenant donc, ô vous les idiots, changez de manières,
Refaites usage des gens d'usage. Si le succès est droit,   735
C'est la gloire, et si vous devez vous étaler, noble au moins sera
                                                           [la bûche,
S'il vous arrive malheur ; c'est ce que les sages penseront de
                                                            [votre mal.

(Entrent Xanthias et un serviteur.)

Un Serviteur
Au nom de Zeus notre sauveur, quel homme d'excellente famille,
Ton maître !

Xanthias
            Et comment ne serait-il pas d'excellente famille
Quand il ne connaît que la vigne et la pine ?   740

Un Serviteur
Et qu'il ne t'aie pas cogné, lui qui, frontalement, a détruit
Ta thèse, qui te faisait maître alors que tu es esclave.

Xanthias
Oui, il en eût dû gémir.

Un Serviteur
            Oh oui, c'est du grand esclavage,
Ce que tu viens de faire, ce dont justement je jouis quand je le fais.

Xanthias
Dont tu jouis ? Plaît-il ?   745

Un Serviteur
            Ne dis pas ça ! Ça me rend extatique

ὅταν καταράσωμαι λάθρᾳ τῷ δεσπότῃ.

ΞΑ. Τί δὲ τονθορύζων, ἡνίκ' ἂν πληγὰς λαβὼν
πολλὰς ἀπίῃς θύραζε;

ΟΙ.   Καὶ τοῦθ' ἥδομαι.

ΞΑ. Τί δὲ πολλὰ πράττων;

ΟΙ.   'Ως μὰ Δί' οὐδὲν οἶδ' ἐγώ.

ΞΑ. Ὁμόγνιε Ζεῦ· καὶ παρακούων δεσποτῶν   750
ἅττ' ἂν λαλῶσι;

ΟΙ.   Μἀλλὰ πλεῖν ἢ μαίνομαι.

ΞΑ. Τί δὲ τοῖς θύραζε ταῦτα καταλαλῶν;

ΟΙ.   Ἐγώ;
μὰ Δί' ἀλλ' ὅταν δρῶ τοῦτο, κἀκμιαίνομαι.

ΞΑ. Ὦ Φοῖβ' Ἄπολλον, ἔμβαλέ μοι τὴν δεξιάν,
καὶ δὸς κύσαι καὐτὸς κύσον, — καί μοι φράσον   755
πρὸς Διός, ὃς ἡμῖν ἐστιν ὁμομαστιγίας,
τίς οὗτος οὕνδον ἐστὶ θόρυβος καὶ βοὴ
χὠ λοιδορησμός;

ΟΙ.   Αἰσχύλου κεὐριπίδου.

ΞΑ. Ἆ.

Quand j'abomine mon maître sans qu'il me voie.

XANTHIAS
Et quand tout bougonnant, après avoir pris plein
De coups, tu t'en vas vers la porte ?

UN SERVITEUR

Oui, ça me plaît aussi.

XANTHIAS
Et quand tu fais tout de travers ?

UN SERVITEUR

Nom de Zeus, je ne connais rien de pareil !

XANTHIAS
Zeus de ma race ! Et quand tu écoutes, l'air de rien,   750
Tout le cancan des maîtres ?

UN SERVITEUR

Ne dis pas ça ! J'en suis plus que fou !

XANTHIAS
Et quand tu recancannes le tout au dehors ?

UN SERVITEUR

Moi ?
Oh non, nom de Zeus ! Quand je fais cela, là, je me pollue !

XANTHIAS
Ô Phoibos Apollon ! Donne-moi ta main droite,   755
Et reçois mon baiser et baise-moi toi-même. Et dis-moi,
Par la grâce de Zeus, le dieu qui se prend les mêmes verges que nous,
C'est quoi, à l'intérieur, ce vacarme, ces cris
Et ce flux d'injures ?

UN SERVITEUR

Ça vient d'Eschyle et d'Euripide.

XANTHIAS
Ah ?

ΟΙ.   ΄ Πρᾶγμα, πρᾶγμα μέγα κεκίνηται, μέγα
ἐν τοῖς νεκροῖσι καὶ στάσις πολλὴ πάνυ.   760

ΞΑ.   Ἐκ τοῦ;

ΟΙ.   Νόμος τις ἐνθάδ' ἐστὶ κείμενος
ἀπὸ τῶν τεχνῶν, ὅσαι μεγάλαι καὶ δεξιαί,
τὸν ἄριστον ὄντα τῶν ἑαυτοῦ συντέχνων
σίτησιν αὐτὸν ἐν πρυτανείῳ λαμβάνειν
θρόνον τε τοῦ Πλούτωνος ἑξῆς —

ΞΑ.   Μανθάνω.   765

ΟΙ.   ἕως ἀφίκοιτο τὴν τέχνην σοφώτερος
ἕτερός τις αὐτοῦ· τότε δὲ παραχωρεῖν ἔδει.

ΞΑ.   Τί δῆτα τουτὶ τεθορύβηκεν Αἰσχύλον;

ΟΙ.   Ἐκεῖνος εἶχε τὸν τραγῳδικὸν θρόνον,
ὡς ὢν κράτιστος τὴν τέχνην.

ΞΑ.   Νυνὶ δὲ τίς;   770

ΟΙ.   Ὅτε δὴ κατῆλθ' Εὐριπίδης, ἐπεδείκνυτο
τοῖς λωποδύταις καὶ τοῖσι βαλλαντιοτόμοις
καὶ τοῖσι πατραλοίαισι καὶ τοιχωρύχοις,
ὅπερ ἔστ' ἐν ῞Αιδου πλῆθος, οἱ δ' ἀκρώμενοι
τῶν ἀντιλογιῶν καὶ λυγισμῶν καὶ στροφῶν   775
ὑπερεμάνησαν κἀνόμισαν σοφώτατον·
κἄπειτ' ἐπαρθεὶς ἀντελάβετο τοῦ θρόνου,

UN SERVITEUR

Une affaire, une immense affaire s'ébranle, immense
Chez les charognes, et, considérable, une discorde totale.   760

XANTHIAS
Pour quelle raison ?

UN SERVITEUR

Il existe une loi établie ici ;
Elle nous vient des métiers qui sont nobles et pleins d'adresse :
Le meilleur de ceux qui exercent le même métier
Trouve le couvert au prytanée
Et un fauteuil à côté de Pluton –   765

XANTHIAS

Je comprends.

UN SERVITEUR
Jusqu'à ce qu'arrive un autre qui soit plus savant que lui
Dans son métier. Alors, il doit laisser la place.

XANTHIAS
Mais pourquoi cela fait-il tonitruer Eschyle ?

UN SERVITEUR
Il occupait le fauteuil de la tragédie,
Parce qu'il était le plus fort dans ce métier.   770

XANTHIAS

Et c'est qui maintenant ?

UN SERVITEUR
Lorsque Euripide est descendu, il s'est produit
Devant les faucheurs d'habits, les coupeurs de bourses,
Les parricides et les perceurs de murs,
Qui sont foule aux Enfers. À entendre
dialectiques, circonvolutions et volte-face,   775
ils délirèrent complètement et furent d'avis qu'il était le plus savant.
Et lui, tout excité, revendiqua pour lui le fauteuil

ἵν' Αἰσχύλος καθῆστο.

ΞΑ.   Κοὐκ ἐβάλλετο;

ΟΙ.   Μὰ Δί', ἀλλ' ὁ δῆμος ἀνεβόα κρίσιν ποεῖν
      ὁπότερος εἴη τὴν τέχνην σοφώτερος.   780

ΞΑ.   Ὁ τῶν πανούργων;

ΟΙ.   Νὴ Δί', οὐράνιόν γ' ὅσον.

ΞΑ.   Μετ' Αἰσχύλου δ' οὐκ ἦσαν ἕτεροι σύμμαχοι;

ΟΙ.   Ὀλίγον τὸ χρηστόν ἐστιν, ὥσπερ ἐνθάδε.

ΞΑ.   Τί δῆθ' ὁ Πλούτων δρᾶν παρασκευάζεται;

ΟΙ.   Ἀγῶνα ποιεῖν αὐτίκα μάλα καὶ κρίσιν   785
      κἄλεγχον αὐτοῖν τῆς τέχνης.

ΞΑ.   Κᾆπειτα πῶς
      οὐ καὶ Σοφοκλῆς ἀντελάβετο τοῦ θρόνου;

ΟΙ.   Μὰ Δί' οὐκ ἐκεῖνος, ἀλλ' ἔκυσε μὲν Αἰσχύλον,
      ὅτε δὴ κατῆλθε, κἀνέβαλε τὴν δεξιὰν
      κἄνεικος ὑπεχώρησεν αὐτῷ τοῦ θρόνου.   790
      Νυνὶ δ' ἔμελλεν, ὡς ἔφη Κλειδημίδης,
      ἔφεδρος καθεδεῖσθαι· κἂν μὲν Αἰσχύλος κρατῇ,
      ἕξειν κατὰ χώραν· εἰ δὲ μή, περὶ τῆς τέχνης
      διαγωνιεῖσθ' ἔφασκε πρός γ' Εὐριπίδην.

Où Eschyle était assis.

XANTHIAS

Et on ne lui a pas jeté des pierres ?

UN SERVITEUR

Pas du tout, nom de Zeus ! Le peuple, à hauts cris, voulut qu'un
                                                    [jugement
Établisse qui est le plus savant dans le métier.   780

XANTHIAS
Le peuple des canailles ?

UN SERVITEUR

Oui, par Zeus, et à crier jusqu'à toucher le ciel !

XANTHIAS
Mais Eschyle n'avait personne pour s'allier à lui ?

UN SERVITEUR
La classe des utiles est peu nombreuse, comme ici.

XANTHIAS
Et Pluton, qu'est-ce qu'il se dispose à faire ?

UN SERVITEUR
Organiser un concours, tout tout de suite, un jugement   785
Et une mise à l'épreuve des deux dans leur métier.

XANTHIAS

Mais si c'est ça,
Pourquoi Sophocle n'a-t-il pas revendiqué le fauteuil ?

UN SERVITEUR
Oh, nom de Zeus, pas un tel homme ! Il a donné un baiser à Eschyle
Quand il est descendu, et il lui a offert la main droite.
Et, tel qu'en lui-même, il lui abandonna le fauteuil.   790
Mais il est prêt, pour citer Clidémidès,
À s'asseoir à l'assister. Si Eschyle est vainqueur,
Il restera à sa place ; si c'est le contraire, il dit
Qu'il combattra Euripide sur les questions du métier.

ΞΑ. Τὸ χρῆμ' ἄρ' ἔσται;
ΟΙ.   Νὴ Δί' ὀλίγον ὕστερον.   795
Κἀνταῦθα δὴ τὰ δεινὰ κινηθήσεται.
Καὶ γὰρ ταλάντῳ μουσικὴ σταθμήσεται —
ΞΑ. Τί δέ; μειαγωγήσουσι τὴν τραγῳδίαν;
ΟΙ. καὶ κανόνας ἐξοίσουσι καὶ πήχεις ἐπῶν
καὶ πλαίσια ξύμπηκτα —
ΞΑ.   Πλινθεύσουσι γάρ;   800
ΟΙ. καὶ διαμέτρους καὶ σφῆνας. Ὁ γὰρ Εὐριπίδης
κατ' ἔπος βασανιεῖν φησι τὰς τραγῳδίας.
ΞΑ. *Η που βαρέως οἶμαι τὸν Αἰσχύλον φέρειν.
ΟΙ. Ἔβλεψε γοῦν ταυρηδὸν ἐγκύψας κάτω.
ΞΑ. Κρινεῖ δὲ δὴ τίς ταῦτα;
ΟΙ.   Τοῦτ' ἦν δύσκολον·   805
σοφῶν γὰρ ἀνδρῶν ἀπορίαν ηὑρισκέτην.
Οὔτε γὰρ Ἀθηναίοισι συνέβαιν' Αἰσχύλος —
ΞΑ. Πολλοὺς ἴσως ἐνόμιζε τοὺς τοιχωρύχους.
ΟΙ. λῆρόν τε τἄλλ' ἡγεῖτο τοῦ γνῶναι πέρι

XANTHIAS
La chose va donc avoir lieu? 795

UN SERVITEUR
Oui, par Zeus, sous peu.
Et ici même, les effrois seront mis en branle.
Car, à la balance, l'art sera quantifié –

XANTHIAS
Quoi? Ils vont lésiner sur le poids de la tragédie?

UN SERVITEUR
Et ils vont sortir des règles et des coudées à poésie,
Et des châssis bien serrés – 800

XANTHIAS
Ils vont faire des briques?

UN SERVITEUR
Et des calibres et des coins. Car Euripide
Dit qu'il veut torturer les tragédies vers par vers.

XANTHIAS
Et je crois qu'Eschyle doit mal le supporter.

UN SERVITEUR
C'est vrai qu'il avait le regard fixé au sol d'un taureau.

XANTHIAS
Et qui va juger tout cela? 805

UN SERVITEUR
C'était le point pénible.
L'un comme l'autre ne découvraient qu'une carence d'experts.
Car Eschyle ne s'entendait pas bien avec les Athéniens –

XANTHIAS
Peut-être qu'il y voyait beaucoup de perceurs de murs.

UN SERVITEUR
Et le reste, il le trouvait trop creux pour juger

φύσεις ποιητῶν· εἶτα τῷ σῷ δεσπότῃ   810
ἐπέτρεψαν, ὁτιὴ τῆς τέχνης ἔμπειρος ἦν.
'Αλλ' εἰσίωμεν· ὡς ὅταν γ' οἱ δεσπόται
ἐσπουδάκωσι, κλαύμαθ' ἡμῖν γίγνεται.

ΧΟ. *Η που δεινὸν ἐριβρεμέτας χόλον ἔνδοθεν ἕξει,
ἡνίκ' ἂν ὀξύλαλόν περ ἴδῃ θήγοντος ὀδόντα   815
ἀντιτέχνου· τότε δὴ μανίας ὑπὸ δεινῆς
ὄμματα στροβήσεται.

*Εσται δ' ἱππολόφων τε λόγων κορυθαίολα νείκη
σκινδαλάμων τε παραξόνια σμιλευματοεργοῦ
φωτὸς ἀμυνομένου φρενοτέκτονος ἀνδρὸς   820
ῥήμαθ' ἱπποβάμονα.

Φρίξας δ' αὐτοκόμου λοφιᾶς λασιαύχενα χαίταν,
δεινὸν ἐπισκύνιον ξυνάγων, βρυχώμενος ᾔσει
ῥήματα γομφοπαγῆ, πινακηδὸν ἀποσπῶν
γηγενεῖ φυσήματι.   825

*Ενθεν δὴ στοματουργός, ἐπῶν βασανίστρια, λίσπη
γλῶσσ', ἀνελισσομένη φθονεροὺς κινοῦσα χαλινούς,
ῥήματα δαιομένη καταλεπτολογήσει
πλευμόνων πολὺν πόνον.

ΕΥΡΙΠΙΔΗΣ

Οὐκ ἂν μεθείμην τοῦ θρόνου, μὴ νουθέτει·   830
κρείττων γὰρ εἶναί φημι τούτου τὴν τέχνην.

De la nature des poètes. Puis ils s'en remirent   810
À ton maître, car il a l'expérience du métier.
Mais rentrons. On sait que quand les maîtres
S'agitent, nous arrivent les pleurs.

(Ils sortent.)

LE CHŒUR
Oui, je crois qu'au fond de lui il aura, le grand fracassant, une
[terrible colère
Quand il verra l'artiste rival aiguiser le tranchant   815
De sa dent phraseuse. Alors, sous le terrible délire,
Ses yeux tournoieront.

Ce seront, d'un côté, miroitantes sur les casques, des luttes de
[discours à crinière chevaline,
Et de l'autre, chevilles d'essieux en éclisses et rognures d'œuvres
D'un mortel en défense contre l'homme à la poitrine   820
[bâtisseuse
Et ses paroles montées sur des chevaux.
Hérissonnant en crête chevelue l'ample poil de son échine crineuse,
Il resserrera un terrible front, et jettera, rugissant,
Des paroles pressées de rivets, les arrachant comme des bordées
De son souffle de fils de la terre.   825
Puis, ouvrière buccale, questionneuse de vers, une langue
Emincée déroulera ses spires, tirera un frein jaloux,
Découpera les mots pour terrasser de finesses langagières
Le lourd travail des poumons.

(Entrent Dionysos, Euripide, Eschyle et Pluton.)

EURIPIDE
Je ne renoncerai pas au fauteuil. Ne me fais pas la leçon,   830
Car j'affirme que je le bats dans mon métier.

ΔΙ.   Αἰσχύλε, τί σιγᾷς; Αἰσθάνει γὰρ τοῦ λόγου.

ΕΥ.   Ἀποσεμνυνεῖται πρῶτον, ἅπερ ἑκάστοτε
      ἐν ταῖς τραγῳδίαισιν ἐτερατεύετο.

ΔΙ.   Ὦ δαιμόνι' ἀνδρῶν, μὴ μεγάλα λίαν λέγε.   835

ΕΥ.   Ἐγᾦδα τοῦτον καὶ διέσκεμμαι πάλαι,
      ἄνθρωπον ἀγριοποιόν, αὐθαδόστομον,
      ἔχοντ' ἀχάλινον, ἀκρατές, ἀπύλωτον στόμα,
      ἀπεριλάλητον, κομποφακελορρήμονα.

ΑΙΣΧΥΛΟΣ

      Ἄληθες, ὦ παῖ τῆς ἀρουραίας θεοῦ;   840
      σὺ δὴ 'μὲ ταῦτ', ὦ στωμυλιοσυλλεκτάδη
      καὶ πτωχοποιὲ καὶ ῥακιοσυρραπτάδη;
      Ἀλλ' οὔ τι χαίρων αὔτ' ἐρεῖς.

ΔΙ.   Παῦ', Αἰσχύλε,
      καὶ μὴ πρὸς ὀργὴν σπλάγχνα θερμήνῃς κότῳ.

ΑΙ.   Οὐ δῆτα, πρίν γ' ἂν τοῦτον ἀποφήνω σαφῶς   845
      τὸν χωλοποιὸν οἷος ὢν θρασύνεται.

ΔΙ.   Ἄρν' ἄρνα μέλανα, παῖδες, ἐξενέγκατε·
      τυφὼς γὰρ ἐκβαίνειν παρασκευάζεται.

ΑΙ.   Ὦ Κρητικὰς μὲν συλλέγων μονῳδίας,
      γάμους δ' ἀνοσίους εἰσφέρων εἰς τὴν τέχνην, —   850

ΔΙ.   Ἐπίσχες οὗτος, ὦ πολυτίμητ' Αἰσχύλε.

DIONYSOS

Eschyle, pourquoi tu te tais ? Tu comprends ce qu'il dit.

EURIPIDE

Il fera le superbe, d'abord. C'est ainsi que, chaque fois,
Il émerveille son monde dans ses tragédies.

DIONYSOS

Ô cher homme divin, ne le prends pas de si haut !   835

EURIPIDE

Moi, je le connais ; je l'ai depuis longtemps examiné de partout,
Cet homme, qui fabrique des brutes, autosatisfait de la langue,
Qui n'a ni frein, ni maîtrise, ni portière à sa bouche,
Inapte au cancan, qui parle par fagots de glorioles.

ESCHYLE

Vrai ? Ô fils de la déesse agricole,   840
Tu me dis cela, ô toi, qui collectes les petits babils,
Fabriques des gueux et raboutes des gueilles ?
Mais tu ne le diras pas pour en jouir.

DIONYSOS

                          Arrête, Eschyle !
Et dans tes entrailles ne mets pas par colère la chaleur du courroux !

ESCHYLE

Non, en effet, pas avant que je n'ai montré en toute lumière   845
Ce qu'est ce téméraire qui fabrique des boiteux.

DIONYSOS

Mes petits, un agneau, faites venir un agneau noir,
Car un typhon est tout prêt à sortir !

ESCHYLE

Ô toi qui collectes les solos chantés de Crète,
Toi qui dans ton métier a mis des mariages sacrilèges –   850

DIONYSOS

Retiens-toi, ô Eschyle mille fois adoré !

'Από τῶν χαλαζῶν δ', ὦ πόνηρ' Εὐριπίδη,
ἄναγε σεαυτὸν ἐκποδών, εἰ σωφρονεῖς,
ἵνα μὴ κεφαλαίῳ τὸν κρόταφόν σου ῥήματι
θενὼν ὑπ' ὀργῆς ἐκχέῃ τὸν Τήλεφον.   855
Σὺ δὲ μὴ πρὸς ὀργήν, Αἰσχύλ', ἀλλὰ πραόνως
ἔλεγχ', ἐλέγχου· λοιδορεῖσθαι δ' οὐ πρέπει
ἄνδρας ποιητὰς ὥσπερ ἀρτοπώλιδας·
σὺ δ' εὐθὺς ὥσπερ πρῖνος ἐμπρησθεὶς βοᾷς.

ΕΥ.   Ἕτοιμός εἰμ' ἔγωγε, κοὐκ ἀναδύομαι,   860
     δάκνειν, δάκνεσθαι πρότερος, εἰ τούτῳ δοκεῖ,
     τἄπη, τὰ μέλη, τὰ νεῦρα τῆς τραγῳδίας,
     καὶ νὴ Δία τὸν Πηλέα γε καὶ τὸν Αἴολον
     καὶ τὸν Μελέαγρον κἄτι μάλα τὸν Τήλεφον.

ΔΙ.   Σὺ δὲ ⟨δὴ⟩ τί βουλεύει ποεῖν; λέγ', Αἰσχύλε.   865

ΑΙ.   Ἐβουλόμην μὲν οὐκ ἐρίζειν ἐνθάδε·
     οὐκ ἐξ ἴσου γάρ ἐστιν ἀγὼν νῷν.

ΔΙ.   Τί δαί;

ΑΙ.   Ὅτι ἡ πόησις οὐχὶ συντέθηκέ μοι,
     τούτῳ δὲ συντέθνηκεν, ὥσθ' ἕξει λέγειν.
     Ὅμως δ' ἐπειδή σοι δοκεῖ, δρᾶν ταῦτα χρή.   870

ΔΙ.   Ἴθι νυν λιβανωτὸν δεῦρό τις καὶ πῦρ δότω,
     ὅπως ἂν εὔξωμαι πρὸ τῶν σοφισμάτων
     ἀγῶνα κρῖναι τόνδε μουσικώτατα·
     ὑμεῖς δὲ ταῖς Μούσαις τι μέλος ὑπᾴσατε.

Fuis la grêle, mon pauvre Euripide,
Fais retraite, va plus loin, si tu es sensé
Et si tu ne veux pas que de son verbe colérique, brandi en chef,
Il t'assomme le crâne et que t'en gicle le Télèphe.   855
Et toi, Eschyle, sans colère mais doucement,
Réfute et fais-toi réfuter. Mais il n'est pas convenable que de virils
Poètes s'injurient comme des boulangères.
Et toi, tu hurles, tout de suite incendié comme l'yeuse.

EURIPIDE

Moi, oui, je suis prêt, et ne recule pas,   860
Si c'est son idée, à mordre ou, en premier, me faire mordre
Les vers, les chants, les tendons de la tragédie,
Oui, par Zeus, mordre le Pélée et aussi l'Éole,
Et le Méléagre et surtout le Télèphe.

DIONYSOS

Et toi, que décides-tu de faire ? Dis-le, Eschyle !   865

ESCHYLE

J'étais d'avis de ne pas entrer dans cette querelle,
Car la lutte entre nous deux n'est pas égale.

DIONYSOS

                                        Comment ça ?

ESCHYLE

Parce que ma poésie ne m'a pas suivi dans la mort.
La sienne l'a suivi ; mort, il aura donc de quoi dire.
Mais puisque c'est ton idée, il faut faire comme tu veux.   870

DIONYSOS

Vite, qu'on me donne ici même encens et feu,
Que je fasse une prière avant de juger ce combat
D'adresses savantes de la manière la plus artistique.
Et vous, accompagnez-moi en chantant aux Muses ce que vous
                                        [voudrez.

ΧΟ.   Ὦ Διὸς ἐννέα παρθένοι, ἁγναί   875
        Μοῦσαι, λεπτολόγους ξυνετὰς φρένας αἳ καθορᾶτε
        ἀνδρῶν γνωμοτύπων, ὅταν εἰς ἔριν ὀξυμερίμνοις
        ἔλθωσι στρεβλοῖσι παλαίσμασιν ἀντιλογοῦντες,
            ἔλθετ' ἐποψόμεναι δύναμιν
            δεινοτάτοιν στομάτοιν πορίσασθαι   880
              ῥήματα καὶ παραπρίσματ' ἐπῶν.
        Νῦν γὰρ ἀγὼν σοφίας ὁ μέγας χωρεῖ πρὸς ἔργον ἤδη.

ΔΙ.   Εὔχεσθε δὴ καὶ σφώ τι πρὶν τἄπη λέγειν.   885
ΑΙ.   Δήμητερ ἡ θρέψασα τὴν ἐμὴν φρένα,
        εἶναί με τῶν σῶν ἄξιον μυστηρίων.

ΔΙ.   Ἐπίθες λαβὼν δὴ καὶ σὺ λιβανωτόν.
ΕΥ.   Καλῶς·
        ἕτεροι γάρ εἰσιν οἷσιν εὔχομαι θεοῖς.

ΔΙ.   Ἴδιοί τινές σου, κόμμα καινόν;
ΕΥ.   Καὶ μάλα.   890

ΔΙ.   Ἴθι δὴ προσεύχου τοῖσιν ἰδιώταις θεοῖς.

ΕΥ.   Αἰθήρ, ἐμὸν βόσκημα, καὶ γλώττης στρόφιγξ
        καὶ ξύνεσι καὶ μυκτῆρες ὀσφραντήριοι,
        ὀρθῶς μ' ἐλέγχειν ὧν ἂν ἅπτωμαι λόγων.   894

LE CHŒUR

Ô neuf vierges nées de Zeus, saintes   875
Muses, qui d'en haut regardez les cœurs intelligents au langage affiné
D'hommes emboutisseurs de maximes, lorsqu'ils viennent à se battre,
Discours contre discours, avec des coups tordus où la pensée s'aiguise,
Venez contempler la puissance
De deux bouches, les plus formidables découvreuses
De vocables et de sciure de vers tronçonnés !   880
Car maintenant le grand combat de science s'en va s'accomplir.

DIONYSOS
Et priez, vous deux, avant de dire vos vers !   885

ESCHYLE
Déméter, nourricière de mon cœur,
Que je sois digne de tes rites extatiques.

DIONYSOS
(à Euripide)
Prends l'encens, toi aussi, et offre le !

EURIPIDE
                                    C'est bien, merci,
Mais autres sont les dieux que je prie.

DIONYSOS
Des dieux privés, rien qu'à toi, tout juste frappés ?   890

EURIPIDE
                                        Mais oui !

DIONYSOS
Alors vas-y, prie tes petits dieux personnels !

EURIPIDE
Éther, ô ma pâture, et toi, gond de la langue,
Intelligence, et muqueuses outillées pour sentir,
Faites que droitement je réfute tout discours que je toucherai.

ΧΟ.   Καὶ μὴν ἡμεῖς ἐπιθυμοῦμεν   Str.
        παρὰ σοφοῖν ἀνδροῖν ἀκοῦσαι, τίνα λόγων
           ἔπιτε δαίαν ὁδόν.
          Γλῶσσα μὲν γὰρ ἠγρίωται,
          λῆμα δ' οὐκ ἄτολμον ἀμφοῖν,
           οὐδ' ἀκίνητοι φρένες.
          Προσδοκᾶν οὖν εἰκός ἐστι   900
          τὸν μὲν ἀστεῖόν τι λέξειν
           καὶ κατερρινημένον,
          τὸν δ' ἀνασπῶντ' αὐτοπρέμνοις
          τοῖς λόγοισιν ἐμπεσόντα
          συσκεδᾶν πολλὰς ἀλινδήθρας ἐπῶν.
        Ἀλλ' ὡς τάχιστα χρὴ λέγειν· οὕτω δ' ὅπως ἐρεῖτον 905
        ἀστεῖα καὶ μήτ' εἰκόνας μήθ' οἷ' ἂν ἄλλος εἴποι.

ΕΥ.   Καὶ μὴν ἐμαυτὸν μέν γε, τὴν πόησιν οἷός εἰμι,
        ἐν τοῖσιν ὑστάτοις φράσω· τοῦτον δὲ πρῶτ' ἐλέγξω,
        ὡς ἦν ἀλαζὼν καὶ φέναξ οἵοις τε τοὺς θεατὰς
        ἐξηπάτα μώρους λαβὼν παρὰ Φρυνίχῳ τραφέντας. 910
        Πρώτιστα μὲν γὰρ ἕνα τιν' ἂν καθῖσεν ἐγκαλύψας,
        Ἀχιλλέα τιν' ἢ Νιόβην, τὸ πρόσωπον οὐχὶ δεικνύς,
        πρόσχημα τῆς τραγῳδίας, γρύζοντας οὐδὲ τουτί.

ΔΙ.   Μὰ τὸν Δί' οὐ δῆθ'.

Le Chœur

Eh oui, nous sommes, nous, au désir   ode

D'entendre des deux hommes savants   896

Un noble ballet de discours.

Entrez sur le chemin de guerre !

Car la langue s'est ensauvagée,

Et le vouloir des deux n'est pas sans audace,

Ni sont-elles au repos, les poitrines.

Il est juste de prévoir   900

Que l'un parlera urbain

Et en mots limés,

Et que l'autre attaquera à l'aide de discours

Arrachés avec toutes leurs racines

Et fera voler en poussière mille tours et détours de vers.

Mais il faut discourir au plus vite. Et vous deux, employez-vous   905
[à ne dire

Que mots urbains, et ni devinettes, ni ce qu'un autre pourrait dire.

Euripide

Voilà. Quant à moi-même, et à ce que vaut ma poésie,

Je m'en expliquerai en seconde partie. D'abord, je veux, contre
[lui, établir

Qu'il était un imposteur et un frauduleux, et par quels moyens
[il trompait

Les spectateurs, qu'il avait reçus tout idiots de leur traitement   910
[par Phrynichos.

Pour commencer, il prenait un seul acteur, le faisait asseoir,
[voilé,

Achille ou Niobè, comme tu voudras, sans montrer son visage,

Juste un décor pour sa tragédie, et qui murmurait que dalle.

Dionysos

Non, c'est vrai, nom de Zeus, rien !

ΕΥ.   Ὁ δὲ χορός γ' ἤρειδεν ὁρμαθοὺς ἂν
μελῶν ἐφεξῆς τέτταρας ξυνεχῶς ἄν· οἱ δ' ἐσίγων.   915

ΔΙ. Ἐγὼ δ' ἔχαιρον τῇ σιωπῇ, καί με τοῦτ' ἔτερπεν
οὐχ ἧττον ἢ νῦν οἱ λαλοῦντες.

ΕΥ.   Ἠλίθιος γὰρ ἦσθα,
σάφ' ἴσθι.

ΔΙ.   Κἀμαυτῷ δοκῶ. Τί δὲ ταῦτ' ἔδρασ' ὁ δεῖνα;

ΕΥ. Ὑπ' ἀλαζονείας, ἵν' ὁ θεατὴς προσδοκῶν καθῆτο,
ὁπόθ' ἡ Νιόβη τι φθέγξεται· τὸ δρᾶμα δ' ἂν διῄει.   920

ΔΙ. Ὦ παμπόνηρος, οἷ' ἄρ' ἐφενακιζόμην ὑπ' αὐτοῦ.
Τί σκορδινᾷ καὶ δυσφορεῖς;

ΕΥ.   Ὅτι αὐτὸν ἐξελέγχω.
Κἄπειτ' ἐπειδὴ ταῦτα ληρήσειε καὶ τὸ δρᾶμα
ἤδη μεσοίη, ῥήματ' ἂν βόεια δώδεκ' εἶπεν,
ὀφρῦς ἔχοντα καὶ λόφους, δείν' ἄττα μορμορωπά,   925
ἄγνωτα τοῖς θεωμένοις.

ΑΙ.   Οἴμοι τάλας.

ΔΙ.   Σιώπα.

EURIPIDE

                    Et le chœur plantait quatre rangées
De chants à la suite, sans s'arrêter. Et eux se taisaient.   915

DIONYSOS

Mais moi, j'avais plaisir à ce silence et il ne me charmait
Pas moins que les bavards d'aujourd'hui.

EURIPIDE

                    C'est que tu étais un imbécile,
Sache-le !

DIONYSOS

          C'est ce que je pense aussi. Mais pourquoi il faisait
                              [cela, ce qui qu'il soit ?

EURIPIDE

Par imposture, pour que le spectateur reste assis et attende
Le moment où la Niobé ouvrirait la bouche. Et le drame   920
                              [avançait.

DIONYSOS

Oh, le totalement salaud ! Comme il savait me posséder !
(à Eschyle)
Pourquoi te tortilles-tu et fais l'inquiet ?

EURIPIDE

                    Parce que je le réfute entièrement.
Après, après avoir fait ces sottises et que le drame en arrive
À sa moitié, il disait une douzaine de mots de bœuf,
Montés de sourcils et d'aigrettes, d'effrayantes grimaceries   925
Inconnues du public.

ESCHYLE

          Hélas, mon malheur !

DIONYSOS

                    Tais-toi !

ΕΥ. Σαφὲς δ' ἂν εἶπεν οὐδὲ ἕν —

ΔΙ.   Μὴ πρῖε τοὺς ὀδόντας.

ΕΥ. ἀλλ' ἢ Σκαμάνδρους ἢ τάφρους ἢ 'π' ἀσπίδων ἐπόντας
γρυπαιέτους χαλκηλάτους καὶ ῥήμαθ' ἱππόκρημνα,
ἃ ξυμβαλεῖν οὐ ῥᾴδι' ἦν.

ΔΙ.   Νὴ τοὺς θεούς, ἐγὼ γοῦν 930
ἤδη ποτ' ἐν μακρῷ χρόνῳ νυκτὸς διηγρύπνησα
τὸν ξουθὸν ἱππαλεκτρυόνα ζητῶν τίς ἐστιν ὄρνις.

ΑΙ. Σημεῖον ἐν ταῖς ναυσίν, ὦμαθέστατ', ἐνεγέγραπτο.

ΔΙ. Ἐγὼ δὲ τὸν Φιλοξένου γ' ᾤμην Ἔρυξιν εἶναι.

ΕΥ. Εἶτ' ἐν τραγῳδίαις ἐχρῆν κἀλεκτρυόνα ποῆσαι;   935

ΑΙ. Σὺ δ', ὦ θεοῖσιν ἐχθρέ, ποῖ' ἄττ' ἐστὶν ἄττ' ἐποίεις;

ΕΥ. Οὐχ ἱππαλεκτρυόνας μὰ Δί' οὐδὲ τραγελάφους, ἅπερ σύ,
ἃν τοῖσι παραπετάσμασιν τοῖς Μηδικοῖς γράφουσιν·
ἀλλ' ὡς παρέλαβον τὴν τέχνην παρὰ σοῦ τὸ πρῶτον εὐθὺς
οἰδοῦσαν ὑπὸ κομπασμάτων καὶ ῥημάτων ἐπαχθῶν,   940
ἴσχνανα μὲν πρώτιστον αὐτὴν καὶ τὸ βάρος ἀφεῖλον
ἐπυλλίοις καὶ περιπάτοις καὶ τευτλίοισι λευκοῖς,
χυλὸν διδοὺς στωμυλμάτων ἀπὸ βιβλίων ἀπηθῶν·
εἶτ' ἀνέτρεφον μονῳδίαις Κηφισοφῶντα μειγνύς.

EURIPIDE

Mais de compréhensible, rien, pas un mot –

DIONYSOS *(à Eschyle)*

Ne te rabote pas les dents !

EURIPIDE

Mais rien que Scamandres, fossés, et, sur des emblèmes,
Aigles crochus forgés d'airain, et des paroles dressées sur des chevaux,
Qu'il n'était pas facile d'interpréter.   930

DIONYSOS

Nom des dieux ! Moi, en tout cas,
Un jour, je veillais tout le temps d'une longue nuit
À chercher ce qu'était cet oiseau, le coq-cheval fauve.

ESCHYLE

Ô monstre d'ignorance, c'était le signe qu'on peint sur des bateaux.

DIONYSOS

Et moi qui pensais que c'était Éryxis, le fils de Philoxène !

EURIPIDE

Et puis, qu'est-ce qui l'obligeait à mettre aussi un coq dans ses   935
                                                            [tragédies ?

ESCHYLE

Et toi, ennemi des dieux, qu'est-ce que tu mettais dans tes poèmes ?

EURIPIDE

Pas des coqs-chevaux, nom de Zeus, ni des biches-boucs, comme toi,
Comme on les dessine sur les tentures des Mèdes.
Mais du jour où de toi j'ai reçu le métier, du tout premier jour,
Alors qu'il était enflé d'emphases et de fardeaux de mots,   940
Je l'ai fait sécher, tout d'abord, et je lui ai enlevé du poids
Par des réductions de vers, des promenades et de la poirée blanche.
Je lui ai donné du jus de babil en tamisant des livres.
Et puis, je l'ai remonté avec des solos en y mélangeant du
                                                    [Céphisophon.

     Εἶτ' οὐκ ἐλήρουν ὅ τι τύχοιμ' οὐδ' ἐμπεσὼν ἔφυρον,   945
     ἀλλ' οὑξιὼν πρώτιστα μέν μοι τὸ γένος εἶπ' ἂν εὐθὺς
     τοῦ δράματος.
ΔΙ.   Κρεῖττον γὰρ ἦν σοι νὴ Δί' ἢ τὸ σαυτοῦ.
ΕΥ. Ἔπειτ' ἀπὸ τῶν πρώτων ἐπῶν οὐδὲν παρῆκ' ἂν ἀργόν,
     ἀλλ' ἔλεγεν ἡ γυνή τέ μοι χὠ δοῦλος οὐδὲν ἧττον,
     χὠ δεσπότης χἠ παρθένος χἠ γραῦς ἄν.
ΑΙ.   Εἶτα δῆτα 950
     οὐκ ἀποθανεῖν σε ταῦτ' ἐχρῆν τολμῶντα;
ΕΥ.   Μὰ τὸν Ἀπόλλω·
     δημοκρατικὸν γὰρ αὔτ' ἔδρων.
ΔΙ.   Τοῦτο μὲν ἔασον, ὦ τᾶν.
     Οὐ σοὶ γάρ ἐστι περίπατος κάλλιστα περί γε τούτου.
ΕΥ. Ἔπειτα τουτουσὶ λαλεῖν ἐδίδαξα —
ΑΙ.   Φημὶ κἀγώ.
     Ὡς πρὶν διδάξαι γ' ὤφελες μέσος διαρραγῆναι.   955
ΕΥ. λεπτῶν τε κανόνων εἰσβολὰς ἐπῶν τε γωνιασμούς,
     νοεῖν, ὁρᾶν, ξυνιέναι, στρέφειν ἐρᾶν, τεχνάζειν,
     κἄχ' ὑποτοπεῖσθαι, περινοεῖν ἅπαντα —

Et puis je ne racontais pas n'importe quoi, ni ne brouillais tout   945
[par mes assauts,
Mais je faisais dire au premier acteur qui sortait, tout de suite,
[l'origine

Du drame.

ESCHYLE

       Ça valait mieux, nom de Zeus, que de dire la tienne.

EURIPIDE

Et puis, dès les premiers vers, je ne laissais personne sans rien faire,
Mais la femme pas moins que l'esclave avait à parler,
Et le maître, et la vierge ou la vieille, selon.   950

ESCHYLE

               Et avec ça,
On ne te forçait pas à mourir pour toutes ces audaces ?

EURIPIDE

                Mais, par Apollon,
C'était démocratique ce que je faisais.

DIONYSOS

            Laisse tomber, cher ami,
Une petite promenade sur ce thème ne te ferait pas beaucoup
[de bien.

EURIPIDE

Et puis, à eux j'ai enseigné le bavardage –

ESCHYLE

            J'en suis d'accord.
Si seulement, avant que tu n'enseignes, on t'avait fendu par le   955
[milieu !

EURIPIDE

Et comment introduire des règles subtiles, mettre les vers d'équerre,
Comment penser, voir, comprendre, tourner, chérir (?), machiner,
Soupçonner les vices, repenser chaque chose.

ΑΙ.   Φημὶ κἀγώ.

ΕΥ. οἰκεῖα πράγματ' εἰσάγων, οἷς χρώμεθ', οἷς ξύνεσμεν,
ἐξ ὧν γ' ἂν ἐξηλεγχόμην· ξυνειδότες γὰρ οὗτοι   960
ἤλεγχον ἄν μου τὴν τέχνην· ἀλλ' οὐκ ἐκομπολάκουν
ἀπὸ τοῦ φρονεῖν ἀποσπάσας, οὐδ' ἐξέπληττον αὐτούς,
Κύκνους ποιῶν καὶ Μέμνονας κωδωνοφαλαροπώλους.
Γνώσει δὲ τοὺς τούτου τε κἀμοὺς ἑκατέρου μαθητάς.
Τουτουμενὶ Φορμίσιος Μεγαίνετός θ' ὁ Μανῆς,   965
σαλπιγγολογχυπηνάδαι, σαρκασμοπιτυοκάμπται,
οὑμοὶ δὲ Κλειτοφῶν τε καὶ Θηραμένης ὁ κομψός.

ΔΙ. Θηραμένης; σοφός γ' ἀνὴρ καὶ δεινὸς εἰς τὰ πάντα,
ὃς ἢν κακοῖς που περιπέσῃ καὶ πλησίον παραστῇ,
πέπτωκεν ἔξω τῶν κακῶν, οὐ χεῖος, ἀλλὰ Κεῖος.   970

ΕΥ.   Τοιαῦτα μέντουγὼ φρονεῖν
τούτοισιν εἰσηγησάμην,
λογισμὸν ἐνθεὶς τῇ τέχνῃ
καὶ σκέψιν, ὥστ' ἤδη νοεῖν
ἅπαντα καὶ διειδέναι
τά τ' ἄλλα καὶ τὰς οἰκίας   975
οἰκεῖν ἄμεινον ἢ πρὸ τοῦ
κἀνασκοπεῖν· « Πῶς τοῦτ' ἔχει;

ESCHYLE

                                J'en suis d'accord.

EURIPIDE

Sur scène, j'ai mis les affaires de la maison, celles qui nous
                                [servent, nous entourent,
Et qui me valaient des critiques. Car ils les connaissent comme   960
                                      [moi, eux,
Et ils critiquaient mon métier. Mais je ne crépitais pas dans
                                      [l'emphase
Pour les arracher au sens commun, et je ne les étourdissais pas
En fabriquant des Cycnos et des Memnons à chevaux panachés
                                    [de sonnailles.
Et tu sauras qui, de lui et de moi, sont nos élèves à tous les deux.
De lui, là, c'est Phormisios et Mégainetos le capoteux,   965
Des moustachus à lance et à trompette, des dentureux cambreurs
                                    [de pins.
Les miens, c'est Clitophon et l'élégant Théramène.

DIONYSOS

Théramène ? L'homme est expert et grandiose en tout.
S'il tombe dans une mauvaise passe, ou s'il s'en tient tout près,
Il retombe, loin du mal ; sans faire nénette de Chios, puisqu'il a 970
                                    [du Kéos.

EURIPIDE

Mais de telles pensées, moi, c'est moi,
Qui les ai établies chez ces gens.
J'ai déposé dans le métier raisonnement
Et examen et fis qu'on conçoit
Et qu'on discrimine chaque chose,   975
Et surtout qu'on administre
Sa maison mieux qu'avant,
Et qu'on pèse et soupèse : « Comment ça va, ça ?

Ποῦ μοι τοδί; Τίς τοῦτ' ἔλαβε; »

ΔΙ.   Νὴ τοὺς θεούς, νῦν γοῦν 'Αθη-   980
ναίων ἅπας τις εἰσιὼν
κέκραγε πρὸς τοὺς οἰκέτας
ζητεῖ τε· « Ποῦ 'στιν ἡ χύτρα;
Τίς τὴν κεφαλὴν ἀπεδήδοκεν
τῆς μαινίδος; Τὸ τρύβλιον   985
τὸ περυσινὸν τέθνηκέ μοι;
Ποῦ τὸ σκόροδον τὸ χθιζινόν;
Τίς τῆς ἐλάας παρέτραγεν; »
Τέως δ' ἀβελτερώτατοι
κεχηνότες μαμμάκυθοι,   990
μελιτίδαι καθῆντο.

ΧΟ.   Τάδε μὲν λεύσσεις, φαίδιμ' 'Αχιλλεῦ·   Ant.
σὺ δὲ τί, φέρε, πρὸς ταῦτα λέξεις; Μόνον ὅπως
μή σ' ὁ θυμὸς ἁρπάσας
ἐκτὸς οἴσει τῶν ἐλαῶν·   995
δεινὰ γὰρ κατηγόρηκεν.
    'Αλλ' ὅπως, ὦ γεννάδα,
μὴ πρὸς ὀργὴν ἀντιλέξεις,
ἀλλὰ συστείλας ἄκροισι
χρώμενος τοῖς ἱστίοις,   1000
εἶτα μᾶλλον μᾶλλον ἄξεις
καὶ φυλάξεις, ἡνίκ' ἂν τὸ
πνεῦμα λεῖον καὶ καθεστηκὸς λάβῃς.

'Αλλ' ὦ πρῶτος τῶν 'Ελλήνων πυργώσας ῥήματα σεμνὰ
καὶ κοσμήσας τραγικὸν λῆρον, θαρρῶν τὸν κρουνὸν ἄφιει..

Où m'a-t-on mis ça ? Qui est-ce qui a pris ça ? »

DIONYSOS
Oui, par les dieux, aujourd'hui   980
À Athènes tout le monde qui rentre chez soi
Hurle après les serviteurs
Et enquête : « Où est la marmite ?
Qui a fini la tête
De la mendole ? La soupe   985
De l'an passé est-elle morte pour moi ?
Où est l'ail du jour d'hier ?
Qui a brouté l'olive en passant ? »
Jusque là, restés les pires des moins meilleurs,
Ils béaient, cachés sous leurs mamans,   990
En ploucs assis de Mélitè.

LE CHŒUR
Cela, le vois-tu, ô Achille plein de lumière ?   antode
Et toi, veux-tu, quels mots, diras-tu contre ?
Que seulement
L'ardeur te saisissant
Ne t'emporte pas loin des oliviers.   995
Car terribles sont ses accusations.
Mais, ô homme bien né,
Ne contredis pas dans la colère !
Réduis et n'use
Que l'extrémité des voiles ;   1000
Tu feras route davantage et davantage
Et guetteras l'heure où tu trouveras
Le souffle lisse et établi.

Allez, ô le premier des Hellènes qui cercla de tours de graves paroles
Et décora la babiole tragique, aie confiance, et fais couler ta   1005
                                        [fontaine !

ΑΙ. Θυμοῦμαι μὲν τῇ ξυντυχίᾳ, καί μου τὰ σπλάγχν' ἀγανακτεῖ, 10
εἰ πρὸς τοῦτον δεῖ μ' ἀντιλέγειν· ἵνα μὴ φάσκῃ δ' ἀπορεῖν με, –
ἀπόκριναί μοι, τίνος οὕνεκα χρὴ θαυμάζειν ἄνδρα ποιητήν;

ΕΥ. Δεξιότητος καὶ νουθεσίας, ὅτι βελτίους τε ποιοῦμεν
τοὺς ἀνθρώπους ἐν ταῖς πόλεσιν.

ΑΙ. Ταῦτ' οὖν εἰ μὴ πεπόηκας, 10
ἀλλ' ἐκ χρηστῶν καὶ γενναίων μοχθηροτάτους ἀπέδειξας,
τί παθεῖν φήσεις ἄξιος εἶναι;

ΔΙ. Τεθνάναι· μὴ τοῦτον ἐρώτα.

ΑΙ. Σκέψαι τοίνυν οἵους αὐτοὺς παρ' ἐμοῦ παρεδέξατο πρῶτον,
εἰ γενναίους καὶ τετραπήχεις, καὶ μὴ διαδρασιπολίτας,
μηδ' ἀγοραίους μηδὲ κοβάλους, ὥσπερ νῦν, μηδὲ πανούργους, 101
ἀλλὰ πνέοντας δόρυ καὶ λόγχας καὶ λευκολόφους τρυφαλείας
καὶ πήληκας καὶ κνημῖδας καὶ θυμοὺς ἑπταβοείους.

ΕΥ. Καὶ δὴ χωρεῖ τουτὶ τὸ κακόν· κρανοποιῶν αὖ μ' ἐπιτρίψει.

ΔΙ. Καὶ τί σὺ δράσας οὕτως αὐτοὺς γενναίους ἐξεδίδαξας;
Αἰσχύλε, λέξον, μηδ' αὐθάδως σεμνυνόμενος χαλέπαινε. 102

ESCHYLE

J'enrage de la circonstance et mes entrailles bouillonnent
À devoir lui porter la contradiction. Mais pour qu'il ne me dise
                                                    [pas impuissant,

(à Euripide)

Réponds-moi : qu'est-ce qui fait qu'on doive admirer un poète ?

EURIPIDE

Qu'il connaisse la technique et la remontrance, car nous fabriquons
                                                    [des hommes
Meilleurs dans les cités.   1010

ESCHYLE

                    Si donc tu n'as pas fait cela,
Et qu'avec des êtres utiles et nobles tu as produit de très horribles
                                                    [gens,
Qu'est-il juste que tu subisses, dis-moi ?

DIONYSOS

                    La mort. Ne lui pose pas la question !

ESCHYLE

Regarde donc quels individus il a d'abord reçus de moi,
Comme ils étaient nobles, bâtis sur quatre coudées, pas des
                                                    [citoyens d'esquive,
Pas des chalands, pas des bouffons comme maintenant, pas des   1015
                                                    [canailles,
Mais ils soufflaient lances et piques et casques empanachés de
                                                    [blanc
Et longs cimiers et jambières et ardeurs à sept cuirs de bœuf.

EURIPIDE

Voici qu'ici arrive le malheur. Le fabricant de casques va m'écraser.

DIONYSOS

Et toi, qu'as-tu fait pour leur enseigner la noblesse,
Eschyle, dis-moi, ne te complais pas dans une fierté pénible !   1020

ΑΙ. Δρᾶμα ποήσας Ἄρεως μεστόν.

ΔΙ.   Ποῖον;

ΑΙ.   Τοὺς Ἑπτ' ἐπὶ Θήβας·
δ θεασάμενος πᾶς ἄν τις ἀνὴρ ἠράσθη δάιος εἶναι.

ΔΙ. Τουτὶ μέν σοι κακὸν εἴργασται· Θηβαίους γὰρ πεπόηκας
ἀνδρειοτέρους εἰς τὸν πόλεμον· καὶ τούτου γ' οὕνεκα τύπτου.

ΑΙ. Ἀλλ' ὑμῖν αὔτ' ἐξῆν ἀσκεῖν, ἀλλ' οὐκ ἐπὶ τοῦτ' ἐτράπεσθε.   10
Εἶτα διδάξας Πέρσας μετὰ τοῦτ' ἐπιθυμεῖν ἐξεδίδαξα
νικᾶν ἀεὶ τοὺς ἀντιπάλους, κοσμήσας ἔργον ἄριστον.

ΔΙ. Ἐχάρην γοῦν, ἡνίκ' ἐκώκυσας περὶ Δαρείου τεθνεῶτος,
ὁ χορὸς δ' εὐθὺς τὼ χεῖρ' ὡδὶ συγκρούσας εἶπεν· « Ἰαυοῖ. »

ΑΙ. Ταῦτα γὰρ ἄνδρας χρὴ ποιητὰς ἀσκεῖν. Σκέψαι γὰρ ἀπ' ἀρχῆς   105
ὡς ὠφέλιμοι τῶν ποιητῶν οἱ γενναῖοι γεγένηνται.
Ὀρφεὺς μὲν γὰρ τελετάς θ' ἡμῖν κατέδειξε φόνων τ' ἀπέχεσθαι
Μουσαῖος δ' ἐξακέσεις τε νόσων καὶ χρησμούς, Ἡσίοδος δὲ
γῆς ἐργασίας, καρπῶν ὥρας, ἀρότους· ὁ δὲ θεῖος Ὅμηρος
ἀπὸ τοῦ τιμὴν καὶ κλέος ἔσχεν πλὴν τοῦδ' ὅτι χρήστ' ἐδίδαξεν,   10
τάξεις, ἀρετάς, ὁπλίσεις ἀνδρῶν;

ESCHYLE

J'ai composé un drame rempli d'Arès.

DIONYSOS

Lequel ?

ESCHYLE

Les Sept contre Thèbes.

Quiconque l'avait regardé brûlait d'être un guerrier féroce.

DIONYSOS

Et tu as fait un grand mal. Car tu as rendu les Thébains
Plus braves au combat. Pour cela, tu seras tapé.

ESCHYLE

Vous aviez tout loisir de vous exercer, mais vous n'y avez pas   1025
[pensé.

Et puis, j'ai monté les Perses. Avec cela, j'enseignai la passion
De vaincre les adversaires. J'illustrais un exploit immense.

DIONYSOS

C'est vrai, j'ai joui quand tu poussais ta plainte sur le cadavre
[de Darios.

Et le chœur claquait tout de suite des mains, comme ça, en
[disant *iauoï !*

ESCHYLE

C'est sur ces objets que doivent s'exercer les poètes. Regarde,   1030
[dès l'origine,

Les avantages qu'ont fait naître les bien nés parmi les poètes.
Orphée nous a appris les initiations et à s'abstenir d'assassiner ;
Musée, les guérisons absolues et les oracles ; Hésiode,
Les travaux de la terre, les saisons des récoltes, les labours ; Homère,
D'où a-t-il honneur et gloire, sinon de son enseignement des   1035
[choses utiles,

Ordres de bataille, valeur, armements des hommes ?

ΔΙ.   Καὶ μὴν οὐ Παντακλέα γε
ἐδίδαξεν ὅμως τὸν σκαιότατον. Πρώην γοῦν, ἡνίκ' ἔπεμπεν,
τὸ κράνος πρῶτον περιδησάμενος τὸν λόφον ἤμελλ' ἐπιδήσειν

ΑΙ. 'Αλλ' ἄλλους τοι πολλοὺς ἀγαθούς, ὧν ἦν καὶ Λάμαχος ἥρως·
ὅθεν ἡμὴ φρὴν ἀπομαξαμένη πολλὰς ἀρετὰς ἐπόησεν,
Πατρόκλων, Τεύκρων θυμολεόντων, ἵν' ἐπαίροιμ' ἄνδρα πολίτην
ἀντεκτείνειν αὐτὸν τούτοις, ὁπόταν σάλπιγγος ἀκούσῃ.
'Αλλ' οὐ μὰ Δι' οὐ Φαίδρας ἐποίουν πόρνας οὐδὲ Σθενεβοίας,
οὐδ' οἶδ' οὐδεὶς ἥντιν' ἐρῶσαν πώποτ' ἐποίησα γυναῖκα.

ΕΥ. Μὰ Δι', οὐδὲ γὰρ ἦν τῆς 'Αφροδίτης οὐδέν σοι.

ΑΙ.   Μηδέ γ' ἐπείη·
ἀλλ' ἐπὶ σοί τοι καὶ τοῖς σοῖσιν πολλὴ πολλοῦ 'πικαθῆτο,
ὥστε γε καὐτόν σε κατ' οὖν ἔβαλεν.

ΔΙ.   Νὴ τὸν Δία τοῦτό γέ τοι
ἃ γὰρ εἰς τὰς ἀλλοτρίας ἐπόεις, αὐτὸς τούτοισιν ἐπλήγης.

ΕΥ. Καὶ τί βλάπτουσ', ὦ σχέτλι' ἀνδρῶν, τὴν πόλιν ἁμαὶ Σθενέβοιαι

DIONYSOS

Oui, mais malgré ça

Il n'a pas su éduquer ce tout tordu de Pantagloire. Hier, au cortège,
Il avait attaché son casque à son cou avant de songer à s'attacher
[la plume.

ESCHYLE

Mais les autres, les braves, oui, et par milliers ! Et parmi eux   1040
[notre héros Lamakhos.
Prenant de là son empreinte, mon esprit composa des milliers
[d'exploits valeureux
Pour des Patrocles, pour des Teucros à l'ardeur de lion. Par là,
[j'incitais le citoyen
À se bander lui-même jusqu'à leur hauteur quand il entendrait
[la trompette.
Mais, au nom de Zeus, je n'ai pas composé des Phèdres de bordel
[ou des Sthénébées,
Et il n'est personne qui connaisse une femme en désir dans mes
[œuvres.

EURIPIDE

Non, par Zeus, il n'est rien d'Aphrodite qui te fût connu.   1045

ESCHYLE

Et que rien ne le devienne !

Mais sur toi et sur les tiens elle s'installait nombreuse et sans
[compter,
Au point que toi-même elle t'a effondré.

DIONYSOS

Oui, c'est vrai, par Zeus, n'est-ce pas ?

Ce que tu faisais des femmes des autres, tu en étais frappé toi-
[même.

EURIPIDE

Mais dis-moi, ô terreur, quel tort faisaient-elles à la cité, mes
[Sthénébées ?

ΑΙ. Ὅτι γενναίας καὶ γενναίων ἀνδρῶν ἀλόχους ἀνέπεισας
κώνεια πίνειν αἰσχυνθείσας διὰ τοὺς σοὺς Βελλεροφόντας.

ΕΥ. Πότερον δ' οὐκ ὄντα λόγον τοῦτον περὶ τῆς Φαίδρας ξυνέθηκα;

ΑΙ. Μὰ Δί', ἀλλ' ὄντ'· ἀλλ' ἀποκρύπτειν χρὴ τὸ πονηρὸν τόν γε ποητ
καὶ μὴ παράγειν μηδὲ διδάσκειν. Τοῖς μὲν γὰρ παιδαρίοισιν
ἐστὶ διδάσκαλος ὅστις φράζει, τοῖσιν δ' ἡβῶσι ποηταί.
Πάνυ δὴ δεῖ χρηστὰ λέγειν ἡμᾶς.

ΕΥ.   Ἢν οὖν σὺ λέγῃς Λυκαβηττοὺς
καὶ Παρνασσῶν ἡμῖν μεγέθη, τοῦτ' ἐστὶ τὸ χρηστὰ διδάσκειν,
ὃν χρῆν φράζειν ἀνθρωπείως;

ΑΙ.   Ἀλλ', ὦ κακόδαιμον, ἀνάγκη
μεγάλων γνωμῶν καὶ διανοιῶν ἴσα καὶ τὰ ῥήματα τίκτειν.
Κἄλλως εἰκὸς τοὺς ἡμιθέους τοῖς ῥήμασι μείζοσι χρῆσθαι·
καὶ γὰρ τοῖς ἱματίοις ἡμῶν χρῶνται πολὺ σεμνοτέροισιν.
Ἁμοῦ χρηστῶς καταδείξαντος διελυμήνω σύ.

ΕΥ.   Τί δράσας;

ESCHYLE

Tu as convaincu des épouses bien nées d'hommes bien nés   1050
De boire la ciguë ; elles s'étaient déshonorées à cause de tes
[Bellérophons.

EURIPIDE

Mais ce discours que j'ai composé sur Phèdre, il n'était pas réel ?

ESCHYLE

Mais si, réel, nom de Zeus ! Mais le poète doit cacher ce qui
[est affreux,
Il ne doit pas le publier, ne doit pas l'enseigner. Les jeunes
[enfants
Ont un maître qui leur explique ; pour les adultes, il y a les   1055
[poètes.
Il nous faut donc absolument dire des choses utiles.

EURIPIDE

Quand tu nous dis des Lycabettes,
Des grands tas de Parnasses, c'est donc que tu enseignes des
[choses utiles,
Quand il faudrait s'expliquer humainement ?

ESCHYLE

Mais, triste maudit, il est nécessaire
D'engendrer pour de grandes maximes et de grandes pensées
[des mots de même taille.
Et, de toutes manières, il est naturel que les demi-dieux usent de   1060
[mots plus grands.
Déjà, ils utilisent des vêtements qui sont beaucoup plus
[imposants.
Ce que j'avais utilement enseigné, tu l'as ravagé.

EURIPIDE

En faisant quoi ?

ΑΙ. Πρῶτον μὲν τοὺς βασιλεύοντας ῥάκι' ἀμπισχών, ἵν' ἐλεινοὶ
τοῖς ἀνθρώποις φαίνοιντ' εἶναι.

ΕΥ.   Τοῦτ' οὖν ἔβλαψα τί δράσας;

ΑΙ. Οὔκουν ἐθέλει γε τριηραρχεῖν πλουτῶν οὐδεὶς διὰ ταῦτα,
ἀλλὰ ῥακίοις περιειλάμενος κλάει καὶ φησὶ πένεσθαι.

ΔΙ. Νὴ τὴν Δήμητρα χιτῶνά γ' ἔχων οὔλων ἐρίων ὑπένερθεν.
Κἂν ταῦτα λέγων ἐξαπατήσῃ, περὶ τοὺς ἰχθῦς ἀνέκυψεν.

ΑΙ. Εἶτ' αὖ λαλιὰν ἐπιτηδεῦσαι καὶ στωμυλίαν ἐδίδαξας,
ἣ 'ξεκένωσεν τάς τε παλαίστρας καὶ τὰς πυγὰς ἐνέτριψεν
τῶν μειρακίων στωμυλλομένων, καὶ τοὺς Παράλους ἀνέπεισεν
ἀνταγορεύειν τοῖς ἄρχουσιν. Καίτοι τότε γ', ἡνίκ' ἐγὼ 'ζων,
οὐκ ἠπίσταντ' ἀλλ' ἢ μᾶζαν καλέσαι καὶ « Ῥυππαπαῖ » εἶπ

ΔΙ. Νὴ τὸν Ἀπόλλω, καὶ προσπαρδεῖν γ' εἰς τὸ στόμα τῷ θαλάμακι,
καὶ μινθῶσαι τὸν ξύσσιτον κἀκβάς τινα λωποδυτῆσαι·
νῦν δ' ἀντιλέγει κοὐκέτ' ἐλαύνει· πλεῖ δευρὶ καθῆις ἐκεῖσε.

ΑΙ.   Ποίων δὲ κακῶν οὐκ αἴτιός ἐστ';
Οὐ προαγωγοὺς κατέδειξ' οὗτος,
καὶ τικτούσας ἐν τοῖς ἱεροῖς,   1080

ESCHYLE

D'abord en couvrant les individus royaux de gueilles, pour
[qu'ils paraissent

Piteux aux humains.

EURIPIDE

Quel tort ai-je fait avec ça ?

ESCHYLE

Aucun riche, à cause de cela, ne consentait à armer une trière.   1065
Ils s'enroulaient dans des gueilles, pleuraient et se disaient pauvres.

DIONYSOS

Oui, par Déméter, et par-dessous ils avaient une tunique de
[laine touffue.
Une fois trompés les gens par ce langage, ils font surface chez
[le marchand de poissons.

ESCHYLE

Et puis tu leur as enseigné à pratiquer le bavardage et le jacassage,
Qui ont totalement vidé les gymnases et usé à fond les fesses   1070
Des garçons jacassants. Et tu as convaincu les marins de la Paralienne
De répliquer à leurs chefs, tandis qu'à l'époque, quand je vivais,
Ils ne savaient que demander leur pain et dire « Souque et souque
[et souque ! »

DIONYSOS

Oui, nom d'Apollon, et à péter dans la bouche de celui du rang
[de dessous,
À merder sur le camarade, et, à terre, à dépouiller les gens.   1075
Maintenant, ils controversent et, sans plus ramer, ils voguent
[de-ci et voguent de-là.

ESCHYLE

De quelle horreur est-il innocent ?
N'a-t-il pas produit des pourvoyeuses,
Des femmes en couches dans les temples,   1080

καὶ μειγνυμένας τοῖσιν ἀδελφοῖς,
καὶ φασκούσας οὐ ζῆν τὸ ζῆν ;
Κᾆτ' ἐκ τούτων ἡ πόλις ἡμῶν
ὑπογραμματέων ἀνεμεστώθη
καὶ βωμολόχων δημοπιθήκων   1085
ἐξαπατώντων τὸν δῆμον ἀεί,
λαμπάδα δ' οὐδεὶς οἷός τε φέρειν
    ὑπ' ἀγυμνασίας ἔτι νυνί.

ΔΙ.   Μὰ Δἰ' οὐ δῆθ', ὥστε γ' ἀφαυάνθην
    Παναθηναίοισι γελῶν, ὅτε δὴ   1090
    βραδὺς ἄνθρωπός τις ἔθει κύψας
    λευκός, πίων, ὑπολειπόμενος
    καὶ δεινὰ ποιῶν· κᾆθ' οἱ Κεραμῆς
    ἐν ταῖσι πύλαις παίουσ' αὐτοῦ
    γαστέρα, πλευράς, λαγόνας, πυγήν,   1095
    ὁ δὲ τυπτόμενος ταῖσι πλατείαις
    ὑποπερδόμενος
        φυσῶν τὴν λαμπάδ' ἔφευγεν.

ΧΟ. Μέγα τὸ πρᾶγμα, πολὺ τὸ νεῖκος, ἁδρὸς ὁ πόλεμος ἔρχεται.
    Χαλεπὸν οὖν ἔργον διαιρεῖν,   1100
        ὅταν ὁ μὲν τείνῃ βιαίως,
ὁ δ' ἐπαναστρέφειν δύνηται κἀπερείδεσθαι τορῶς.
    Ἀλλὰ μὴ 'ν ταὐτῷ κάθησθον·
εἰσβολαὶ γάρ εἰσι πολλαὶ χἄτεραι σοφισμάτων.
        Ὅ τι περ οὖν ἔχετον ἐρίζειν,   1105
        λέγετον, ἔπιτον, ἀνὰ (δὲ) δέρετον
        τά τε παλαιὰ καὶ τὰ καινά,
κἀποκινδυνεύετον λεπτόν τι καὶ σοφὸν λέγειν

Des qui s'unissent à des frères,
Des qui disent que vivre c'est ne pas vivre.
De là vient que notre cité
Déborde de sous-rédacteurs,
De singes publics pitres des rues,   1085
Qui trompent chaque fois le peuple.
Et personne ne sait plus porter
Sa torche aujourd'hui, par manque de pratique.

DIONYSOS
Eh non, nom de Zeus ! Même que je perdais de l'eau
Tant j'ai ri, aux Panathénées, quand un jour   1090
Un homme lent courait la tête dans ses pieds,
Blanc, gras, laissé en queue
Dans d'effroyables efforts. Et ceux du Céramique,
À la porte, le tapent
Au ventre, aux côtes, aux creux des flancs, à la fesse.   1095
Lui, battu de claques,
Pète en douce,
Souffle sur sa torche et s'enfuit.

LE CHŒUR
Grande l'affaire, nombreuse la querelle, épaisse la guerre qui   str.
                                                  [arrivent !

Dur exploit de départager !   1100
Quand l'un sait se tendre avec violence,
Quand l'autre sait faire volte et serrer franchement.
Ne restez pas assis sur place !
Car les assauts de la ruse savante sont nombreux et sont divers.
Sur tout ce que vous pourrez mettre dans votre querelle, 1105
Discourez, attaquez, écorchez
L'ancien et le nouveau,
Aventurez-vous à dire du subtil et du savant !

Εἰ δὲ τοῦτο καταφοβεῖσθον, μή τις ἀμαθία προσῇ Ant.

 τοῖς θεωμένοισιν, ὡς τὰ   1110

 λεπτὰ μὴ γνῶναι λεγόντοιν,

μηδὲν ὀρρωδεῖτε τοῦθ'· ὡς οὐκέθ' οὕτω ταῦτ' ἔχει.

 Ἐστρατευμένοι γάρ εἰσι,

βιβλίον τ' ἔχων ἕκαστος μανθάνει τὰ δεξιά·

 αἱ φύσεις τ' ἄλλως κράτισται,   1115

 νῦν δὲ καὶ παρηκόνηνται.

 Μηδὲν οὖν δείσητον, ἀλλὰ

πάντ' ἐπέξιτον, θεατῶν γ' οὕνεχ', ὡς ὄντων σοφῶν.

ΕΥ. Καὶ μὴν ἐπ' αὐτοὺς τοὺς προλόγους σοι τρέψομαι,

 ὅπως τὸ πρῶτον τῆς τραγῳδίας μέρος 1120

 πρώτιστον αὐτοῦ βασανιῶ τοῦ δεξιοῦ.

 Ἀσαφὴς γὰρ ἦν ἐν τῇ φράσει τῶν πραγμάτων.

ΔΙ. Καὶ ποῖον αὐτοῦ βασανιεῖς;

ΕΥ.   Πολλοὺς πάνυ.

 Πρῶτον δέ μοι τὸν ἐξ Ὀρεστείας λέγε.

ΔΙ. Ἄγε δὴ σιώπα πᾶς ἀνήρ. Λέγ', Αἰσχύλε. 1125

ΑΙ. « Ἑρμῆ χθόνιε, πατρῷ' ἐποπτεύων κράτη

 σωτὴρ γενοῦ μοι σύμμαχός τ' αἰτουμένῳ.

 Ἥκω γὰρ εἰς γῆν τήνδε καὶ κατέρχομαι » —

ΔΙ. Τούτων ἔχεις ψέγειν τι;

Et si vous redoutez qu'une incompétence ne vienne   ant.
Interdire aux spectateurs de comprendre   1110
Les subtilités de vos deux discours,
Ne tremblez pas du cul ! Car les choses n'en sont plus là.
Ils se sont aguerris ;
Chacun possède son livre et apprend la dextérité.
De toutes façons, leur naturel est très pénétrant,   1115
Et maintenant encore, il s'est bien limé.
N'ayez donc peur de rien, mais
Allez jusqu'au bout ! Ce sont des spectateurs, mais savants.

EURIPIDE

Bon ! Je m'en vais m'intéresser précisément à tes prologues.
Comme ça, la première partie de la tragédie   1120
Sera ce qu'en premier je mettrai à la torture chez cet homme de l'art.
En effet, il n'était pas clair dans l'exposé des faits.

DIONYSOS

Et lequel vas-tu lui torturer ?

EURIPIDE

                    Beaucoup de beaucoup.

(à Eschyle)
En premier, dis-moi celui de l'Orestie !

DIONYSOS

Attention ! Que tout le monde se taise ! Dis, Eschyle !   1125

ESCHYLE

« Hermès de sous la terre, qui veilles sur la puissance paternelle,
Sois mon sauveur et mon allié, je te le demande !
Car j'arrive en ce pays et j'y fais retour. »

DIONYSOS

Tu as quelque chose à y redire ?

ΕΥ.   Πλεῖν ἢ δώδεκα.

ΔΙ.   Ἀλλ' οὐδὲ πάντα ταῦτά γ' ἔστ' ἀλλ' ἢ τρία.   1130

ΕΥ.   Ἔχει δ' ἕκαστον εἴκοσίν γ' ἁμαρτίας.

ΔΙ.   Αἰσχύλε, παραινῶ σοι σιωπᾶν· εἰ δὲ μή,
      πρὸς τρισὶν ἰαμβείοισι προσοφείλων φανεῖ.

ΑΙ.   Ἐγὼ σιωπῶ τῷδ';

ΔΙ.   Ἐὰν πείθῃ γ' ἐμοί.

ΕΥ.   Εὐθὺς γὰρ ἡμάρτηκεν οὐράνιον ὅσον.   1135

ΑΙ.   Ὁρᾷς ὅτι ληρεῖς.

ΕΥ.   Ἀλλ' ὀλίγον γέ μοι μέλει.

ΑΙ.   Πῶς φῄς μ' ἁμαρτεῖν;

ΕΥ.   Αὖθις ἐξ ἀρχῆς λέγε.

ΑΙ.   « Ἑρμῆ χθόνιε, πατρῷ' ἐποπτεύων κράτη. »

ΕΥ.   Οὔκουν Ὀρέστης τοῦτ' ἐπὶ τῷ τύμβῳ λέγει
      τῷ τοῦ πατρὸς τεθνεῶτος;

ΑΙ.   Οὐκ ἄλλως λέγω.   1140

EURIPIDE

Plus de douze.

DIONYSOS

Mais le tout ne fait pas plus de trois vers !   1130

EURIPIDE

Chacun contient au moins vingt erreurs.

DIONYSOS

Eschyle, je te conseille de te taire. Sinon,
On verra que tu n'es pas quitte avec trois vers iambiques.

ESCHYLE

Moi, je me tairais devant lui ?

DIONYSOS

Si tu veux bien m'obéir.

EURIPIDE

Il s'est tout de suite trompé, gros comme le ciel !   1135

ESCHYLE

Tu vois bien que tu délires !

EURIPIDE

Mais ce n'est pas mon problème !

ESCHYLE

Quelle faute ai-je faite, d'après toi ?

EURIPIDE

Redis depuis le début !

ESCHYLE

« Hermès de sous la terre, qui veilles sur la puissance paternelle. »

EURIPIDE

Est-ce qu'Oreste ne dit pas cela sur la tombe
De son père qui est mort ?   1140

ESCHYLE

Je ne dis pas le contraire.

EY.   Πότερ' οὖν τὸν Ἑρμῆν, ὡς ὁ πατὴρ ἀπώλετο
       αὐτοῦ βιαίως, ἐκ γυναικείας χερὸς
       δόλοις λαθραίοις, ταῦτ' ἐποπτεύειν ἔφη;

ΑΙ.   Οὐ δῆτ' ἐκεῖνον, ἀλλὰ τὸν Ἐριούνιον
       Ἑρμῆν χθόνιον προσεῖπε, κἀδήλου λέγων   1145
       ὁτιὴ πατρῷον τοῦτο κέκτηται γέρας.

EY.   Ἔτι μεῖζον ἐξήμαρτες ἢ 'γὼ 'βουλόμην·
       εἰ γὰρ πατρῷον τὸ χθόνιον ἔχει γέρας —

ΔΙ.   οὕτω γ' ἂν εἴη πρὸς πατρὸς τυμβωρύχος.

ΑΙ.   Διόνυσε, πίνεις οἶνον οὐκ ἀνθοσμίαν.   1150

ΔΙ.   Λέγ' ἕτερον αὐτῷ· σὺ δ' ἐπιτήρει τὸ βλάβος.

ΑΙ.   « Σωτὴρ γενοῦ μοι σύμμαχός τ' αἰτουμένῳ.
       Ἥκω γὰρ εἰς γῆν τήνδε καὶ κατέρχομαι » —

EY.   Δὶς ταὐτὸν ἡμῖν εἶπεν ὁ σοφὸς Αἰσχύλος.

ΔΙ.   Πῶς δίς;

EY.   Σκόπει τὸ ῥῆμ'· ἐγὼ δέ σοι φράσω.   1155
       « Ἥκω γὰρ εἰς γῆν, » φησί, « καὶ κατέρχομαι »·
       ἥκειν δὲ ταὐτόν ἐστι τῷ κατέρχομαι.

ΔΙ.   Νὴ τὸν Δί', ὥσπερ γ' εἴ τις εἴποι γείτονι·

EURIPIDE

Et donc il dit d'Hermès, alors que son père à lui est mort
Violemment des mains d'une femme
Dans une ruse obscure, qu'il veillait sur cela ?

ESCHYLE

Mais non, il n'aurait jamais dit ça ! Il s'adressait
Au Bienfaisant, à l'Hermès de sous la terre. Et il l'expliquait en   1145
                                                                                                [disant

Que son privilège souterrain est un don paternel.

EURIPIDE

Ton erreur était encore plus grande que je ne l'admettais,
Si ce privilège souterrain il le tient de son père –

DIONYSOS

Et qu'ainsi, par son père, il serait violeur de tombes.

ESCHYLE

Dionysos, le vin que tu bois n'a pas le parfum des fleurs.   1150

DIONYSOS

Dis-lui un autre bout. Et toi, guette les avaries.

ESCHYLE

« Sois mon sauveur et mon allié, je te le demande !
Car j'arrive en ce pays et j'y fais retour. »

EURIPIDE

Le savant Eschyle nous a dit deux fois la même chose.

DIONYSOS

Comment ça, deux fois ?   1155

EURIPIDE

                         Regarde les mots, et je vais t'expliquer.
Il dit « j'arrive en ce pays et j'y fais retour ».
Arriver c'est la même chose que « j'y fais retour ».

DIONYSOS

Oui, nom de Zeus, comme si on disait à son voisin :

« Χρῆσον σὺ μάκτραν, εἰ δὲ βούλει, κάρδοπον. »

ΑΙ.　Οὐ δῆτα τουτό γ', ὦ κατεστωμυλμένε　　　　1160
ἄνθρωπε, ταῦτ' ἔστ', ἀλλ' ἄριστ' ἐπῶν ἔχον.

ΕΥ.　Πῶς δή; Δίδαξον γάρ με καθ' ὅτι δὴ λέγεις.

ΑΙ.　Ἐλθεῖν μὲν εἰς γῆν ἔσθ' ὅτῳ μετῇ πάτρας·
χωρὶς γὰρ ἄλλης συμφορᾶς ἐλήλυθεν·
φεύγων δ' ἀνὴρ ἥκει τε καὶ κατέρχεται.　　　1165

ΔΙ.　Εὖ νὴ τὸν Ἀπόλλω. Τί σὺ λέγεις, Εὐριπίδη;

ΕΥ.　Οὔ φημι τὸν Ὀρέστην κατελθεῖν οἴκαδε·
λάθρᾳ γὰρ ἦλθεν οὐ πιθὼν τοὺς κυρίους.

ΔΙ.　Εὖ νὴ τὸν Ἑρμῆν· ὅ τι λέγεις δ' οὐ μανθάνω.

ΕΥ.　Πέραινε τοίνυν ἕτερον.
ΔΙ.　　　　　　　　　　　Ἴθι πέραινε σύ,　　　1170
Αἰσχύλ', ἀνύσας· σὺ δ' εἰς τὸ κακὸν ἀπόβλεπε.

ΑΙ.　« Τύμβου δ' ἐπ' ὄχθῳ τῷδε κηρύσσω πατρὶ
κλύειν, ἀκοῦσαι » —
ΕΥ.　　　　　　　　Τοῦθ' ἕτερον αὖθις λέγει,
κλύειν, ἀκοῦσαι, ταὐτὸν ὂν σαφέστατα.

ΑΙ.　Τεθνηκόσιν γὰρ ἔλεγεν, ὦ μόχθηρε σύ,　　　1175

Prête-moi ta huche et, si tu veux bien, ton pétrin !

ESCHYLE

Mais non, ô rabougri du verbe, ce n'est pas   1160
La même chose ; c'est ce qu'on fait de mieux comme vers.

DIONYSOS

Et comment ? Apprends-moi ce que tu veux dire !

ESCHYLE

Venir au pays se dit de qui a une patrie,
Et qui y vient sans autre circonstance.
Mais un exilé y arrive et y fait retour.   1165

DIONYSOS

C'est parfait, par Apollon. Et toi, qu'est-ce que tu dis, Euripide ?

EURIPIDE

Je dis qu'Oreste ne fait pas retour à sa maison.
Car il vient en cachette, sans l'accord des autorités.

DIONYSOS

C'est parfait, par Hermès. Mais je ne comprends pas ce que tu dis.

EURIPIDE

Eh bien, achève avec un autre vers.   1170

DIONYSOS

                            Oui, achève, toi,
Et conclus, Eschyle. Et toi, fais attention au défaut.

ESCHYLE

« Sur la haute rive de cette tombe, j'invoque mon père,
Qu'il écoute, qu'il entende ! »

EURIPIDE

                            Cette fois encore il se répète.
Ecouter, entendre, c'est tout à fait clairement la même chose.

DIONYSOS

Mais il parlait à des morts, mon pauvre !   1175

οἷς οὐδὲ τρὶς λέγοντες ἐξικνούμεθα.

Σὺ δὲ πῶς ἐποίεις τοὺς προλόγους;

ΕΥ.   Ἐγὼ φράσω.

Κἂν που δὶς εἴπω ταὐτόν, ἢ στοιβὴν ἴδῃς

ἐνοῦσαν ἔξω τοῦ λόγου, κατάπτυσον.

ΔΙ.   Ἴθι δὴ λέγ'· οὐ γὰρ μοὖστὶν ἀλλ' ἀκουστέα   1180

τῶν σῶν προλόγων τῆς ὀρθότητος τῶν ἐπῶν.

ΕΥ.   « Ἦν Οἰδίπους τὸ πρῶτον εὐδαίμων ἀνήρ, » —

ΔΙ.   Μὰ τὸν Δί' οὐ δῆτ', ἀλλὰ κακοδαίμων φύσει.

Ὅντινά γε, πρὶν φῦναι μέν, Ἀπόλλων ἔφη

ἀποκτενεῖν τὸν πατέρα, πρὶν καὶ γεγονέναι,   1185

πῶς οὗτος ἦν τὸ πρῶτον εὐτυχὴς ἀνήρ;

ΕΥ.   « εἶτ' ἐγένετ' αὖθις ἀθλιώτατος βροτῶν. »

ΑΙ.   Μὰ τὸν Δί' οὐ δῆτ', οὐ μὲν οὖν ἐπαύσατο.

Πῶς γάρ; Ὅτε δὴ πρῶτον μὲν αὐτὸν γενόμενον

χειμῶνος ὄντος ἐξέθεσαν ἐν ὀστράκῳ,   1190

ἵνα μὴ 'κτραφεὶς γένοιτο τοῦ πατρὸς φονεύς·

εἶθ' ὡς Πόλυβον ἥρρησεν οἰδῶν τὼ πόδε·

ἔπειτα γραῦν ἔγημεν αὐτὸς ὢν νέος

καὶ πρός γε τούτοις τὴν ἑαυτοῦ μητέρα·

εἶτ' ἐξετύφλωσεν αὑτόν.

ΔΙ.   Εὐδαίμων ἄρ' ἦν,   1195

εἰ κἀστρατήγησέν γε μετ' Ἐρασινίδου.

Même en disant trois fois on ne les atteint pas.
Mais toi, comment faisais-tu tes prologues ?

EURIPIDE

Je vais t'expliquer.
Et si une fois je dis deux fois la même chose, ou si tu vois
Que je rembourre hors du sujet, crache dessus !

DIONYSOS

Oui, mais parle, car je n'ai rien d'autre à faire, moi, qu'à   1180
                                                    [écouter
Tes prologues et à surveiller la correction de tes vers.

EURIPIDE

« Œdipe, au début, était un homme bienheureux. »

ESCHYLE

Mais pas du tout, nom de Zeus, mais un malheureux de naissance !
Quand quelqu'un, avant de naître, s'est fait dire par Apollon
Avant même d'exister, qu'il va assassiner son père,   1185
Comment serait-il, au début, un homme fortuné ?

EURIPIDE

« Puis il devint, au contraire, le plus misérable des mortels. »

ESCHYLE

Mais pas du tout, nom de Zeus ! Il n'a pas arrêté de l'être.
Eh non ! Au tout début de son existence,
En plein hiver, ils l'abandonnèrent dans un pot   1190
Pour qu'adulte il ne devînt pas meurtrier de son père,
Puis il alla se perdre chez Polybe, avec ses pieds gonflés,
Puis il épousa une vieille, alors qu'il était jeune,
Et qui, en plus, était sa propre mère,
Puis il s'aveugla lui-même.   1195

DIONYSOS

C'était le vrai bonheur,
Si en plus il faisait le général avec Érasinidès !

ΕΥ. Ληρεῖς· ἐγὼ δὲ τοὺς προλόγους καλῶς ποιῶ.

ΑΙ. Καὶ μὴν μὰ τὸν Δί' οὐ κατ' ἔπος γέ σου κνίσω
τὸ ῥῆμ' ἕκαστον, ἀλλὰ σὺν τοῖσιν θεοῖς
ἀπὸ ληκυθίου σου τοὺς προλόγους διαφθερῶ.   1200

ΕΥ. Ἀπὸ ληκυθίου σὺ τοὺς ἐμούς ;

ΑΙ.   Ἑνὸς μόνου.
Ποεῖς γὰρ οὕτως ὥστ' ἐναρμόζειν ἅπαν,
καὶ κῳδάριον καὶ ληκύθιον καὶ θυλάκιον,
ἐν τοῖς ἰαμβείοισι. Δείξω δ' αὐτίκα.

ΕΥ. Ἰδού, σὺ δείξεις ;

ΑΙ.   Φημί.

ΔΙ.   Καὶ δὴ χρὴ λέγειν.   1205

ΕΥ. « Αἴγυπτος, ὡς ὁ πλεῖστος ἔσπαρται λόγος,
ξὺν παισὶ πεντήκοντα ναυτίλῳ πλάτῃ
Ἄργος κατασχών » —

ΑΙ.   ληκύθιον ἀπώλεσεν.

ΔΙ. Τουτὶ τί ἦν τὸ ληκύθιον ; Οὐ κλαύσεται;
Λέγ' ἕτερον αὐτῷ πρόλογον, ἵνα καὶ γνῶ πάλιν.   1210

ΕΥ. « Διόνυσος, ὃς θύρσοισι καὶ νεβρῶν δοραῖς

EURIPIDE

Tu dis n'importe quoi. Moi, je les fais bien, mes prologues.

ESCHYLE

Eh bien, par Zeus, je ne vais pas racler vers après vers
Chacun de tes mots, mais, avec l'aide de dieux,
D'un coup de gonflette, j'anéantirai tes prologues.   1200

EURIPIDE

De gonflette, toi, mes prologues ?

ESCHYLE

                    Et d'une seule.
Car tu composes de telle manière que tout s'adapte,
Barbichette, ainsi que gonflette, ainsi que boursette,
Dans tes vers iambiques. Je te le montre tout de suite.

DIONYSOS

Regarde-moi ça ! Tu vas le montrer ?   1205

ESCHYLE

                    Oui.

DIONYSOS
(à Euripide)

                    Maintenant, il te faut dire.

EURIPIDE

« Égyptos, comme, nombreuse, s'en est répandue l'histoire,
Avec cinquante fils, quand la rame des marins
L'eut conduit à Argos » –

ESCHYLE

                    Égara sa gonflette.

DIONYSOS

C'est quoi, cette gonflette ? Qu'il en gémisse !
Dis-lui un autre prologue, que je me rende compte à nouveau.   1210

EURIPIDE

« Dionysos, ceint de thyrses et de peaux de faon,

καθαπτὸς ἐν πεύκησι Παρνασσὸν κάτα
πηδᾷ χορεύων » —

ΑΙ.   ληκύθιον ἀπώλεσεν.

ΔΙ. Οἴμοι πεπλήγμεθ' αὖθις ὑπὸ τῆς ληκύθου.

ΕΥ. 'Αλλ' οὐδὲν ἔσται πρᾶγμα· πρὸς γὰρ τουτονὶ 1215
τὸν πρόλογον οὐχ ἕξει προσάψαι λήκυθον.
« Οὐκ ἔστιν ὅστις πάντ' ἀνὴρ εὐδαιμονεῖ·
ἢ γὰρ πεφυκὼς ἐσθλὸς οὐκ ἔχει βίον,
ἢ δυσγενὴς ὤν » —

ΑΙ.   ληκύθιον ἀπώλεσεν.

ΔΙ. Εὐριπίδη, —

ΕΥ.   Τί ἐστιν;

ΔΙ.   'Υφέσθαι μοι δοκεῖ. 1220
Τὸ ληκύθιον γὰρ τοῦτο πνευσεῖται πολύ.

ΕΥ. Οὐδ' ἂν μὰ τὴν Δήμητρα φροντίσαιμί γε·
νυνὶ γὰρ αὐτοῦ 'τοῦτό γ' ἐκκεκόψεται.

ΔΙ. "Ιθι δὴ λέγ' ἕτερον κἀπέχου τῆς ληκύθου.

ΕΥ. « Σιδώνιόν ποτ' ἄστυ Κάδμος ἐκλιπὼν 1225
'Αγήνορος παῖς » —

Qui, au milieu des pins, à travers le Parnasse,
Bondit dans sa danse » –

ESCHYLE

Égara sa gonflette.

DIONYSOS
Oh, malheur, nous sommes frappés, à nouveau, d'un gonfleur !

EURIPIDE
Mais cela n'aura aucune conséquence. Car à ce   1215
Prologue-ci il n'arrivera pas à attacher son gonfleur.
« Il n'est homme qui soit bienheureux en tout.
Car l'un, noble d'origine, n'a pas de quoi vivre,
Et l'autre, bien que mal né » –

ESCHYLE

Égara sa gonflette.

DIONYSOS
Euripide !   1220

EURIPIDE

Qu'est-ce qu'il y a ?

DIONYSOS

Je crois qu'il faut donner du mou,
Car cette gonflette va souffler fort.

EURIPIDE
Mais non, par Déméter, pas la peine d'y faire attention.
Car un coup de celui-là la lui aura arrachée des mains.

DIONYSOS
Eh bien, dis-en un autre, mais garde-toi du gonfleur !

EURIPIDE
« Quittant, un jour, la ville de Sidon, Cadmos,   1225
Le fils d'Agénor » –

ΑΙ.   ληκύθιον ἀπώλεσεν.

ΔΙ.   Ὦ δαιμόνι' ἀνδρῶν, ἀποπρίω τὴν λήκυθον,
       ἵνα μὴ διακναίσῃ τοὺς προλόγους ἡμῶν.

ΕΥ.   Τὸ τί;
       Ἐγὼ πρίωμαι τῷδ';

ΔΙ.   Ἐὰν πείθῃ γ' ἐμοί.

ΕΥ.   Οὐ δῆτ', ἐπεὶ πολλοὺς προλόγους ἔξω λέγειν   1230
       ἵν' οὗτος οὐχ ἕξει προσάψαι λήκυθον.
       « Πέλοψ ὁ Ταντάλειος εἰς Πῖσαν μολὼν
       θοαῖσιν ἵπποις » —

ΑΙ.   ληκύθιον ἀπώλεσεν.

ΔΙ.   Ὁρᾷς, προσῆψεν αὖθις αὖ τὴν λήκυθον.
       Ἀλλ', ὠγάθ', ἔτι καὶ νῦν ἀπόδος πάσῃ τέχνῃ·   1235
       λήψει γὰρ ὀβολοῦ πάνυ καλήν τε κἀγαθήν.

ΕΥ.   Μὰ τὸν Δί' οὔπω γ'· ἔτι γὰρ εἰσί μοι συχνοί.
       « Οἰνεύς ποτ' ἐκ γῆς » —

ΑΙ.   ληκύθιον ἀπώλεσεν.

ΕΥ.   Ἔασον εἰπεῖν πρῶθ' ὅλον με τὸν στίχον.
       « Οἰνεύς ποτ' ἐκ γῆς πολύμετρον λαβὼν στάχυν   1240
       θύων ἀπαρχάς » —

ESCHYLE

Égara sa gonflette.

DIONYSOS

Ô cher homme divin, je vais acheter le gonfleur,
Qu'il ne nous mette plus en pièces les prologues.

EURIPIDE

Que quoi ?

Je l'achèterais à lui ?

DIONYSOS

Si tu veux bien m'entendre.

EURIPIDE

Ah ça non ! Je peux dire plein de prologues   1230
Où il ne pourra pas attacher un gonfleur.
« Pélops, le fils de Tantale, arrivé à Pisa
Avec ses vifs chevaux » –

ESCHYLE

Égara sa gonflette.

DIONYSOS

Tu vois, il a encore attaché le gonfleur.
Mais, bon ami, débourse, maintenant encore, par tous les moyens !   1235
Tu en auras un pour une obole, tout beau et tout bon.

EURIPIDE

Non, nom de Zeus, pas encore ! J'en ai encore en masse.
« Œnée, un jour, qui revenait de sa terre » –

ESCHYLE

Égara sa gonflette.

EURIPIDE

Laisse moi d'abord dire le vers dans son entier !
« Œnée, un jour, qui revenait de sa terre avec grand volume   1240
                                                   [d'épis,
Alors qu'il offrait les prémices » –

ΑΙ.   ληκύθιον ἀπώλεσεν.

ΔΙ.   Μεταξὺ θύων; Καὶ τίς αὖθ' ὑφείλετο;
ΕΥ.   Ἔασον, ὦ τᾶν· πρὸς τοδὶ γὰρ εἰπάτω.
      « Ζεύς, ὡς λέλεκται τῆς ἀληθείας ὕπο » —

ΔΙ.   Ἀπολεῖς· ἐρεῖ γὰρ « ληκύθιον ἀπώλεσεν. »   1245
      Τὸ ληκύθιον γὰρ τοῦτ' ἐπὶ τοῖς προλόγοισί σου
      ὥσπερ τὰ σῦκ' ἐπὶ τοῖσιν ὀφθαλμοῖς ἔφυ.
      Ἀλλ' εἰς τὰ μέλη πρὸς τῶν θεῶν αὐτοῦ τραποῦ.

ΕΥ.   Καὶ μὴν ἔχω γ' οἷς αὐτὸν ἀποδείξω κακὸν
      μελοποιὸν ὄντα καὶ ποιοῦντα ταῦτ' ἀεί.   1250

ΧΟ.   Τί ποτε πρᾶγμα γενήσεται;
           Φροντίζειν γὰρ ἔγωγ' ἔχω,
              τίν' ἄρα μέμψιν ἐποίσει
           ἀνδρὶ τῷ πολὺ πλεῖστα δὴ
           καὶ κάλλιστα μέλη ποή-   1255
              σαντι τῶν μέχρι νυνί.
           [Θαυμάζω γὰρ ἔγωγ' ὅπη
              μέμψεταί ποτε τοῦτον
           τὸν Βακχεῖον ἄνακτα,
           καὶ δέδοιχ' ὑπὲρ αὐτοῦ.]   1260

ΕΥ.   Πάνυ γε μέλη θαυμαστά· δείξει δὴ τάχα.
      Εἰς ἓν γὰρ αὐτοῦ πάντα τὰ μέλη ξυντεμῶ.

ESCHYLE

Égara sa gonflette.

DIONYSOS
En plein sacrifice ? Et qui la lui enleva ?

EURIPIDE
Laisse tomber, cher ami ! Qu'il trouve à dire contre celui-ci !
« Zeus, comme il a été dit pour le compte de la vérité » –

DIONYSOS
Tu vas me tuer ! Car il dira : égara sa gonflette.   1245
Cette gonflette a poussé sur tes prologues
Comme les tumeurs sur les yeux.
Mais, au nom des dieux, viens en à ses mélodies !

EURIPIDE
Oui, car j'ai de quoi démontrer qu'il était un mauvais
Faiseur de mélodies et qu'il faisait toujours la même.   1250

LE CHŒUR
Quel événement va se produire ?
Car j'ai, oui, de quoi m'inquiéter
De la critique qu'il lancera
A l'homme qui, tant et tant, composa les chants
Les plus grands par le nombre, les plus grands   1255
Par la beauté de ceux qui existent encore.
(?)
Stupéfaction pour moi d'entendre comment
Il va le critiquer, lui
Le maître bachique,
Et j'ai peur pour lui.   1260

EURIPIDE
Les mélodies sont totalement stupéfiantes. Cela se verra tout de suite,
Car je vais raccourcir toutes ses mélodies en une seule.

ΔΙ.   Καὶ μὴν λογιοῦμαι ταῦτα τῶν ψήφων λαβών.

ΕΥ. Φθιῶτ' Ἀχιλλεῦ, τί ποτ' ἀνδροδάικτον ἀκούων

     ἰὴ κόπον οὐ πελάθεις ἐπ' ἀρωγάν ;   1265

     Ἑρμᾶν μὲν πρόγονον τίομεν γένος οἱ περὶ λίμναν.

     Ἰὴ κόπον οὐ πελάθεις ἐπ' ἀρωγάν ;

ΔΙ.   Δύο σοι κόπω, Αἰσχύλε, τούτω.

ΕΥ. Κύδιστ' Ἀχαιῶν, Ἀτρέως πολυκοίρανε μάνθανέ μου παῖ.

     Ἰὴ κόπον οὐ πελάθεις ἐπ' ἀρωγάν ;   1271

ΔΙ.   Τρίτος, Αἰσχύλε, σοι κόπος οὗτος.

ΕΥ. Εὐφαμεῖτε. Μελισσονόμοι δόμον Ἀρτέμιδος πέλας οἴγειν.

     Ἰὴ κόπον οὐ πελάθεις ἐπ' ἀρωγάν ;   1275

     Κύριός εἰμι θροεῖν ὅδιον κράτος αἴσιον ἀνδρῶν.

     Ἰὴ κόπον οὐ πελάθεις ἐπ' ἀρωγάν ;

ΔΙ.   Ὦ Ζεῦ βασιλεῦ, τὸ χρῆμα τῶν κόπων ὅσον.

     Ἐγὼ μὲν οὖν εἰς τὸ βαλανεῖον βούλομαι·

     ὑπὸ τῶν κόπων γὰρ τὼ νεφρὼ βουβωνιῶ.   1280

ΕΥ.   Μή, πρίν γ' ἀκούσῃς χἀτέραν στάσιν μελῶν

     ἐκ τῶν κιθαρῳδικῶν νόμων εἰργασμένην.

DIONYSOS

Et moi je tiendrai les comptes avec des jetons.

EURIPIDE

« Achille de la mortelle Phthiôtide ! Pourquoi, à entendre, qui
[tranche les hommes,
Ô dieux !, un frappement, n'approches-tu pas en recours ? »   1265
« Nous rendons hommage, nous près du lac, à Hermès, premier
[né de notre lignée. »
« Ô dieux ! un frappement, n'approches-tu pas en recours ? »

DIONYSOS

Cela te fait deux frappements, Eschyle.

EURIPIDE

« Toi, le plus glorieux des Achéens, fils d'Atrée, chef d'une   1270
[multitude, apprends de moi, »
« Ô dieux !, un frappement, n'approches-tu pas en recours ? »

DIONYSOS

C'est le troisième frappement pour toi, Eschyle.

EURIPIDE

« Faites silence ! Les bergères des abeilles, tout près d'ouvrir
[le temple d'Artémis, »
« Ô dieux ! Un frappement, n'approches-tu pas en recours ? »   1275
« Je suis maître de prononcer le pouvoir, parti sur les routes sous
[l'auspice des dieux, qu'exercent des hommes, »
« Ô dieux ! un frappement, n'approches-tu pas en recours ? »

DIONYSOS

Ô Zeus roi ! L'affaire des frappements n'est pas mince.
Et moi je veux aller prendre un bain,
Car sous les frappements, je turgesce des deux rognons.   1280

EURIPIDE

Non, pas avant que tu n'entendes une autre collection de chants,
Élaborée à partir d'airs pour la cithare.

158 ΒΑΤΡΑΧΟΙ

ΔΙ. Ἴθι δὴ πέραινε, καὶ κόπον μὴ προστίθει.   1283

ΕΥ. Ὅπως Ἀχαιῶν δίθρονον κράτος, Ἑλλάδος ἥβας, 1285
   τοφλαττοθρατ τοφλαττοθρατ,
Σφίγγα, δυσαμεριᾶν πρύτανιν κύνα, πέμπει,
   τοφλαττοθρατ τοφλαττοθρατ,
ξὺν δορὶ καὶ χερὶ πράκτορι θούριος ὄρνις,
   τοφλαττοθρατ τοφλαττοθρατ,   1290
κυρεῖν παρασχὼν ἰταμαῖς κυσὶν ἀεροφοίτοις,
   τοφλαττοθρατ τοφλαττοθρατ,
τὸ συγκλινές τ' ἐπ' Αἴαντι,
   τοφλαττοθρατ τοφλαττοθρατ.   1295

ΔΙ. Τί τὸ φλαττοθρατ τοῦτ' ἐστίν; Ἐκ Μαραθῶνος ἢ
πόθεν συνέλεξας ἱμονιοστρόφου μέλη;

ΑΙ. Ἀλλ' οὖν ἐγὼ μὲν εἰς τὸ καλὸν ἐκ τοῦ καλοῦ
ἤνεγκον αὖθ', ἵνα μὴ τὸν αὐτὸν Φρυνίχῳ
λειμῶνα Μουσῶν ἱερὸν ὀφθείην δρέπων·   1300
οὗτος δ' ἀπὸ πάντων μὲν φέρει, πορνῳδιῶν,
σκολίων Μελήτου, Καρικῶν αὐλημάτων,
θρήνων, χορειῶν. Τάχα δὲ δηλωθήσεται.
Ἐνεγκάτω τις τὸ λύριον. Καίτοι τί δεῖ
λύρας ἐπὶ τοῦτον; Ποῦ 'στιν ἡ τοῖς ὀστράκοις 1305
αὕτη κροτοῦσα; Δεῦρο, Μοῦσ' Εὐριπίδου,
πρὸς ἥνπερ ἐπιτήδεια τάδ' ἔστ' ᾄδειν μέλη.

DIONYSOS
Vas-y, achève, mais n'ajoute pas de frappement.

EURIPIDE
« *Je sais dire comment le pouvoir des Achéens et ses deux trônes,*   1285
                    [régnant sur la jeunesse grecque, »
– *Grattatapine ! Grattatapine !* –
« *Envoie la Sphinge, chienne qui administre les jours mauvais,* »
– *Grattatapine ! Grattatapine !* –
« *Avec la lance et le bras vengeurs, un oiseau fou de guerre* »
– *Grattatapine ! Grattatapine !* –   1290
« *Qui offre une aubaine aux chiens ardents, rôdeurs de l'air,* »
– *Grattatapine ! Grattatapine !* –
« *Ainsi que la faction inclinant du côté d'Ajax* »
– *Grattatapine ! Grattatapine !* –   1295

DIONYSOS
Qu'est ce que c'est que ce « Grattatapine » ? Ça vient de
                    [Marathon,
Ou d'où as-tu recueilli ces chants d'un tireur d'eau ?

ESCHYLE
Mais non ! En bel endroit je l'introduisis l'ayant pris
D'un bel endroit, afin que l'on vît que je ne cueille pas
À la même prairie sacrée des Muses que Phrynichos.   1300
(parlant d'Euripide)
Mais lui fait razzia de tout, chants de bordels,
Chants à boire de Mélétos, airs de flûte des Cariens,
Et leurs chants funèbres et leurs danses. On le saura tout de suite.
Apportez-moi la petite lyre ! Mais pas besoin
De lyre pour cela. Où est-elle, la claqueuse   1305
De coquilles ? Ici ! Muse d'Euripide,
C'est avec toi que ces mélodies sont bonnes à chanter.
                    (Entre la joueuse de castagnettes.)

ΔΙ.   Αὕτη ποθ' ἡ Μοῦσ' οὐκ ἐλεσβίαζεν, οὔ.

ΑΙ.   Ἀλκυόνες, αἳ παρ' ἀενάοις θαλάσσης
                κύμασι στωμύλλετε,   1310
        τέγγουσαι νοτίοις πτερῶν
        ῥανίσι χρόα δροσιζόμεναι·
        αἵ θ' ὑπωρόφιοι κατὰ γωνίας
        εἰειειειειειλίσσετε δακτύλοις φάλαγγες
                ἱστότονα πηνίσματα,   1315
                κερκίδος ἀοιδοῦ μελέτας,
                ἵν' ὁ φίλαυλος ἔπαλλε δελ-
                φὶς πρῴραις κυανεμβόλοις
                μαντεῖα καὶ σταδίους.
                Οἰνάνθας γάνος ἀμπέλου,   1320
        βότρυος ἕλικα παυσίπονον.
        περίβαλλ', ὦ τέκνον, ὠλένας.
        Ὁρᾷς τὸν πόδα τοῦτον;
ΕΥ.   Ὁρῶ.

ΑΙ.   Τί δέ; Τοῦτον ὁρᾷς;
ΕΥ.   Ὁρῶ.

ΑΙ.   Τοιαυτὶ μέντοι σὺ ποιῶν   1325
        τολμᾷς τἀμὰ μέλη ψέγειν,
        ἀνὰ τὸ δωδεκαμήχανον
        Κυρήνης μελοποιῶν;

        Τὰ μὲν μέλη σου ταῦτα· βούλομαι δ' ἔτι

DIONYSOS
Cette Muse-là, oh non, ne pratiquait pas les pompes de Lesbos.

ESCHYLE
Ô Alcyons, qui auprès des flux sans fin des vagues
De la mer bruissotez de la bouche,   1310
Mouillant aux gouttes humides
La peau de vos ailes, couverts de rosée !
Et vous, sous les toitures, qui dans les angles
Faites vrillillillillillilliller de vos doigts, ô tarentules,
La trame tendue sur le métier,   1315
Souci de la navette chantante,
Là où, fidèle à la flûte, le dauphin
Faisait fuser, aux proues de noirs éperons,
Oracles et courses du stade,
Splendeur de la vigne fleurie de vin,   1320
Vrille de la grappe, qui arrête les peines !
Prends-moi, mon enfant, dans l'étreinte de tes bras !
Tu vois ce pied-ci ?

EURIPIDE
                    Oui, je vois.

ESCHYLE
Vraiment ? Tu le vois ?

DIONYSOS
                    Oui, je vois.

ESCHYLE
Tu fabriques des choses pareilles   1325
Et tu oses critiquer mes chants,
Toi qui fabriques des chants dressés par la femme
Dodécatechnique de Cyrène !
                    (Sort la joueuse de castagnettes.)
Voilà pour tes chants de chœur. Je voudrais encore

τὸν τῶν μονῳδιῶν διεξελθεῖν τρόπον.   1330

Ὦ Νυκτὸς κελαινοφαὴς
ὄρφνα, τίνα μοι δύστανον ὄνειρον πέμπεις ἐξ ἀφανοῦς Ἀίδα
προμολῶν, ψυχὰν
ἄψυχον ἔχοντα, μελαίνας
Νυκτὸς παῖδα, φρικώδη δεινὰν ὄ-   1335
ψιν, μελανονεκυείμονα, φόνια φόνια
δερκόμενον, μεγάλους ὄνυχας ἔχοντα;
      Ἀλλά μοι, ἀμφίπολοι, λύχνον ἅψατε
κάλπισί τ' ἐκ ποταμῶν δρόσον ἄρατε, θέρμετε δ' ὕδωρ,
ὡς ἂν θεῖον ὄνειρον ἀποκλύσω.   1340
        Ἰὼ πόντιε δαῖμον,
      τοῦτ' ἐκεῖν'· ἰὼ ξύνοικοι,
      τάδε τέρα θεάσασθε.
    Τὸν ἀλεκτρυόνα μου ξυναρπάσασα
        φρούδη Γλύκη.
    Νύμφαι ὀρεσσίγονοι,
      ὦ Μανία, ξύλλαβε.   1345
        Ἐγὼ δ' ἁ τάλαινα
      προσέχουσ' ἔτυχον ἐμαυτῆς
      ἔργοισι, λίνου μεστὸν ἄτρακτον
      εἰειειλίσσουσα χεροῖν
      κλωστῆρα ποιοῦσ', ὅπως
      κνεφαῖος εἰς ἀγορὰν   1350
        φέρουσ' ἀποδοίμαν.
Ὁ δ' ἀνέπτατ' ἀνέπτατ' ἐς αἰθέρα
κουφοτάταις πτερύγων ἀκμαῖς,
ἐμοὶ δ' ἄχε' ἄχεα κατέλιπε,
δάκρυα δάκρυά τ' ἀπ' ὀμμάτων
ἔβαλον ἔβαλον ἁ τλάμων.   1355

Montrer dans le détail sa manière pour les solos. 1330
Ô ténèbre au sombre éclat de la Nuit,
Quel rêve malheureux
Envoies-tu en avant-courrier de l'Hadès invisible,
Avec son âme qui n'est nulle âme,
Enfant à frémir de la noire nuit, 1335
Vision terrible
En ses habits noirs de cadavre,
Les meurtres dans le regard, les meurtres,
Avec ses grandes griffes ?
Allez, servantes, allumez la lampe,
Prenez la rosée des fleuves dans des cruches,
Chauffez l'eau,
Que d'un flot j'écarte le rêve divin ! 1340
Tristesse, ô divinité marine,
C'est bien ça ! Tristesse, mes familières,
Contemplez le prodige ! Elle a volé
Mon coq et s'en est allée, Dulcine.
Ô Nymphes de naissance montagneuse !
Et toi, Mania, attrape-la !
Moi, pauvrette, 1345
J'étais toute, je le devais, à mes
Travaux. Dans mes deux mains,
Vrillillillillait un fuseau chargé de lin ;
Je faisais un écheveau, pour,
Crépusculaire, le porter 1350
Au marché et le vendre.
Mais lui s'envola, s'envola dans l'azur
Sur les pointes si légères de son plumage,
Et me laissa douleurs, douleurs,
Et de mes yeux je lançais, lançais
Des larmes, larmes, la misérable !
Mais vous, les Crétois, enfants de l'Ida, 1355

    'Αλλ', ὦ Κρῆτες, Ἴδας τέκνα, τὰ

    τόξα ⟨τε⟩ λαβόντες ἐπαμύνατε, τὰ

    κῶλά τ' ἀμπάλλετε κυκλούμενοι τὴν οἰκίαν.

    Ἅμα δὲ Δίκτυννα παῖς, Ἄρτεμις καλά,

τὰς κυνίσκας ἔχουσ' ἐλθέτω διὰ δόμων πανταχῇ. 1360

      Σὺ δ', ὦ Διός, διπύρους ἀνέχου-

      σα λαμπάδας ὀξυτάτας χεροῖν,

      Ἑκάτα, παράφηνον εἰς Γλύκης,

      ὅπως ἂν εἰσελθοῦσα φωράσω.

ΔΙ.   Παύσασθον ἤδη τῶν μελῶν.

ΑΙ.   Κᾆμοιγ' ἅλις.

    'Επὶ τὸν σταθμὸν γὰρ αὐτὸν ἀγαγεῖν βούλομαι, 1365

    ὅπερ ἐξελέγξει τὴν πόησιν νῷν μόνον·

    τὸ γὰρ βάρος νὼ βασανιεῖ τῶν ῥημάτων.

ΔΙ.   Ἴτε δεῦρό νυν, εἴπερ γε δεῖ καὶ τοῦτό με,

    ἀνδρῶν ποιητῶν τυροπωλῆσαι τέχνην.

ΧΟ.   'Επίπονοί γ' οἱ δεξιοί. 1370

      Τόδε γὰρ ἕτερον αὖ τέρας

      νεοχμόν, ἀτοπίας πλέων,

      ὃ τίς ἂν ἐπενόησεν ἄλλος;

      Μὰ τόν, ἐγὼ μὲν οὐκ ἂν εἴ τις

      ἔλεγέ μοι τῶν ἐπιτυχόντων, 1375

      ἐπιθόμην, ἀλλ' ᾠόμην ἂν

      αὐτὸν αὐτὰ ληρεῖν.

Protégez-moi de vos arcs
Et faites jaillir vos membres
En cercle autour de la maisonnée !
Et qu'elle aussi, l'enfant Diktynna, Artémis la belle,
Vienne avec ses chiots
Partout dans les chambres !   1360
Et toi, fille de Zeus, qui dresses les très vives torches
À double feu dans tes deux mains,
Hécate, illumine-moi jusqu'à Dulcine
Qu'arrivée à elle je la prenne sur le fait !

DIONYSOS
Maintenant, on arrête avec les chants !

ESCHYLE
                                        Moi aussi, j'en ai assez.
Car j'ai envie de le conduire à la balance,   1365
Qui seule établira le vrai sur notre capacité poétique à tous les deux.
Car le poids des paroles sera pour nous deux l'épreuve décisive.

DIONYSOS
Venez donc, puisqu'il me faut faire ça,
Vendre comme du fromage l'art des poètes.

                                        (On apporte une balance.)

LE CHŒUR
Ils s'attachent à la peine, les habiles !   1370
Car voici un autre prodige,
Inouï, plein d'extravagance.
Qui d'autre y aurait songé ?
Non, je l'affirme, moi, si un
Des n'importe qui me l'avait dit   1375
Je ne l'aurais pas cru, mais j'aurais pensé
Qu'il délirait.

ΔΙ.   Ἴθι δὴ παρίστασθον παρὰ τὼ πλάστιγγ'.
ΑΙ. κ. ΕΥ.   Ἰδού.
ΔΙ.   Καὶ λαβομένω τὸ ῥῆμ' ἑκάτερος εἴπατον,
       καὶ μὴ μεθῆσθον, πρὶν ἂν ἐγὼ σφῷν κοκκύσω.   1380

ΑΙ. κ. ΕΥ.   Ἐχόμεθα.
ΔΙ.   Τοὖπος νυν λέγετον εἰς τὸν σταθμόν.

ΕΥ.   « Εἴθ' ὤφελ' Ἀργοῦς μὴ διαπτάσθαι σκάφος. »

ΑΙ.   « Σπερχειὲ ποταμὲ βούνομοί τ' ἐπιστροφαί. »

ΔΙ.   Κόκκυ.

ΑΙ. κ. ΕΥ.   Μεθεῖται.
ΔΙ.   Καὶ πολύ γε κατωτέρω
       χωρεῖ τὸ τοῦδε.

ΕΥ.   Καὶ τί ποτ' ἐστὶ ταἴτιον ;   1385

ΔΙ.   Ὅ τι ; εἰσέθηκε ποταμόν, ἐριοπωλικῶς
       ὑγρὸν ποήσας τοὖπος ὥσπερ τἄρια,
       σὺ δ' εἰσέθηκας τοὖπος ἐπτερωμένον.

ΕΥ.   Ἀλλ' ἕτερον εἰπάτω τι κἀντιστησάτω.

DIONYSOS
Venez, mettez-vous tous les deux près des plateaux !

ESCHYLE ET EURIPIDE
                                        Voilà.

DIONYSOS
Saisissez-les et dites chacun une parole,
Et ne lâchez pas avant que je ne vous aie fait le coucou !   1380

ESCHYLE ET EURIPIDE
Nous tenons.

DIONYSOS
          Et que chacun dise son vers pour la balance !

EURIPIDE
« Si seulement la carène d'Argô n'avait pas volé » –

ESCHYLE
« Ô fleuve Sperkheios et pâtures où tournent les bœufs » –

DIONYSOS
Coucou !

ESCHYLE ET EURIPIDE
          On lâche !

DIONYSOS
                    Eh ! Il est allé beaucoup plus bas,
Son vers à lui.   1385

EURIPIDE
          Et quelle en est la raison ?

DIONYSOS
Parce qu'en bon marchand de laine, il y a mis un fleuve,
Et composé un vers mouillé, comme on fait avec la laine.
Toi, le vers que tu as mis avait des ailes.

EURIPIDE
Alors, qu'il en dise un autre et me l'objecte !

ΔΙ.   Λάβεσθε τοίνυν αὖθις.

ΑΙ. κ. ΕΥ.   Ἦν ἰδού.

ΔΙ.   Λέγε.   1390

ΕΥ.   « Οὐκ ἔστι Πειθοῦς ἱερὸν ἄλλο πλὴν Λόγος. »

ΑΙ.   « Μόνος θεῶν γὰρ Θάνατος οὐ δώρων ἐρᾷ. »

ΔΙ.   Μέθετε.

ΑΙ. κ. ΕΥ.   Μεθεῖται.

ΔΙ.   Καὶ τὸ τοῦδέ γ' αὖ ῥέπει·
θάνατον γὰρ εἰσέθηκε, βαρύτατον κακόν.

ΕΥ.   Ἐγὼ δὲ πειθώ γ', ἔπος ἄριστ' εἰρημένον.   1395

ΔΙ.   Πειθὼ δὲ κοῦφόν ἐστι καὶ νοῦν οὐκ ἔχον.
Ἀλλ' ἕτερον αὖ ζήτει τι τῶν βαρυστάθμων,
ὅ τι σοι καθέλξει, καρτερόν τι καὶ μέγα.

ΕΥ.   Φέρε ποῦ τοιοῦτον δῆτα μοῦστί; ποῦ;

ΔΙ.   Φράσω·
« Βέβληκ' Ἀχιλλεὺς δύο κύβω καὶ τέτταρα. »   1400
Λέγοιτ' ἄν, ὡς αὕτη 'στὶ λοιπὴ σφῷν στάσις.

DIONYSOS
Reprenez les plateaux !   1390

ESCHYLE ET EURIPIDE
                    Voilà voilà !

DIONYSOS
                              Dis-le !

EURIPIDE
« Il n'est d'autre temple de la Persuasion que le discours. »

ESCHYLE
« Seul parmi les dieux, le génie de la mort n'aime pas les dons. »

DIONYSOS
Lâchez !

ESCHYLE ET EURIPIDE
          On lâche !

DIONYSOS
                    Et à nouveau, le sien fait pencher.
Car il y a mis la mort, le plus pesant des malheurs.

EURIPIDE
Et moi, la Persuasion. Un vers de la meilleure expression !   1395

DIONYSOS
La Persuasion est légère et n'a pas sa raison.
Cherches-en un autre, dans les gros poids,
Qui te l'enfonce bien vers le bas, un fort et grand.

EURIPIDE
Mais où en ai-je un comme ça, où ?

DIONYSOS
                    Je vais te dire.
« Il jeta, Achille, un double un et un quatre. »   1400
Mais dites vos vers, car c'est pour vous deux la seule pesée qui reste.

ΕΥ. « Σιδηροβριθές τ' ἔλαβε δεξιᾷ ξύλον. »

ΑΙ. « Ἐφ' ἅρματος γὰρ ἅρμα καὶ νεκρῷ νεκρός. »

ΔΙ. Ἐξηπάτηκεν αὖ σε καὶ νῦν.

ΕΥ.   Τῷ τρόπῳ;

ΔΙ. Δύ' ἅρματ' εἰσέθηκε καὶ νεκρὼ δύο,   1405
οὓς οὐκ ἂν ἄραιντ' οὐδ' ἑκατὸν Αἰγύπτιοι.

ΑΙ. Καὶ μηκέτ' ἔμοιγε κατ' ἔπος, ἀλλ' εἰς τὸν σταθμὸν
αὐτός, τὰ παιδί', ἡ γυνή, Κηφισοφῶν,
ἐμβὰς καθήσθω, ξυλλαβὼν τὰ βιβλία·
ἐγὼ δὲ δύ' ἔπη τῶν ἐμῶν ἐρῶ μόνον—   1410

ΔΙ. Ἄνδρες φίλοι, κἀγὼ μὲν αὐτοὺς οὐ κρινῶ.
Οὐ γὰρ δι' ἔχθρας οὐδετέρῳ γενήσομαι·
τὸν μὲν γὰρ ἡγοῦμαι σοφόν, τῷ δ' ἥδομαι.

ΠΛΟΥΤΩΝ

Οὐδὲν ἄρα πράξεις ὧνπερ ἦλθες οὕνεκα;

ΔΙ. Ἐὰν δὲ κρίνω τὸν ἕτερον;

ΠΛ.   Λαβὼν ἄπει   1415
ὁπότερον ἂν κρίνῃς, ἵν' ἔλθῃς μὴ μάτην.

ΔΙ. Εὐδαιμονοίης. Φέρε, πύθεσθέ μου ταδί.
Ἐγὼ κατῆλθον ἐπὶ ποιητήν.

ΕΥ.   Τοῦ χάριν;

EURIPIDE

« Et de sa main droite, il saisit un bois lourd de fer. »

ESCHYLE

« Car char sur char et cadavre sur cadavre. »

DIONYSOS

Il t'a possédé encore une fois.

EURIPIDE

De quelle manière ?

DIONYSOS

Il a mis deux chars et deux cadavres,   1405
Que personne ne pourrait lever, pas même cent Égyptiens.

ESCHYLE

C'est fini, pour moi, le vers par vers. Sur la balance,
Qu'il aille s'asseoir, lui-même, ses enfants, sa femme
Et Céphisophon, et qu'il prenne tous ses livres.
Moi, je ne dirai que deux de mes vers.   1410

DIONYSOS

Ces hommes sont mes amis, je ne vais donc pas choisir entre eux.
Je n'aurai ainsi l'inimitié d'aucun des deux.
L'un, je le trouve savant, mais l'autre me donne du plaisir.

PLUTON

Et donc tu ne réaliseras rien de ce pour quoi tu es venu ?

DIONYSOS

Et si je choisis l'un des deux ?   1415

PLUTON

Tu pars avec,
Quel que soit ton choix, et tu ne seras pas venu pour rien.

DIONYSOS

Sois béni des dieux ! Bon ! Vous, apprenez ceci de moi :
Je suis descendu à la recherche d'un poète. Dans quel but ?

ΔΙ.   Ἵν' ἡ πόλις σωθεῖσα τοὺς χοροὺς ἄγῃ.
       Ὁπότερος οὖν ἂν τῇ πόλει παραινέσειν   1420
       μέλλῃ τι χρηστόν, τοῦτον ἄξειν μοι δοκῶ.
       Πρῶτον μὲν οὖν περὶ Ἀλκιβιάδου τίν' ἔχετον
       γνώμην ἑκάτερος; Ἡ πόλις γὰρ δυστοκεῖ.

ΕΥ.   Ἔχει δὲ περὶ αὐτοῦ τινα γνώμην;
ΔΙ.   Τίνα;
       Ποθεῖ μέν, ἐχθαίρει δέ, βούλεται δ' ἔχειν.   1425
       Ἀλλ' ὅ τι νοεῖτον εἴπατον τούτου πέρι.

ΕΥ.   Μισῶ πολίτην, ὅστις ὠφελεῖν πάτραν
       βραδὺς φανεῖται, μεγάλα δὲ βλάπτειν ταχύς,
       καὶ πόριμον αὑτῷ, τῇ πόλει δ' ἀμήχανον.

ΔΙ.   Εὖ γ', ὦ Πόσειδον. Σὺ δὲ τίνα γνώμην ἔχεις;   1430
ΑΙ.   [Οὐ χρὴ λέοντος σκύμνον ἐν πόλει τρέφειν.]   1431 a
       Μάλιστα μὲν λέοντα μὴ 'ν πόλει τρέφειν·   1431 b
       ἢν δ' ἐκτραφῇ τις, τοῖς τρόποις ὑπηρετεῖν.

ΔΙ.   Νὴ τὸν Δία τὸν σωτῆρα, δυσκρίτως γ' ἔχω·
       ὁ μὲν σοφῶς γὰρ εἶπεν, ὁ δ' ἕτερος σαφῶς.
       Ἀλλ' ἔτι μίαν γνώμην ἑκάτερος εἴπατον   1435
       περὶ τῆς πόλεως ἥντιν' ἔχετον σωτηρίαν.

ΕΥ.   Εἴ τις πτερώσας Κλεόκριτον Κινησίᾳ,
       αἴροιεν αὖραι πελαγίαν ὑπὲρ πλάκα —

ΔΙ.   γέλοιον ἂν φαίνοιτο. Νοῦν δ' ἔχει τίνα;

Pour que la cité, si elle est sauvée, organise des chœurs.
Quiconque de vous deux va conseiller à la cité   1420
Quoi que ce soit d'utile, je décide de le prendre.
Et donc, en premier, donnez-moi votre avis, l'un et l'autre,
Sur Alcibiade. La cité, elle, a du mal à accoucher.

EURIPIDE
Et quel est son avis sur cet homme ?

DIONYSOS
                                        Quel avis ?
Elle désire et elle hait et elle veut avoir.   1425
Mais ce qu'il faut en penser, dites-le !

EURIPIDE
J'ai horreur du citoyen qui se montre tardif
À aider sa patrie et vif à grandement lui nuire,
Jamais sans ressource pour lui, toujours impuissant pour la cité.

DIONYSOS
Parfait, par Poséidon. Et toi, quel est ton avis ?   1430

ESCHYLE
Il ne faut pas élever dans la cité le petit d'un lion.   1431a
[Avant tout, ne pas élever un lion dans la cité,]   1431b
Et si un y fut élevé jusqu'à son terme, servir ses manières.

DIONYSOS
Par Zeus qui nous sauve, j'ai du mal à juger.
Car l'un parle avec science et l'autre avec clarté.
Mais donnez-moi encore un avis, un seul, l'un et l'autre,   1435
Sur la cité, comment la mettrez-vous en sûreté ?

EURIPIDE
Si à Cléocrite on donnait Cinésias comme paire d'ailes,
Et si les brises l'enlevaient au-dessus de la plaine de haute mer –

DIONYSOS
Cela semblerait risible. Mais quel sens ça a ?

ΕΥ.   εἰ ναυμαχοῖεν, κᾷτ' ἔχοντες ὀξίδας   1440
       ῥαίνοιεν εἰς τὰ βλέφαρα τῶν ἐναντίων.
       Ἐγὼ μὲν οἶδα καὶ θέλω φράζειν.
ΔΙ.   Λέγε.
ΕΥ.   Ὅταν τὰ νῦν ἄπιστα πίσθ' ἡγώμεθα,
       τὰ δ' ὄντα πίστ' ἄπιστα —
ΔΙ.   Πῶς; Οὐ μανθάνω.
       Ἀμαθέστερόν πως εἰπὲ καὶ σαφέστερον.   1445
ΕΥ.   Εἰ τῶν πολιτῶν οἷσι νῦν πιστεύομεν,·
       τούτοις ἀπιστήσαιμεν, οἷς δ' οὐ χρώμεθα,
       τούτοισι χρησαίμεσθα, σωθείημεν ἄν.
       Εἰ νῦν γε δυστυχοῦμεν ἐν τούτοισι, πῶς
       τἀναντί' ⟨ἂν⟩ πράττοντες οὐ σῳζοίμεθ' ἄν;   1450
ΔΙ.   Εὖ γ', ὦ Παλάμηδες, ὦ σοφωτάτη φύσις.
       Ταυτὶ πότερ' αὐτὸς ηὗρες ἢ Κηφισοφῶν;
ΕΥ.   Ἐγὼ μόνος· τὰς δ' ὀξίδας Κηφισοφῶν.
ΔΙ.   Τί δαὶ σύ; Τί λέγεις;
ΑΙ.   Τὴν πόλιν νῦν μοι φράσον

EURIPIDE

S'ils menaient combat naval et si, portant des burettes à   1440
[vinaigre,

Ensuite en arrosaient les yeux des adversaires –

(?)

Moi, oui, je sais, et veux m'expliquer.   1442

DIONYSOS

Dis !

EURIPIDE

Quand nous ferons crédit à ce qui maintenant est sans crédit

Et à ce qui a crédit, ne ferons pas crédit –

DIONYSOS

Comment ? Je ne comprends pas.

Parle moins cultivé et plus clair, si tu peux.   1445

EURIPIDE

Si aux citoyens à qui va notre confiance aujourd'hui

Nous ne faisions pas confiance, et si de ceux dont nous ne faisons
[pas usage

Nous faisions usage, le salut serait pour nous.

Puisque, en cela, nous sommes malheureux, comment,

Si nous faisons le contraire, ne serions-nous pas sauvés ?   1450

(?)

DIONYSOS

Parfait, ô Palamède, ô nature très savante !   1451

Et ça, c'est toi qui l'as trouvé ou c'est Céphisophon ?

EURIPIDE

Moi tout seul, mais les burettes sont de Céphisophon.

DIONYSOS *(à Eschyle)*

Et toi, alors ? Que dis-tu ?   1454

ESCHYLE

Explique-moi. La ville,

πρῶτον τίσι χρῆται· πότερα τοῖς χρηστοῖς;

ΔΙ. Πόθεν;

Μισεῖ κάκιστα, τοῖς πονηροῖς δ' ἥδεται. 1456

ΑΙ. Οὐ δῆτ' ἐκείνη γ', ἀλλὰ χρῆται πρὸς βίαν.

Πῶς οὖν τις ἂν σώσειε τοιαύτην πόλιν,

ᾗ μήτε χλαῖνα μήτε σισύρα ξυμφέρει;

ΔΙ. Εὕρισκε νὴ Δί', εἴπερ ἀναδύσει πάλιν. 1460

ΑΙ. Ἐκεῖ φράσαιμ' ἄν, ἐνθαδὶ δ' οὐ βούλομαι.

ΔΙ. Μὴ δῆτα σύ γ', ἀλλ' ἐνθένδ' ἀνίει τἀγαθά.

ΑΙ, Τὴν γῆν ὅταν νομίσωσι τὴν τῶν πολεμίων

εἶναι σφετέραν, τὴν δὲ σφετέραν τῶν πολεμίων,

πόρον δὲ τὰς ναῦς, ἀπορίαν δὲ τὸν πόρον. 1465

ΔΙ. Εὖ, πλὴν γ' ὁ δικαστὴς αὐτὰ καταπίνει μόνος.

ΠΛ. Κρίνοις ἄν.

ΔΙ. Αὕτη σφῷν κρίσις γενήσεται.

Αἱρήσομαι γὰρ ὅνπερ ἡ ψυχὴ θέλει.

ΕΥ. Μεμνημένος νυν τῶν θεῶν οὓς ὤμοσας

ᾗ μὴν ἀπάξειν μ' οἴκαδ', αἱροῦ τοὺς φίλους, 1470

Tout d'abord, de qui fait-elle usage. Des gens utiles ?   1455

DIONYSOS

                            Comment veux-tu ?
Elle en a la pire horreur et trouve plaisir aux affreux.

ESCHYLE
Pas elle en elle-même, mais elle en use par contrainte.
Comment, alors, sauver une cité faite ainsi,
À qui ne vont ni manteau de laine, ni peau de chèvre ?

DIONYSOS
Trouve, nom de Zeus, si tu veux refaire surface !   1460

ESCHYLE
Je peux expliquer là-bas, ici, je ne veux pas.

DIONYSOS
Ah ça non ! Fais monter tes grâces depuis ici.

ESCHYLE
Quand la terre qui est aux ennemis, ils la tiendront   1463
Pour leur et la terre qui est leur pour ennemie,
Et les bateaux pour ressources et les ressources pour non-   1465
                                                [ressource.

DIONYSOS
Parfait, sauf que le jury les boit toutes, et tout seul.

PLUTON
Choisis maintenant !

DIONYSOS
                    Cela sera mon choix entre les deux.
Je prendrai celui que mon âme désire.

EURIPIDE
Et rappelle-toi les dieux au nom desquels tu as fait serment,
Je le proclame, de me ramener à la maison. Choisis des amis !   1470

ΔΙ.   'Η γλῶττ' ὀμώμοκ', Αἰσχύλον δ' αἱρήσομαι.

ΕΥ.   Τί δέδρακας, ὦ μιαρώτατ' ἀνθρώπων;

ΔΙ.   'Εγώ;

      ἔκρινα νικᾶν Αἰσχύλον. Τιὴ γὰρ οὔ;

ΕΥ.   Αἴσχιστον ἔργον προσβλέπεις μ' εἰργασμένος;

ΔΙ.   Τί δ' αἰσχρόν, ἢν μὴ τοῖς θεωμένοις δοκῇ;   1475

ΕΥ.   *Ω σχέτλιε, περιόψει με δὴ τεθνηκότα;

ΔΙ.   « Τίς δ' οἶδεν εἰ τὸ ζῆν μέν ἐστι κατθανεῖν »,

      τὸ πνεῖν δὲ δειπνεῖν, τὸ δὲ καθεύδειν κῴδιον; ʾ

ΠΛ.   Χωρεῖτε τοίνυν, ὦ Διόνυσ', εἴσω.

ΔΙ.   Τί δαί;

ΠΛ.   ῾Ίνα ξενίσω ⟨'γώ⟩ σφω πρὶν ἀποπλεῖν.

ΔΙ.   Εὖ λέγεις   1480

      νὴ τὸν Δί'· οὐ γὰρ ἄχθομαι τῷ πράγματι.

ΧΟ.   Μακάριός γ' ἀνὴρ ἔχων   Str.

DIONYSOS
Ma langue a fait serment, mais je prendrai Eschyle.

EURIPIDE
Que fais-tu, ô le plus salaud des hommes ?

DIONYSOS
Moi ?
Mon choix est qu'Eschyle est vainqueur. Et pourquoi non ?

EURIPIDE
Tu me regardes en face, toi l'auteur de l'acte le plus ignoble ?

DIONYSOS
En quoi ignoble, si les spectateurs n'en jugent pas pareil ?   1475

EURIPIDE
Tes yeux souffriront-ils de me voir mort ?

DIONYSOS
Qui sait donc si vivre est autre que mourir,
Et respirer que ripailler, et dormir que peau de bique ?

PLUTON
Et maintenant, entrez chez moi, ô Dionysos !

DIONYSOS
Et pourquoi ?

PLUTON
Pour recevoir mes cadeaux avant la traversée.   1480

DIONYSOS
Tu as raison,
Nom de Zeus. La chose ne m'est pas pénible.
*(Ils sortent, Eschyle, Pluton et Dionysos
par la porte centrale.)*

LE CHŒUR
Bienheureux, l'homme qui tient   str.

ξύνεσιν ἠκριβωμένην.

Πάρα δὲ πολλοῖσιν μαθεῖν.

Ὅδε γὰρ εὖ φρονεῖν δοκήσας   1485
πάλιν ἄπεισιν οἴκαδ' αὖθις,
ἐπ' ἀγαθῷ μὲν τοῖς πολίταις,
ἐπ' ἀγαθῷ δὲ τοῖς ἑαυτοῦ
ξυγγενέσι τε καὶ φίλοισι,
        διὰ τὸ συνετὸς εἶναι.   1490

Χαρίεν οὖν μὴ Σωκράτει   Ant.
παρακαθήμενον λαλεῖν,
ἀποβαλόντα μουσικὴν
τά τε μέγιστα παραλιπόντα
τῆς τραγῳδικῆς τέχνης.   1495
Τὸ δ' ἐπὶ σεμνοῖσιν λόγοισι
καὶ σκαριφησμοῖσι λήρων
διατριβὴν ἀργὸν ποεῖσθαι,
        παραφρονοῦντος ἀνδρός.

ΠΛ.   Ἄγε δὴ χαίρων, Αἰσχύλε, χώρει,   1500
καὶ σῷζε πόλιν τὴν ἡμετέραν
γνώμαις ἀγαθαῖς, καὶ παίδευσον
τοὺς ἀνοήτους· πολλοὶ δ' εἰσίν·
καὶ δὸς τουτὶ Κλεοφῶντι φέρων
        καὶ τουτὶ τοῖσι πορισταῖς,   1505
Μύρμηκί θ' ὁμοῦ καὶ Νικομάχῳ
τόδε δ' Ἀρχενόμῳ· καὶ φράζ' αὐτοῖς
ταχέως ἥκειν ὡς ἐμὲ δευρὶ
καὶ μὴ μέλλειν· κἂν μὴ ταχέως
ἥκωσιν, ἐγὼ νὴ τὸν Ἀπόλλω   1510
στίξας αὐτοὺς καὶ ξυμποδίσας
μετ' Ἀδειμάντου τοῦ Λευκολόφου

Une intelligence qui s'est faite précise !
Beaucoup de cas peuvent nous l'apprendre.
Lui, en effet, qui a paru avoir du bon sens,   1485
Fera retour à nouveau chez lui,
Pour le bien, d'abord, des citoyens,
Pour le bien, aussi, de ses parents
À lui et de ses amis,
Parce qu'il est intelligent.   1490

Grand plaisir, ne pas s'asseoir   ant.
À côté de Socrate pour dire n'importe quoi,
Ne pas rejeter l'art des Muses,
Ne pas négliger les très grands mérites
Du métier des tragédiens.   1495
Mais, à force de discours imposants
Et de petites grattures divagantes,
Se faire une vie de fainéant,
Cela est d'un homme qui raisonne à côté.

(Entrent Pluton, Dionysos et Eschyle.)

PLUTON
Va, Eschyle, pars d'ici plein de plaisir,   1500
Et sauve cette cité qui est à nous,
Avec des avis pertinents ! Et éduque
Les imbéciles ! Ils sont nombreux.
Et prends cela, donne-le à Cléophon,
Et ça pour les gens du trésor   1505
Et aussi pour Myrmex et Nicomaque, tous les deux,
Et cette chose pour Arkhénomos. Et explique leur
Qu'ils doivent vite venir ici, chez moi,
Sans attendre. Et s'ils ne viennent
Pas vite, je vais, par Apollon,   1510
Les marquer au feu et leur enchaîner les pieds,
Avec Adimante fils de Leukolophos,

κατὰ γῆς ταχέως ἀποπέμψω.

ΑΙ.   Ταῦτα ποήσω· σὺ δὲ τὸν θᾶκον   1515
τὸν ἐμὸν παράδος Σοφοκλεῖ τηρεῖν
καὶ διασῴζειν, ἢν ἄρ' ἐγώ ποτε
δεῦρ' ἀφίκωμαι. Τοῦτον γὰρ ἐγὼ
σοφίᾳ κρίνω δεύτερον εἶναι.
Μέμνησο δ' ὅπως ὁ πανοῦργος ἀνὴρ   1520
καὶ ψευδολόγος καὶ βωμολόχος
μηδέποτ' εἰς τὸν θᾶκον τὸν ἐμὸν
μηδ' ἄκων ἐγκαθεδεῖται.

ΠΛ.   Φαίνετε τοίνυν ὑμεῖς τούτῳ
λαμπάδας ἱεράς, χἅμα προπέμπετε   1525
τοῖσιν τούτου τοῦτον μέλεσιν
καὶ μολπαῖσιν κελαδοῦντες.

ΧΟ. Πρῶτα μὲν εὐοδίαν ἀγαθὴν ἀπιόντι ποητῇ
εἰς φάος ὀρνυμένῳ δότε, δαίμονες οἱ κατὰ γαίας,
τῇ δὲ πόλει μεγάλων ἀγαθῶν ἀγαθὰς ἐπινοίας.   1530

Πάγχυ γὰρ ἐκ μεγάλων ἀχέων παυσαίμεθ' ἂν οὕτως
ἀργαλέων τ' ἐν ὅπλοις ξυνόδων. Κλεοφῶν δὲ μαχέσθω
κἄλλος ὁ βουλόμενος τούτων πατρίοις ἐν ἀρούραις.

Et les faire vite expédier sous terre.

ESCHYLE
Je ferai cela. Et toi, pour mon fauteuil,   1515
Donne-le à Sophocle, qu'il ait l'œil dessus
Et me le conserve si un jour je dois
Venir ici. Car à lui, j'adjuge
La seconde place pour la science.
Et garde en mémoire d'interdire à la crapule,   1520
Au faussaire de mots, au pitre d'infortune,
De jamais, même sans qu'il le veuille,
Venir s'asseoir sur mon fauteuil.

PLUTON
Éclairez-le, vous, maintenant,
De vos flambeaux sacrés, et avec lui menez cortège ;   1525
Pour lui, avec les airs de lui et ses chants
Pour la danse, faites grand bruit !

LE CHŒUR
En premier, au poète qui s'en va, lancé vers la lumière,
Donnez un beau chemin, divinités de sous la terre,
Et à la cité des pensées de bien pour de grands biens !   1530
Ainsi pour nous cesseront à jamais de grandes afflictions
Et de cruelles mêlées en armes. Et Cléophon, qu'il fasse la guerre
Et quiconque le veut aussi, dans les labours de leur patrie à eux !
(Tous sortent.)

COMMENTAIRE

La lecture est fortement aidée par plusieurs instruments critiques : les éditions commentées de J. van Leuwen (1896), de T. Kock (4ᵉ éd., 1898), de L. Radermacher (reprise en 1950), de D. Del Corno (1985), de K. Dover (1993, avec un commentaire très détaillé) et de A. H. Sommerstein (1996), ainsi que les éditions récentes de J. Henderson (2002), de G. Mastromarco et P. Totaro (2006) et de W. G. Wilson (2007). Le texte de référence est celui édité par V. Coulon (1928), reproduit dans ce livre. Ces ouvrages fournissent la base d'une discussion ouverte sur l'établissement du texte et l'interprétation. Les divergences sont nombreuses, d'un éditeur à l'autre, dans l'attribution des répliques et dans la lecture des phrases. Les raisons des choix opérés pour la traduction sont présentées dans les notes qui suivent. Pour la langue, nous disposons des enquêtes systématiques de J. Taillardat et de J. Henderson. Dans ses études chants, B. Zimmermann a su allier analyse des mètres et interprétation.

Les commentaires modernes sont souvent tributaires des scholies anciennes, qui remontent au travail des philologues d'Alexandrie. À plusieurs reprises, nous dépendons d'elles pour élucider les allusions aux personnages mentionnés dans la pièce, et les commentaires reprennent, plus ou moins à la lettre, leurs notices.

I. Prologue (v. 1-311)

Le prologue, à savoir toute la partie qui précède l'entrée du chœur, ou *parodos*[1], suit le schéma en trois parties que P. Mazon[2] a dégagé pour les comédies d'Aristophane. Dans une première scène de « parade », qui n'a pas grand-chose à voir avec l'action du drame et que l'on trouve dans plusieurs comédies (v. 1-37), les personnages montrent ce qu'ils savent faire. Ici, ils font ressortir l'originalité et la force du métier de leur auteur. L'artiste se situe par rapport à ses rivaux. Suit, dans la scène avec Héraclès (v. 38-165), le « boniment », ou l'annonce du sujet : la descente aux Enfers de Dionysos et de son esclave Xanthias, pour y récupérer Euripide. Enfin, des scènes présentent un début de réalisation du thème (v. 165-311). La particularité des *Grenouilles* est que ces scènes comportent un chœur[3], le chant des Grenouilles, qui finit en un combat lyrique avec Dionysos (v. 209-268). Ce chœur est éphémère. Lui succédera, dans la *parodos*, le chœur des initiés. Ces deux chœurs, contrairement à ceux des comédies antérieures,

---

1. Les prologues, chez Aristophane, ont une longueur qui varie entre deux cents et trois cents vers environ, c'est-à-dire nettement plus que pour les tragédies.

2. Dans son étude toujours extrêmement utile de 1904, *Essai sur la composition des comédies d'Aristophane*. Pour l'analyse de la composition de la pièce, je m'appuie sur ce livre et sur le travail de A. W. Pickard-Cambridge, *Dithyramb, Tragedy and Comedy*, p. 292-328. La référence de base, qui a donné lieu à ces travaux, est le livre de T. Zielinski, *Die Gliederung der altattischen Komödie*, Leipzig (1885).

3. R. Saetta-Cottone me fait remarquer que les *Thesmophories*, pièce également de l'Aristophane « tardif », de 411, quelques années avant les *Grenouilles* (405), présentent l'équivalent d'un chœur dans le prologue, avec la parodie d'un chant choral d'Agathon, chanté par le poète lui-même (et non par des choreutes).

ne sont pas liés à l'action, ils n'y interviennent pas ; cela témoigne d'une évolution du genre, qui tend (comme la tragédie) vers une importance moindre des parties lyriques dans le drame.

Ce premier ensemble présente nettement l'enjeu du conflit qui occupera toute la seconde partie du drame, avec la lutte entre les deux poètes tragiques : qu'en est-il du langage poétique ? La question est abordée tout d'abord pour la comédie, puis, dans la scène avec Héraclès, pour la tragédie d'Euripide[4]. Des positions contraires, sur la relation entre langage poétique et réalité, sont chaque fois définies, sur un mode tranché, à la manière des débats dialectiques qui cadrent la réflexion théorique contemporaine dans les milieux intellectuels (désignés maintenant, par commodité, sous le terme de « Sophistes »). Elles guideront toute la controverse. Le désaccord entre Dionysos, fou d'Euripide, et Héraclès, qui le déteste avec la même violence qu'Eschyle[5], anticipe de manière précise les arguments et les apories qui seront développés ensuite.

L'unité du drame, souvent mise en doute, réside dans cette problématique, qui est tout de suite exposée, comme c'est l'habitude chez Aristophane, et qui est maintenue jusqu'au bout. Le fait que, dans son récit à Héraclès, Dionysos dise qu'il a été pris de désir pour la poésie d'Euripide en pleine bataille navale, peut-être la victoire près des îles Arginuses qui aurait pu été décisive pour Athènes, mais dont la cité n'a pas su profiter, indique déjà que le

---

4. Le chœur des Grenouilles, qui accompagne la traversée à la rame de l'Achéron par Charon et Dionysos, rend attentif au rôle de la musique et du chant. Cette parodie du dithyrambe annonce la partie de l'*agôn* qui concerne les chants choraux et les solos de la tragédie.

5. Pour la ressemblance entre Héraclès et Eschyle, voir, ci-dessous, la présentation des v. 534-548.

langage poétique sera envisagé dans sa relation à la situation de la cité (voir l'Introduction).

I, 1. Scènes d'ouverture (v. 1-208)

La comédie s'installe en réfutant d'autres formes de comédie. Il n'est d'abord pas question du sujet de la pièce, l'évaluation de la tragédie, mais de savoir comment faire rire sans que les spectateurs vieillissent d'un seul coup, accablés par de mauvaises plaisanteries (v. 19). À la comédie traditionnelle, qui s'appuie lourdement sur un réel scatologique au moyen de métaphores transparentes ou de grossièretés directes, Dionysos oppose la liberté du langage, qui peut se contredire, dire ce qu'on ne veut pas entendre tout en disant qu'on ne veut pas l'entendre, analyser les apparences par une dialectique rigoureuse qui ne correspond pas à ce qui se voit sur scène. Dans cette « parade », le dieu du théâtre rappelle que le matériau premier de la comédie, le langage, n'est pas aussi simple que le croient les rivaux d'Aristophane, qu'il est moins lié à la réalité et peut avoir lui-même comme finalité. L'un des enjeux du débat entre Eschyle et Euripide est ainsi tout de suite posé : que fait-on quand on parle, à quel type de monde fait-on appel, et s'agit-il bien d'un monde, ou d'une fantaisie ? Parler, pour Dionysos, est d'abord une activité de plaisir.

Cette thèse est tout de suite mise à mal par les faits, par l'action dramatique. Devant malgré tout s'engager dans une histoire bien réelle, faire revenir des Enfers Euripide, son auteur préféré, qui l'a séduit par sa virtuosité langagière et dont il désire violemment le retour, le dieu du théâtre fait appel au dieu qui a réellement accompli une épreuve similaire, Héraclès, plus connu pour sa gloutonnerie que pour la finesse de son langage, mais qui a su arracher aux Enfers le chien Cerbère. Dionysos est donc contraint de soumettre son désir d'Euripide à l'épreuve de la réalité et à ses aléas imprévisibles. Cela fera l'action du drame, qui au langage et à l'amour qu'on lui porte opposera des duretés imprévues : de la mauvaise musique, avec les Grenouilles, des monstres, des coups, une sédition chez les morts, l'irascibilité des deux grands poètes, etc.

Le désir de Dionysos, tel qu'il le raconte à son frère Héraclès, était d'abord instantané, impulsif, suscité par les seuls mots du poète, dont l'audace et l'inventivité métaphoriques et syntaxiques étaient stupéfiantes[6]. Aucun artiste vivant ne l'a remplacé. Ce désir d'une langue désormais perdue était éprouvé en dehors de tout contexte réel comme la représentation d'une tragédie. Il était nostalgique puisque aucune réalité de ce genre n'existe plus : rien au théâtre ne comble l'absence d'Euripide ; ne subsistent que ses mots, dans des livres[7]. Le dieu a été pris d'un manque irrésistible en lisant le texte d'une des tragédies d'Euri-

---

6. Je ne crois pas qu'on puisse dire que Dionysos, à ce moment de la pièce, ne soit sensible qu'au côté textuel de la tragédie, pour ensuite se convertir à une appréciation plus adéquate du caractère éminemment politique de la tragédie (cf. I. Lada-Richards, *Initiating Dionysos*, p. 218 s.), comme s'il était passé, comme la critique moderne, d'une approche philologique, qui s'en tient au texte pris pour lui-même, aux perspectives ouvertes par les sciences sociales, attentives au contexte des œuvres. Dans son analyse, Aristophane isole, et met en conflit en les problématisant, des éléments objectifs différents qui sont constitutifs du langage de la poésie.

7. Euripide survivait aussi dans ses chants, qui étaient très populaires avant même que ses drames ne soient rejoués. Aristophane a préféré mentionner une mémoire écrite de ses œuvres, annonçant ainsi qu'il s'agira d'un débat savant et technique (cf. les v. 1109-1118 sur la culture livresque des Athéniens et la compétence technique qu'ils ont récemment acquise), et que ce qui compte pour lui sont plus les mots que l'exécution vocale.

pide au cours d'une bataille navale majeure, en s'abstrayant
donc de tout rapport à ce qui l'entoure. Ce désir est désormais amené à se confronter à une réalité constituée : le
dieu doit persuader Héraclès de lui donner les informations
nécessaires pour qu'il réussisse la traversée périlleuse
jusqu'à la maison de Pluton. Il doit, en plus, affronter un
jugement de goût opposé au sien : Héraclès, être peu
éthéré, trouve détestables les inventions d'Euripide (v. 104,
106), et ne peut pas imaginer que son frère ne soit pas
d'accord avec lui. L'art crée le dissensus.

Mais ce passage par une épreuve effective, qui prend
les aspects d'une quête et d'une initiation souterraine, ne
fait que compliquer encore le rapport à la réalité. Il ne
clarifie rien, au contraire, même si Dionysos obtiendra
bien ses informations. Dieu déjà hybride en lui-même,
masculin et féminin dans son accoutrement traditionnel,
Dionysos se charge en plus, pour accomplir sa quête, d'une
panoplie de surmâle, avec les attributs d'Héraclès (la
massue et la peau du lion de Némée)[8]. Il n'est donc pas
seulement un dieu qui se serait déguisé en personnage de
la grande tradition noble de l'épopée et de la tragédie,
« Héraclès », mais un amoncellement de déguisements qui
ne cachent aucune identité déterminée. Exhibant une apparence héroïque inattendue en vue d'une action précise,
bien définie, il manifeste qu'il n'est lui-même que mélange
d'apparences. Il n'y a dès lors que du jeu, de l'incohérence libre, la fantaisie. L'épreuve de la réalité, qui ouvre
l'intrigue et qui va conduire le dieu dans des mondes
fantasmagoriques mais bien concrets, résistants et en général violents, fait d'abord surgir des contradictions et des

---

8. Sur les affinités mythiques entre Dionysos et Héraclès, lui-même
travesti quand il était au service d'Omphale, voir le livre d'I. Lada-
Richards.

incompatibilités. Aucune prétention sérieuse ne peut être prise au sérieux, puisqu'elles étaient déjà drôles en soi, comme le montrent les adversités que suscite le passage à l'action.

Ce choc entre les prétentions culturelles affichées et la réalité brutale mise en scène dans la fiction est l'un des éléments du comique, celui qui fait rire « en dernière instance », au-delà des analyses et des discussions sérieuses que la comédie mène par ailleurs. Le vrai Héraclès, le héros qui a eu en charge de maîtriser effectivement, entre autres, les dangers des Enfers, ne peut s'empêcher de rire quand il voit son frère ainsi habillé (v. 45). Dionysos, qui, dans la « parade », ne voulait que de la vraie comédie, déclenche le rire contre lui. Le fin analyste du rire est lui-même ridicule ; la comédie montre par là qu'elle a toujours le dernier mot, dans un « rire de plus[9] », au-delà du sérieux qu'elle suscite et met en scène pour parler d'elle-même.

Ce rire vaut aussi, *a fortiori*, pour l'analyse de la tragédie, qui n'échappe pas à cette prise de distance immédiate, radicale et enjouée. Par son amour de l'un des représentants du genre sérieux, Dionysos s'est mis dans une situation grotesque, puisqu'il ne peut satisfaire cet amour qu'en devenant un personnage comique, stupidement incohérent dans ses apparences. Le rire vient de la contradiction entre la prétention sérieuse, noble, et sa réalisation concrète dans une histoire qui ne se plie pas à cette prétention. Cela suppose que, pour un temps, la tragédie soit prise au sérieux et considérée pour elle-même. De fait, au cours de la scène, celle d'Euripide est bien posée dans sa force, avec sa supé-

---

9. Je renvoie à mon analyse des v. 1-67 parue sous le titre « Le rire de plus », dans la revue *Humoresques*, 18, 2003, p. 23-37.

riorité indiscutable par rapport aux œuvres des autres
poètes, moins « généreux » et « adroits » que lui dans
leur langage[10]. Mais il suffit que cette tragédie soit mise
hors de son contexte, dans une scène qui oppose un
admirateur inconditionnel, Dionysos, et un spectateur
non moins lettré mais qui ne se laisse pas prendre,
Héraclès, pour que le charme soit rompu. Parler de la
tragédie à partir de l'autre scène qu'est la comédie, où
prime, dans les actions, la réalité brute des rapports de
force, détruit tout de suite les effets de la tragédie comme
construction langagière. Elle n'a pas prise sur le monde
où elle est transposée, même avec ferveur ; elle y devient
une curiosité incongrue. Ainsi s'explique, par exemple,
que les échantillons de l'art audacieux d'Euripide que
Dionysos cite avec admiration (v. 100-102) soient, pour
deux sur trois, trafiqués et déjà ridicules : ils ne sont
pas cités à la lettre, mais transformés, pour que la moquerie les atteigne déjà, au moment même où ils sont dits.
À peine prononcés, ils sont des monstres. Et c'est comme
tels qu'il réapparaîtront plus tard dans le drame, quand
Dionysos, confronté à un monstre réel, Empuse, et ayant
pour cette raison souillé sa robe, se demandera s'il n'a
pas été attaqué par les métaphores d'Euripide (v. 405).
La réalité échappe à un langage qui se prend lui-même
pour but, et ce langage, pourtant aimé, devient alors
aussi affreux que la réalité.

Le court débat entre les deux dieux sur les mérites
d'Euripide anticipe ainsi clairement le conflit des deux
poètes ; le décor est posé : Dionysos, euripidéen, se plaît
aux transgressions d'un langage qui a rompu toute attache

---

10. La tradition populaire et critique partagera ce jugement : aucun
des concurrents cités par Héraclès n'est entré dans le canon des auteurs
tragiques ; leurs œuvres ont été perdues.

avec une réalité nommable et représentable. Héraclès, dont l'humeur annonce celle d'Eschyle, juge des mots par rapport à la réalité, où il a su affirmer sa supériorité.

v. 3. J'ai la pression : traduit tant bien que mal un verbe employé, entre autres, chez Homère pour les combats : « être serré, saisi ».

v. 4. Maintenant, ça me donne que de la bile : litt. « (cela) aujourd'hui est tout à fait de la bile ». Une éjection réelle vers le haut, chez les spectateurs, en réponse à celle, promise par l'acteur, vers le bas.

v. 5. Je vais lâcher : verbe moins noble, mais pour la même chose qu'au v. 3. La différence de niveau de langue ne change rien à la défécation. Le dieu entre dans une « auto-contradiction performative », en disant lui-même ce qu'il ne veut pas entendre. La grossièreté (qu'Aristophane rejette aussi dans la parabase des *Nuées*, v. 542) est indifférente à la négation ; il suffit qu'elle soit dite pour faire son effet (comme Gorgias disant qu'à dire « non-être » on dit « être »).

v. 11. Sauf si je dois vomir : rappel d'une règle rhétorique de base. L'expression doit être choisie en fonction du moment (le *kairos*), comme y insistait le théoricien Alcidamas.

v. 13 s. Phrynichos[11], Lykis, Amipsias : auteurs comiques contemporains, sur lesquels nous savons très peu. Le premier, à ne pas confondre avec le Tragique, légèrement

---

11. Les personnages attiques cités dans Aristophane sont répertoriés et identifiés, quand c'est possible, dans les ouvrages de J. Kirchner, *Prosopographia Attica*, Berlin, 1901-1903, de M. J. Osborne et S. G. Byrne, *A Lexicon of Greek Personal Names*, vol. 2, *Attica*, Oxford, 1994, et de M. V. Molitor, *A Prosopographical Study of Aristophanes'Comedies*, Ann Arbor, 1995.

antérieur à Eschyle (cf. v. 910, 1300), ni avec l'homme politique (v. 689), avait obtenu le deuxième prix avec ses *Muses* au même concours que les *Grenouilles*.

v. 18. Je ressors vieilli de plus d'un an : comme si un dieu pouvait vieillir. L'art que Dionysos apprécie, avec son amour pour Euripide, est au contraire celui de l'audace et de la surprise, qui arrache à la continuité temporelle.

v. 20. Va lâcher. L'emploi du mot aurait été innocent ; mais (cf. « ne dira ») cette innocence littérale ouvre à la plaisanterie douteuse.

v. 24. Et ne porte pas le fardeau : Dionysos s'en prend cette fois au sens littéral. Il n'y a pas de « pression » puisque Xanthias[12] ne porte rien : il est lui-même porté par un âne. La réfutation dialectique concerne d'abord le prédicat (« porter » n'a qu'un sens, v. 27) puis le sujet (un seul peut porter, v. 29). Mais le sérieux de la réfutation est lui-même comique puisque, dans les faits, Xanthias a raison : tel qu'il est mis en scène, il porte bien, de manière absurde, le bagage sur son épaule.

v. 30. Est bien mise à la pression : emploi non métaphorique du même verbe qu'au v. 3. Pour Xanthias, représentant ici la comédie dont se démarque Aristophane, le langage dit une réalité concrète et peut à partir de là déployer des sens comiques par métaphores (qui sont destinées à devenir elles-mêmes réelles, dans des manifestations corporelles) : on ne sort pas de la référence concrète. Pour Dionysos, adepte d'Euripide, le langage est plus libre, moins dénotatif. Plus habile que Xanthias, le dieu peut par là dire l'obscénité qu'il réprouve.

v. 33. Pourquoi ne suis-je pas allé me battre en mer ? : les esclaves qui avaient pris part à la bataille navale des

---

12. Nom traditionnel d'esclave dans la comédie, « le blond ».

Arginuses, gagnée en 406 contre les Lacédémoniens, avaient été émancipés et intégrés à la cité comme citoyens. Voir le v. 192 pour la raison de l'absence de Xanthias. Le chef de chœur, dans la parabase, qualifiera d'abord cette mesure d'« ignoble » (v. 693).

v. 37. Petit garçon, petit : manière habituelle d'apostropher un esclave (avec le vocatif *paî*).

v. 38. Le maître ouvre, et non l'esclave ; signe de rusticité.

v. 38 s. Assaut de Centaure : les Centaures avaient été défaits par Héraclès (qui montre avec sa question qu'il connaît d'abord son monde à lui).

v. 41. Effrayé de moi : Dionysos croit avoir suscité chez son public (Héraclès) l'affect principal de la tragédie. L'esclave n'y voit que du « délire » (le mot évoque le bachisme) : transposée dans la comédie, la démence dionysiaque ne produit ici que du rire, elle n'a rien de tragique. Dionysos, le dieu raffiné aux prétentions héroïco-tragiques comme le montre son accoutrement composite, n'échappe pas au genre où Aristophane l'a placé.

v. 46 s. La peau de lion (de Némée) et la massue sont les attributs traditionnels d'Héraclès. Le cothurne (bottine de même forme pour les deux pieds, qui n'est pas d'abord associée au théâtre) et la robe de safran sont des attributs traditionnels de Dionysos ; ce sont des objets féminins. « Se sont mis ensemble » traduit un verbe à connotation sexuelle. Le personnage est composé d'une sorte de copulation interne.

v. 48. Héraclès fait de Dionysos un autre lui-même, errant sur la terre pour accomplir ses travaux. Mais Dionysos est plutôt marin dans ses voyages. C'est par ailleurs, dans cette pièce, un dieu civique, qui se bat en mer et qui finit par opter pour le poète tragique le plus politique. Il est loin du dieu ravageur des *Bacchantes*.

v. 48. Clisthène, présenté ici comme un homme riche qui aurait financé l'armement d'une trirème, est une victime habituelle d'Aristophane, pour homosexualité passive (d'où « monté » ; *epi-bateuein*, « embarquer », rappelle l'un des verbes habituels pour l'union, *epi-bainein*). Dionysos aurait servi sur son navire comme hoplite.

v. 49. Nous avons mis par le fond : le verbe *kata-duein*, « enfoncer », « couler », n'a pas, semble-t-il, de connotation sexuelle par lui-même. Le contexte la lui confère par le contraste avec « embarquer », *epi-bateuein* (« monter sur »), d'autant plus facilement que le préverbe *kata-* se trouve dans des termes clairement obscènes (cf. *katapugôn*). Pietro Pucci me fait remarquer que « douze » était traditionnellement le nombre de positions pratiquées par les prostituées savantes (cf. « dodécatechnique » pour la femme de Cyrène, v. 1328). Les deux embarqués sont allés au-delà.

v. 53. L'*Andromède* d'Euripide avait été jouée en 412, avec l'*Hélène*. Ce n'est plus désormais qu'un livre. Au vers 1114, le chœur insiste sur la culture livresque du public athénien. La construction du vers fait d'abord, en apparence, porter le désir du dieu sur l'héroïne de la tragédie. Mais au-delà de cette lourdeur comique obligée, le désir est inattendu, il a pour objet les mots de l'art tragique. Leur nouveauté, toujours stupéfiante, est désormais tarie, puisque Euripide est mort. Pouvant seulement être lue, la tragédie est hors contexte politique et rituel. Elle fascine parce qu'elle arrache à la situation présente (Dionysos en oublie même la bataille en cours) ; ce n'est qu'avec le combat politique (voulu par le peuple des morts) entre Eschyle et Euripide qu'elle sera à nouveau contextualisée ; le jugement changera alors.

v. 55. Devant l'incapacité de Dionysos de dire de quoi il s'agit, Héraclès se fait dialecticien. Il emploie d'abord la catégorie de la quantité (« de quelle dimension ? », *posos*, variant *pothos*, « désir amoureux »), puis interrogera sur l'essence de l'objet du désir, enfin, poussé par Dionysos, sur la qualité du désir (v. 60). On entre dans une poétique de l'indicible, qui devra employer le détour de l'énigme (la comparaison avec le désir de purée).

v. 55. Molon. Les scholies nous disent que Molon, acteur célèbre, était très grand (j'avais d'abord écrit « Molong », pour souligner le paradoxe du rapport avec « petit »).

v. 57. Non de non de non : le cri *(apapaî)* note une douleur (physique ou amoureuse), ou, comme ici, une négation violente[13].

v. 72. Citation de l'*Œnée* d'Euripide (fr. 7, v. 2, Jouan-Van Looy[14], après une question de Diomède à Œnée : « Mais toi, déserté que tu es par tes alliés, tu es dans le désastre ? »).

v. 73. Iophon. Auteur tragique à succès, fils de Sophocle.

v. 83. Agathon, représentant de « l'art nouveau ». Son style et sa théorie poétique sont parodiés dans les *Thesmophories*, v. 101-265, où il apparaît comme personnage. Sur son œuvre, voir le livre de P. Lévêque, *Agathon*, Paris, 1955.

---

13. Voir les analyses précises de J. M. Labiano Ilundain, *Estudio de las interjecciones en las comedias de Aristófane* (avec une autre compréhension, érotique, pour le passage).

14. Pour les fragments d'Euripide, voir leur édition, avec commentaire et traduction, par F. Jouan et H. Van Looy, aux Belles Lettres, avec un dossier critique très élaboré pour chaque pièce. Nous avons maintenant (depuis 2004), en plus, l'édition en deux volumes de R. Kannicht, qui clôt la série des *Tragicorum Graecorum Fragmenta*.

v. 85. Chez les Bienheureux. Jeu sur *makarôn* (« bienheureux » : les dieux ou les mortels élus qui vivent sur une île gardée par Cronos) et *Makedonôn* : comme Euripide, Agathon avait quitté Athènes pour la Macédoine ; cet exil à la cour du roi Archélaos vaut ici une mort.

v. 86 s. Xénoclès, d'une famille de poètes tragiques, est moqué plusieurs fois par Aristophane. Pythangélos n'est connu que par ce passage.

v. 100. « *Éther…* » : déformation d'une expression d'Euripide (*Mélanippe philosophe*, fr. 8 J-VL), où l'héroïne jure par « l'Éther sacré, habitation *(oikêsis)* de Zeus ».

v. 100. « *Le pied du temps* » : métaphore qui apparaît dans l'*Alexandre* d'Euripide (fr. 1 J-VL) et, exactement sous la forme donnée ici, au vers 888 des *Bacchantes* (c'est l'un des indices qui portent à penser qu'Aristophane connaissait le texte, encore non joué, de cette pièces).

v. 101 s. Parodie d'*Hippolyte* 612 : « La langue a juré, mais l'esprit n'est pas jureur. » La citation est fausse, et amplifie l'antithèse. Elle sera juste, au contraire, pour le début du vers, en 1471, quand Dionysos prononcera son verdict, en faveur d'Eschyle.

v. 109. Qui me fait à ton image : en grec, « selon ta *mimêsis* ».

v. 115. Les jeunes punaises : jeu sur *korai*, « jeunes filles » et *koreis*, « punaises ».

v. 129. Au Céramique : le quartier des potiers à Athènes. L'autel de Prométhée y était le point de départ de courses de torches, pour la fête des Panathénées (cf. v. 1089-1090) et celle de Prométhée.

v. 134. Farcis : en grec, *thrion*, pâté ou omelette dans une feuille de figuier.

v. 138. Au lac immense : l'Achéron, présenté tantôt comme un fleuve, tantôt comme un lac.

v. 140. Deux oboles : le prix habituel du passage de l'Achéron est plutôt d'une obole. Le doublement renvoie peut-être à l'institution de la *diôbelia*, créée par le démocrate Cléophon (fortement raillé dans la pièce, v. 678-685, 1504, 1532) pour aider par un don officiel de deux oboles par jour les citoyens mis en difficulté par la guerre. Parfois interprété comme une référence au prix d'entrée au théâtre (Sommerstein).

v. 142. Thésée : l'institution nouvelle est présentée comme remontant au passé légendaire d'Athènes (Thésée est souvent montré comme le roi d'une démocratie). Héraclès l'a aidé à sortir des Enfers.

v. 150. Morsimos : poète tragique de la famille d'Eschyle, moqué ailleurs par Aristophane et dont le nom signifie « fatal » ou « destiné à la mort » (« mortel », ajouté par la traduction, glose le nom).

v. 153. La danse militaire : la « pyrrhique », danse en armes. Sans doute à prendre comme métaphore : les danses accompagnant les dithyrambes de Cinésias étaient très mouvementées[15].

v. 153. Cinésias : auteur de dithyrambes, souvent raillé par Aristophane. Il est l'un des personnages des *Oiseaux* (v. 1372-1409), où il apparaît comme maigre et évanescent. Au vers 1437 des *Grenouilles*, Euripide propose de l'attacher au poète Cléocrite comme paire d'ailes pour une attaque aérienne. La souillure des images d'Hécate, au v. 366, peut sans doute lui être attribuée.

v. 159. L'âne qui conduit les mystères : proverbe, en référence à l'âne qui portait les bagages des initiés vers Éleusis (cf. Taillardat, § 559).

---

15. Cf. G. Ieranò, *Il Ditirambo di Dioniso. Le testimonianze antiche*, Rome/Pise, 1997, p. 310.

v. 163. *Chez Pluton* : le souverain des Enfers est chez
Homère Hadès. « Pluton » (dérivé de *ploutos*, la « richesse ») est, comme nous l'apprend le *Cratyle* de Platon (403
a), le nom positif qui lui était donné pour éviter de dire
Hadès (« l'invisible »). Comme dieu de la terre, Hadès-
Pluton, ou « Zeus chthonien » (Hésiode, *Travaux*, 465),
fait croître le blé et procure de la richesse. Dans la pièce,
« chez Hadès » sert à désigner le lieu, les Enfers, sur lequel
règne Pluton.

v. 173. *Deux drachmes* : ce serait l'équivalent de douze
oboles.

v. 181-183. L'attribution des répliques a été souvent
discutée. Les manuscrits donnent dans leur majorité « C'est
quoi ? » à Xanthias. Coulon suit cette indication. Dionysos
lui répondrait (v. 181, seconde partie, et 182). Xanthias
devrait enchaîner avec 183. Mais les manuscrits ne signalent pas de changement de locuteur pour ce vers. On comprend mieux l'enchaînement 183-184 si Dionysos est le
premier à nommer Charon. Je reprends donc la disposition
de Dover et de beaucoup d'autres.

v. 184. *Ciao Charon* : jeu sur la formule de salutation,
khaire (« réjouis-toi ! ») et le nom de Charon *(Kharôn)*,
passeur de l'Achéron (le lac ou le fleuve des chagrins).
Selon les scholies, le vers est repris d'un drame satyrique
(perdu) du poète tragique Achaios, *Æthôn* (fr.11, v. 1
Snell[16]).

v. 186. *La plaine de l'Oubli* : le Léthé n'est un fleuve
que chez les Latins.

v. 186. *Ânes à tondre* : tâche impossible. Sans doute
un proverbe.

---

16. Pour les Tragiques « mineurs », voir l'édition de Bruno Snell,
dans la série des *Tragicorum Graecorum Fragmenta* (vol.1).

v. 187. Gens de Cerbère : les « Cerbériens », population nommée d'après le chien ramené par Héraclès. Le nom, connu de Sophocle (fr. 1060 Radt) rappelle les Cimmériens de l'*Odyssée*, proches des portes de l'Hadès (XI, 14).

v. 187. Va te faire chez les corbeaux : le « chez les corbeaux » du texte renvoie à la formule habituelle de malédiction, vouant au sort des corps sans sépulture, dévorés par les oiseaux.

v. 187. Le Ténare : cap au sud du Péloponnèse, considéré comme un lieu d'entrée pour les Enfers. Le lieu rappelle aussi le danger lacédémonien.

v. 188. Je suis les manuscrits pour la répartition des répliques (Coulon reprend Radermacher).

v. 192. Les esclaves qui sont battus aux Arginuses (cf. v. 33).

v. 194. La Pierre de Dessèche-toi : la forme *hauainou* est ambiguë. Ce peut être une génitif (« la Pierre de Hauainos » – mais le nom est inconnu), ou un impératif du verbe « se dessécher ». Aristophane semble avoir créé un toponyme (comme si on avait le génitif) avec l'impératif. La sécheresse et la soif sont des motifs récurrents dans la description de l'au-delà figurant sur les lamelles funéraires. La dessiccation, ici liée à la mort, est la conséquence du rire en 1089.

v. 207. Grenouilles-cygnes : l'aspect « cygne » des grenouilles du chœur disparaît dans la suite. Il sert à noter le chant mélodieux et donc la beauté qu'il faudrait, contre toute probabilité, entendre dans le coassement. Il ne s'agit pas d'êtres composites, comme le « coq-cheval » raillé au v. 933, pour lequel Eschyle avait forgé un nom composé. Les deux termes sont ici simplement juxtaposés. Charon ne donne pas lui-même dans l'invention verbale poétique. Il désigne l'origine du chant, avec le paradoxe d'une union impossible.

I, 2. Le Chœur des Grenouilles (v. 209-268)

La présence scénique du chœur a été mise en question (plusieurs interprètes le font chanter *off* ; cf. Coulon, Zimmermann), tant l'existence de deux chœurs dans le drame pouvait déconcerter. Mais pour quelle raison Aristophane aurait-il renoncé à un élément traditionnel et marquant de la comédie, le chœur d'animaux[17] ?

Le chant alterné (Grenouilles/Dionysos) utilise des formes poétiques différentes. On passe du noble et du complexe à une forme de combat verbal plus simple et violente : la grande poésie chorale tourne court et débouche sur la comédie. Il commence comme un hymne (cf. le v. 212), raffiné dans sa structure métrique, qui est chanté par les Grenouilles seules. Dionysos l'interrompt, mais a d'abord le dessous, comme le montre la structure des périodes métriques : il ne les achève pas (ses interventions ne comportent pas de clausule) ; ce sont les Grenouilles qui, par leur refrain, apportent une conclusion. La lutte s'impose vraiment à partir du v. 240. Dionysos finit par l'emporter, en faisant sien le refrain de ses adversaires. Une telle lutte *(agôn)* entre le protagoniste et le chœur est un morceau essentiel de la comédie ancienne. Zimmermann remarque à juste titre que comme le chœur principal de la pièce ne participe pas à l'action et ne fait que la commenter, l'épisode de la lutte est ici reporté sur le chœur secondaire des Grenouilles. Le fait que les Grenouilles ne reconnaissent pas le dieu qu'elles disent célébrer mais rivalisent avec lui (selon une forme traditionnelle de combat poétique), non seulement annonce la même ignorance de la part

---

17. Cf. G. Sifakis, *Parabasis and Animal Choruses*.

du chœur principal (idée scénique qui est peut-être reprise des *Bacchantes*), mais renvoie à une analyse critique du chant dans ses formes nobles. Le chant est pur autodéploiement sonore, *flatus vocis*, sans lien réel avec l'objet qu'il chante, si jamais il survient : le dieu du chant, patron du dithyrambe, devient adversaire. Un écart moins hostile sera posé avec l'autre chœur. C'est alors un autre aspect du dieu qui sera analysé, celui qui ouvre au bonheur des gens ordinaires (cf. plus bas, la présentation de la *parodos*).

Dionysos rame, comme les compagnons d'Ulysse pendant l'épisode des Sirènes, et, comme Ulysse, il entend un chant à sa gloire, qui, cette fois, est censé non pas le perdre et l'envoyer chez les morts (il y est déjà), mais l'aider dans son effort physique (cf. Charon, aux v. 205 s.) ; une harmonie, loin des tensions que doit subir Ulysse, est ainsi attendue. Or le dieu demande le silence. Sa souffrance de rameur inexpérimenté n'est pas atténuée par le chant en principe merveilleux des « Grenouilles-cygnes » (v. 221 s.). Le chant est déconnecté de toute efficacité, et ne cessera que par une forme exacerbée de reprise ironique, par la répétition du cri privé de signification qui l'ouvre. La grande poésie est entendue comme pur bruit répétitif (en rivalité avec les sons du corps, qui la menacent), émis pour lui-même, sans aucune référence à la réalité présente.

Par là, la comédie, avec son action dramatique, se démarque d'utilisations habituelles du nom de Dionysos. La promesse de plaisir élevé, mais statique et répétitif, cherchée par l'hymne, devient grotesque ; le dieu chanté continue sa route seulement en faisant taire son chœur. Le Dionysos qui agit chez les morts dans un but précis (retrouver du plaisir avec un Euripide redevenu vivant et présent) n'est précisément pas celui de son culte. Le manque dans lequel il est le fait côtoyer des formes culturelles de lui-même, auxquelles il ne s'arrête pas. Ces images figées, répétées rituellement dans le chant, ne le satisfont pas, face à la nouveauté que l'auteur tragique a su proposer et qu'il recherche.

Le premier ensemble (v. 209-224), encadré par le refrain *brekekekex, koax, koax !* (un lécythion : $- \cup - \cup - \cup -$)[18], est en iambes (brève-longue, $\cup -$), associés à un crétique ($- \cup -$; cette structure n'est pas propre à la comédie, mais se trouve dans la tragédie), avec, à la fin, pour la mention de la cérémonie des Anthestéries, un période à prédominance dactylique ($- \cup\cup$), où est introduit, en clausule (v. 219 b), un épitrite ($- \cup -$; c'est la seule fois dans la pièce, avec le v. 1337), selon une alternance que l'on trouve par exemple chez Pindare. Les Grenouilles font de la grande poésie. Dionysos (v. 221) répond par des iambes simples, sans clausule. Les Grenouilles l'interrompent avec leur refrain (v. 223), montrant par là qu'elle le dominent. Dans le second ensemble (v. 224-239), dont la forme est plus simple, les Grenouilles passent du iambe au trochée ($- \cup$) avec une accélération (par la substitution de deux brèves à la longue ; le v. 233 est entièrement composé de brèves). Dionysos répond par son rythme d'avant, en iambes, sans

---

18. Le nom de cette séquence métrique (« petite fiole ») vient des *Grenouilles*, avec la formule répétée par Eschyle « a perdu sa fiole » (*lêkuthion apôlesen*), v. 1208, 1213, 1219, etc., où elle est réalisée sous la forme $- \cup \cup\cup \cup - \cup -$, avec résolution de la deuxième longue. Ici, c'est la première longue qui est remplacée par deux brèves. Je donne dans ces notes les formes basiques des mètres, sans signaler les résolutions possibles (deux brèves pour une longue) ou, pour les dactyles et les anapestes la substitution d'une longue aux deux brèves, ou d'une longue à la première brève pour les iambes et les trochées.

conclure : à nouveau, les Grenouilles l'interrompent par leur refrain (v. 239). Le troisième ensemble (v. 236-249) intervertit l'ordre des chanteurs ; Dionysos commence. Les Grenouilles reprennent d'abord les iambes du dieu, mais sous une forme noble (avec crétique), puis passent aux trochées, sans respiration (241-245, puis 246-249). Le quatrième ensemble (v. 250-267), également simple par les mètres (alternance iambes, trochées, lécythions), montre la victoire de Dionysos, qui prend à son compte le refrain (sans doute accompagné d'un pet, cf. « terreur », v. 252). Dionysos y conclut ses périodes, et a le dernier mot. Il finit la scène par un trimètre iambique parlé (v. 268).

v. 209. *Brekekekex…* : mieux valait, cette fois, renoncer à traduire le cri. Il est, d'une part, mimétique du chant réel des grenouilles (qui ont pu être identifiées : *Rana ridibunda*), et propose, en plus, par la distribution des sons, une analyse parodique de la diction poétique. L'élément *bre-* renvoie à Dionysos, « celui qui gronde » *(bremei)* selon son épithète *Bromios*. Le dieu du dithyrambe, qui est nommé quelques vers plus bas, est ainsi présent sous une forme incongrue. Il sert de matrice sonore pour un énoncé qui contredit les prétentions de la grande poésie. Le passage de la voyelle fermée *(e)* aux sons plus ouverts de *koax*, introduit un suffixe appartenant à la langue comique *(-ax)*. Aristophane en donnant une forme métrique au cri fait entendre ce que la poésie prononce en fait : de purs sons grossiers (qui, plus bas, accompagneront un pet). Il s'agit sans doute d'une critique du « nouveau dithyrambe », avec (comme le montre la suite) son vocabulaire complexe et ses maniérismes. Le chœur chante une parodie de la grande poésie hymnique (avec ses refrains, comme ce cri), imitée sous sa forme contemporaine.

v. 211. Filles des sources, paludéennes : j'ai mis « enfants » *(tekna)* au féminin, à cause du genre de « grenouilles ». Ce sont en fait des mâles.

v. 215 s. Le dieu de Nysa, Dionysos fils de Zeus : analyse traditionnelle du nom du dieu. *Dio-* note son père, Zeus, et *–nysos*, pour le lieu (montagne ou plaine) où il est né de la cuisse de Zeus et a été élevé, Nysa, dont la localisation était discutée dans la tradition ancienne (en Thrace, en Éthiopie, en Libye, etc.).

v. 217. Aux Paludes : sanctuaire de Dionysos à Athènes, non précisément localisé.

v. 217. Nous criions : les grenouilles sont les ombres de grenouilles athéniennes, participant aux fêtes de la ville.

v. 218. Au jour des Pots sacrés : dernier jour de la fête des Anthestéries, à Athènes (fin février), où l'on offrait des marmites de légumes à Hermès. Ce jour, le troisième et dernier de la fête dédiée à Dionysos, suivait celui des Conges (mesure de trois litres un quart : on buvait le vin selon cette unité).

v. 252. Terreur : menace anale, sans doute. C'est l'adjectif *deina*, qui note par excellence le danger tragique (même s'il est souvent employé avec le verbe « subir » dans la comédie).

v. 265. Jusqu'à ce que je vous batte avec le koax. Le cri des Grenouilles, une fois mis en forme poétique, peut leur être opposé ; il devient un bien commun, et même une arme, en contradiction avec le chant qui en développe avec complaisance l'origine naturelle, appartenant au monde propre aux Grenouilles.

I, 3. Scènes iambiques (v. 269-315)

Parcourant un chemin de type initiatique avant de rencontrer le chœur des initiés, Dionysos et Xanthias sont confrontés à une manifestation concrète de l'incohérence, le monstre Empuse qui ne cesse de changer de forme comme Protée. Effrayé, le dieu réalisera la scatologie qu'il ne voulait pas entendre de Xanthias dans la toute première scène : l'affect tragique de la crainte ne produit pas l'effet habituel en tragédie, même si, dans les mots, le dieu réagit comme un héros tragique. Il se demande de quelle divinité il est victime, et envisage qu'il s'agit de l'art sophistiqué d'Euripide, dont les trouvailles métaphoriques seraient devenues des êtres réels et malveillants (v. 311).

v. 282. Repris du *Philoctète* d'Euripide : « Car rien n'est plus fier de nature que l'homme » (fr. 3, v. 1 J-VL).

v. 292. Réalisation de la métaphore ancienne, qui d'une femme transgressive, comme Hélène dans l'*Iliade*, fait une chienne.

v. 293. La vieille Empuse : première attestation du monstre vampirique, associé à Hécate, déesse qui suscite des fantômes. Les initiés d'Éleusis étaient confrontés à une créature féminine sortie de l'ombre. Dover et Sommerstein pensent que le monstre n'était pas vu des spectateurs : ses métamorphoses défieraient toute représentation scénique. Mais un danseur pouvait évoquer les différentes formes ; cf. l'étude d'A. M. Andrissano dans A. Ercolani (éd.), *Spoudaiogeloion*, p. 273-297.

v. 294. Jambe de bronze : les Érinyes ont un « pied de bronze » dans l'*Électre* de Sophocle (v. 491).

v. 297. Le vainqueur du concours dramatique participait à un banquet donné par le prêtre de Dionysos.

v. 304. La faute de l'acteur Hégélokhos était devenue célèbre. Il avait maltraité le vers 279 de l'*Oreste* d'Euripide (« Car au sortir des vagues je vois à nouveau l'embellie »), en prononçant le dernier mot comme si c'était *galên*, « belette » (animal de compagnie, connu pour sa lascivité, et aussi associé à Hécate), ou « chatte », et non *galên'*, « embellie », avec élision de la finale. Une transcription plate serait « l'embelette », qui n'évoque rien. La traduction, ici, fait s'emballer l'acteur sur la répétition d'une même voyelle. Elle force un peu l'obscénité évidente et la dévie (« chatte » vaut pour jeune fille en *Acharniens*, 255 ; cf. Taillardat, § 47 ; on peut essayer autour de « bonasse », mais le mot n'est plus entendu aujourd'hui).

v. 307. Ô *mon mal, mon malheur* : cri tragique *(oimoi talas).*

v. 310 s. Les trouvailles d'Euripide sont des menaces, comme les monstres infernaux (et les épreuves des candidats à l'initiation), non qu'elles soient disqualifiées comme si était déjà anticipée ici la défaite d'Euripide, mais parce qu'elles obligent à affronter, si on les aime, des situations inédites. Le vers 311 est donné à Xanthias par plusieurs manuscrits ; mais l'enchaînement avec 312, qui est commencé par lui à coup sûr, serait difficile (cf. Sommerstein).

II. *Parodos* (v. 312-459)

Le chant d'entrée *(parodos)* du chœur principal est de structure complexe. Il alterne des formes savantes et des formes populaires de poésie. La matrice sémantique et narrative du chant est, comme beaucoup d'interprètes l'ont noté, d'ordre rituel : les choreutes, hommes et femmes[19], reprennent les étapes du cortège conduisant les futurs initiés d'Athènes à Éleusis. Au-delà d'Éleusis, le chant développe une synthèse des éléments rituels dionysiaques, avec la promesse de bonheur, le retour de la jeunesse, les prairies décrites dans des inscriptions liées au culte bachique[20]. L'entrée du chœur n'est donc pas motivée par l'action en cours. Comme dans les *Guêpes* et les *Thesmophories*, le chœur se rassemble « par habitude »[21].

Les éléments de distorsions par rapport aux rites sont nombreux, ne serait-ce que parce que la situation est inédite : il s'agit d'hommes et de femmes déjà initiés et chantant *post mortem*, dans un lieu où ils transposent leur ancien parcours initiatique. Le bonheur des initiés devient répétitif, toujours recommencé, sous un soleil souterrain, qui, comme puissance sacrée, leur est réservé. Ce bonheur paisible, à l'érotisme convenu (hétérosexuel), est néanmoins présenté comme exceptionnel dans la situation représentée par la pièce. En effet, il sépare les hommes et les femmes rassemblées dans le chœur des autres morts, et notamment des citoyens, exclusivement mâles, qui, apprend-on dans la seconde partie du drame, se laissent entraîner dans une dissension de nature politique au sujet d'Euripide. Le chœur est au-delà de ces tensions. La béatitude qu'il chante est liée à une conduite antérieure harmonieuse et conforme

19. Il n'est donc pas exclu que les parties de ce chant doivent être réparties en deux demi-chœurs, l'un masculin, l'autre féminin. Voir les suggestions faites par Zimmermann.

20. Voir X. Riu, *Dionysism and Comedy*, p. 134-139.

21. Voir la typologie des *parodoi* établie par Zimmermann, dans E. Segal, *Oxford Readings in Aristophanes*, p. 182-193.

aux normes (alors que les morts qui revendiquent pour
Euripide, contre Eschyle, sont des gredins) : l'élection
vient du respect qu'ont montré les membres du chœur pour
« les étrangers / Et les gens normaux » (derniers vers),
dans une vie réglée et tranquille, qui contraste avec la
dégradation de la société imputée tant à Euripide qu'aux
responsables politiques partisans de la guerre ou, acces-
soirement pour le camp adverse, d'une oligarchie sévère.
Comme le chœur des sectatrices de Dionysos dans les
Bacchantes (dont Aristophane pouvait connaître le texte),
les initiés chantent la norme commune[22]. Mais cette norme
admise prend une valeur critique et violente quand la ville
réelle est pervertie.

Cette tension est soulignée par une innovation for-
melle propre aux *Grenouilles* : le chant est interrompu par
une déclaration du chef de chœur (v. 354-371), prononcée
dans le mètre qui est normalement réservé aux déclarations
politiques de la parabase (et qui sera absent de la parabase proprement dite des *Grenouilles*, voir ci-dessous).
Cette déclaration s'en prend tant au mauvais goût des
Athéniens en matière de comédie qu'à leurs erreurs politiques face aux errements passés de certains citoyens, à
l'emprise de la corruption et au non-respect des poètes
dans la cité. Le jugement politique, à peine esquissé ici,
sera développé dans la parabase, puis par Euripide et
Eschyle (voir la présentation de la parabase sur la question
du « sérieux » de l'opinion exposée par le coryphée).

---

22. Voir le chapitre « Les dévotes » du livre de J. Bollack, *Dionysos
et la tragédie. Commentaire des* Bacchantes *d'Euripide* : « Ces dévotes
d'un nouveau dieu n'ouvrent la bouche que pour défendre les maximes
simples et communes qui sauvegardent la cité. À ce titre, le Chœur offre
de la religion du dionysisme une image classique ; les valeurs les plus
répandues sont reprises et intégrées, comme s'il s'agissait précisément
de démontrer qu'elles ne sont pas remises en question » (p. 69).

Le chœur a ainsi une valeur utopique : il présente la communauté idéale qui s'oppose aux vivants (aux « cadavres de là-haut », v. 420), et donne, par anticipation, le critère du bon choix en matière de poésie. Ce critère est d'abord négatif, comme opposition à la réalité présente.

L'élection rituelle des choreutes n'est donc pas présentée pour elle-même. Après les bruits des Grenouilles qui valaient une critique de la poésie, elle indique le milieu humain qui sert de référence normative à la vraie poésie (la comédie) quand elle analyse la réalité donnée où elle doit faire sens. Cette référence idéale que constitue les Initiés est lointaine, hors monde, comme l'indique le fait que ce chœur, qui, contrairement aux chœurs comiques habituels, n'intervient pas dans l'action, est entièrement voué aux dieux, sur un mode qui, en plus, est atypique, puisqu'il est transposé aux Enfers. L'écart est également souligné par l'ignorance où se trouve le chœur de la situation inédite de son chant : tout en célébrant Dionysos (sous la forme de « Iacchos »), il ne reconnaît pas son dieu tutélaire dans le protagoniste du drame. Et de fait, le dieu du théâtre n'est pas comme lui hors du temps. Il agit dans une situation précise, liée à l'histoire actuelle du théâtre et de la cité, avec la mort d'Euripide et l'insuffisance des poètes et des hommes politiques vivants. Le personnage, dès lors, n'a pas affaire aux gens ordinaires et purs, « normaux », que ses propres Initiés prétendent être, mais aux individus extravagants, qui, comme lui, prétendent parler au nom de la communauté. Le chœur lui-même aura sa part de violence, quand, aux vers 416-430, il injurie violemment des Athéniens contemporains. Mais il s'agit de gens qu'il sait vilipender du dehors, depuis son lieu idyllique ; il n'a pas à les affronter. Dans cet écart entre le monde normal qu'il représente, mais qui se trouve réduit à l'état d'utopie souterraine, et la réalité brutale du moment qu'il dénonce, le chœur désigne la place légitime et la liberté de la comédie (qu'il explicitera dans la parabase) : face aux travers de la société athénienne, il présente une norme, une communauté pacifiée, au nom de laquelle le cité peut être ridiculisée et critiquée. Le choix d'un tel chœur annonce la décision finale de Dionysos pour le « bien » de la ville, sans qu'il soit besoin de parler d'une initiation du dieu (dont le but n'est pas de se construire une existence d'élu, mais d'agir au présent dans sa cité).

Formellement, la *parodos* est composée de six parties. Après une introduction (II, 1 = v. 312-322), qui présente l'annonce, en trimètres iambiques, par les deux personnages de l'entrée du chœur, puis un cri rituel des choreutes adressé au dieu Iacchos et la réaction de Xanthias et Dionysos, se succèdent d'abord un chant strophique (II, 2 = v. 323-353) développant l'invocation à Iacchos, en « ioniques » ($\cup\cup - -$)[23], mètre lié à la célébration de Dionysos, également interrompu, entre la strophe et l'antistrophe, par des trimètres des deux acteurs ; puis (II, 3 = v. 354-371) une déclaration politique du coryphée (chef du chœur) en anapestes parlés, suivie d'une série de chants strophiques : deux strophes en anapestes lyriques (II, 4, 1 = v. 372-382) pour inviter à la danse après le repas et saluer Athéna ; ensuite (après deux vers parlés du coryphée) deux strophes iambiques pour Déméter (II, 4, 2 = v. 383-393) ; puis, introduites par deux périodes iambiques (v. 394-397), une nouvelle invocation d'Iacchos, également en iambes, avec un refrain, en trois strophes (II, 4, 3 = v. 394-414a). Sur le rythme de la fin de ces strophes, les deux person-

---

23. Avec deux anapestes ($\cup\cup -$) en 331/350 et 332/351.

nages expriment leur désir de se joindre au cortège (II, 5,
1 = v. 414b-416). Cette intervention sera, pour le mètre,
reprise par le chœur en cinq strophes iambiques d'injures
adressées à des contemporains (II, 5, 2 = v. 416-430).
Toujours sur le même modèle métrique, un dialogue ren-
seignera les personnages sur le lieu où ils sont arrivés (II,
5, 3 = v. 431-439). Enfin, après un encouragement à la
réjouissance rituelle pour la nuit (en périodes parlées iambiques, v. 440-446 ; cf. v. 394-397), le chœur chante en
deux strophes l'excellence de sa musique et le bonheur
qu'il connaît après son initiation (II, 6 = v. 440-459).

II, 1, Introduction : dialogue, invocation (v. 312-22)

v. 316, etc. Iacchos ! Ô Iacchos ! : cri rituel, composé
de deux bacchées (∪ – – , valant un ionique [∪∪ – –] syn-
copé : *Iakkh' ô Iakkhos*). L'image de ce dieu était portée
d'Athènes à Éleusis pour la célébration des mystères. Iacchos
était, à l'époque d'Aristophane, assimilé à Dionysos.
v. 320. Le même que chante Diagoras : les manuscrits
hésitent entre deux lectures. Ou bien, *Diagoras*, nominatif du nom d'un poète connu, Diagoras de Milet, compositeur de dithyrambes qui s'était signalé pour son athéisme
(il y aurait alors ellipse du verbe, qui, selon la règle, est à
reprendre de la phrase précédente, ce que fait la traduction) ;
ou bien, *di'agoras*, en deux mots : « à travers l'agora, la
place du marché » (j'avais d'abord retenu cette lecture :
« le même que sur la place de notre ville »). On aurait là
une indication sur le trajet du cortège. L'hésitation n'est
pas mécanique. Le texte original, où les lettres et les mots
n'étaient pas séparés, demandait une interprétation, et donc
des choix. Le nom propre est parfois rejeté (cf. Coulon,
Dover), parce qu'on ne s'attendrait pas à ce qu'un hymne

qui s'annonce comme pieux soit associé à un mécréant. Mais c'est là le point : Diagoras chante bien les dieux, même pour les nier. L'ironie peut aussi porter sur le fait même que Diagoras compose comme il le fait : voilà comment, à Athènes, on honore les dieux maintenant.

v. 321 s. Comme dans les prologues de la tragédie, les personnages qui étaient présents avant l'entrée du chœur se font discrets, pour entendre. Là, ils prendront part au chant, attirés par son contenu érotique.

II, 2. Premier chant strophique et dialogue (v. 323-353)

v. 323. Qui a ici pris résidence : la cérémonie est transposée aux Enfers. Dionysos, qui, dans l'action du drame, y arrive, est supposé y demeurer désormais. La reconnaissance est impossible, si le dieu est confondu par les initiés avec son culte, et s'il les a déjà suivis sous terre.

v. 326. La prairie fleurie est typique des représentations de l'au-delà. La cérémonie d'Éleusis est donc transformée.

v. 338. Viande de gorette : le sacrifice de cochons de lait était traditionnel lors des cérémonies d'Éleusis. La valeur sexuelle du mot (au féminin, « vulve ») est aussi traditionnelle (*passim* chez Henderson), d'où le néologisme en français.

v. 340. Texte incertain, mais clair pour le sens. On ne s'en sort, métriquement, qu'en supprimant un mot ou plusieurs. « Car il vient », ou « tu viens » selon certains manuscrits, pourrait être une glose (cf. Zimmermann, Del Corno).

II, 3. Déclaration du coryphée en anapestes (v. 354-371)

En tétramètres anapestiques (trois fois ∪∪ – ∪∪ –, puis un mètre incomplet, ∪∪ – –). Une telle partie en anapestes parlés figure normalement dans les parabases.

v. 354. Les prêtres écartaient par une proclamation les personnes qui ne devaient pas assister aux Mystères (les meurtriers et les non-Grecs).

v. 356. Fête des Muses : au lieu de « Mystères », que l'on attendrait dans le contexte rituel qui est repris ici.

v. 357. Dévoreur de taureaux : épithète de Dionysos. Cratinos remplace le dieu. Poète comique dominant la génération antérieure, dont Aristophane s'était moqué pour son goût du vin, il est ici désigné comme une autorité. Il ne s'agit pas d'un revirement : le blâme comique, par l'élaboration poétique qu'il réclame, est souvent une sorte de reconnaissance et d'hommage.

v. 358. Pitre : le mot *bômolokhos* est difficile à traduire. Il désigne le pitre, ou le bouffon, qui est en embuscade *(-lokhos)* près d'un autel *(bômo-)* et fait la quête avec ses drôleries. Traduit au v. 1085 par « pitre des rues » et en 1521 par « pitre d'infortune » (à propos d'Euripide).

v. 363. D'Égine : l'île, relais idéal entre l'Attique et le Péloponnèse, était sous contrôle athénien.

v. 363. Thorykion : inconnu, présenté comme un « collecteur du vingtième », c'est-à-dire de la taxe qu'Athènes avait fixée sur les marchandises passant par les ports qu'elle contrôlait, en remplacement du tribut des alliés défaillants.

v. 366. Images d'Hécate : devant les maisons ou aux carrefours. Pour l'auteur de cet acte (probablement Cinésias), voir au v. 153.

v. 367. Tribun : en grec *rhêtôr*. Le mot est difficile à rendre (en anglais, « speaker » est adéquat). Dans ce contexte, il ne s'agit pas des « rhéteurs », ou « orateurs », comme techniciens du discours, mais d'hommes politiques qui acquièrent du crédit en prenant la parole dans les assemblées. « Politicien », que j'avais d'abord retenu, est un peu trompeur. J'ai donc opté pour le latinisme qu'est « tribun ». Face aux « politiciens » *stricto sensu* (au sens du *politikos* de Platon), qui, comme Périclès, tenaient leur autorité des charges officielles qu'ils occupaient, il y avait là une nouvelle forme de carrière publique, dite souvent « démagogique », car liée à la défense, en paroles, du « peuple ». Voir l'analyse donnée par J. Henderson[24].

v. 369. Répétition rituelle, reprise de l'avertissement donné au début des Mystères, selon les scholies.

II, 4. Chants strophiques : hymnes (v. 372-414a)

Le premier couple strophique, en anapestes (pour répondre à la déclaration du coryphée), est entièrement composé de syllabes longues. Les hymnes suivants, à Déméter puis à Iacchos, sont en iambes, selon une métrique simple.

v. 378. La Salvatrice : il s'agit clairement d'Athéna (et non pas de Perséphone), désignée selon l'un de ses titres athéniens traditionnels (cf. « qui.. sauvegarde le pays »), même si la déesse n'est pas sous cet aspect associée aux Mystères d'Éleusis. Le chœur chante la déesse du lieu qu'il quittait, de son vivant, après son repas.

---

24. « The Dêmos and the Comic Competition », dans E. Segal (éd.), *Oxford Readings in Aristophanes*, p. 65-97. Il opte pour *politeian* dans sa traduction.

v. 379. Chanteries : Aristophane forge un verbe (*molpazein*), avec un suffixe commun, sur « chant » (*molpè*).

v. 384. Déméter : divinité centrale des Mystères d'Éleusis, comme mère de Perséphone, enlevée par Hadès.

v. 400. Jusqu'à la déesse : Déméter.

v. 404. C'est toi qui déchiquetas… : selon l'historien Mélanthios, que cite un commentateur ancien au vers 845 du *Ploutos* (« c'est donc dans ce [vieux manteau] que tu fus initié aux Grands Mystères ? »), les initiés devaient dédier leurs vêtements à la divinité ; ils se rendaient donc à Éleusis avec des habits usés. Les choreutes ne sont ni du côté des citoyens riches, porteurs de vêtements de laine (cf. v. 1063, 1459), ni du côté des miséreux ; leurs haillons sont voulus. L'usage, dont la cause serait ici le dieu lui-même, comme dieu de la comédie, devient, en plus, allusion au manque de ressource et à la pingrerie, en temps de guerre, des chorèges (citoyens producteurs des spectacles).

II, 5. Chants strophiques : dialogues, injures (v. 414b-439)

Les injures rappellent les agressions verbales que subissait le cortège des futurs initiés quand ils franchissaient le pont de l'Ilissos (rivière d'Athènes). Mais le rite est inversé : le cortège, ici, injurie ; en attaquant des personnes présentes dans le public (ou des personnages ne valant que par leur surnom, comme Sébinos), il est dans sa fonction comique, héritée de la tradition de l'invective poétique en iambes (cf. R. Saetta-Cottone).

v. 418. Arkhédémos : homme politique démocrate, dénoncé ici comme étranger, qui avait attaqué l'un des chefs de la flotte athénienne victorieuse aux Arginuses

(Érasinidès, cf. v. 1196), pour détournement de fonds. Jeu de mots en grec (selon les scholies) sur *phrateres*, « frères » (les nouveau-nés athéniens devaient être inscrits dans une « phratrie ») et *phrastêres*, « dents d'adulte ».

v. 422. Le fils de Clisthène : ce fils, fidèle à son père, est inconnu. Mieux vaut lui faire une place que de construire l'article (litt. « le de Clisthène », le génitif notant, normalement, la filiation) avec « anus », qui est très éloigné dans la phrase.

v. 427. Sébinos : surnom, où l'on entend *binein*, « baiser » (Thiercy propose « Sébaise » ; *Se-* peut être compris comme le pronom de la seconde personne du singulier, cf. Sommerstein, qui invente *Phucus*). La traduction reporte la notation sur un mot antérieur, avec le néologisme proposé pour « hululement ».Quant à l'attribut du nom (litt. « du dème [division de l'Attique] d'Anaphlystos »), il ajoute la masturbation. Anaphlystos est un nom réel, qui rappelle le verbe *anaphlân*, « (se) toucher pour dresser » (cf. Henderson, p. 221). On retrouve ce radical dans le cri *tophlattothrat* du vers 1290.

v. 428 s. Callias, dont la maison, ouverte à l'intelligentsia, est rendue célèbre par le *Protagoras* de Platon, était en réalité fils d'Hipponikos. La traduction glose le patronyme inventé, *Hippo-binos* (cf. au v. 427 pour le second élément). « Cheval », dont la fonction syntaxique est libre, note la monstruosité.

v. 438 s. Difficile à traduire. Litt. : « C'est quoi cette histoire, sinon Corinthe, la fille de Zeus, dans les matelas ? » Les Corinthiens ne cessaient, dit-on, de se vanter de leur origine divine. Associés aux matelas, ils deviennent des punaises (*koreis*, cf. au v. 115). Dionysos, fils de Zeus, ne cesse de faire le maître.

II, 6. Adresse et chant strophique : le bonheur des initiés
(v. 440-459)

Les strophes associent des iambes et une métrique
complexe, avec choriambes et anaclases ; le chœur revient
à la grande poésie.

v. 452. Les Moires bienheureuses : l'alliance des mots
est inhabituelle, puisque les Moires ont pour fonction de
définir les destins en leur mettant un terme négatif, dans
la mort. Elles ont, par la mort, donné un bonheur éternel
aux initiés.

III. Scènes iambiques et odes (v. 460-673)

Les quatre scènes parlées diffèrent l'entrée dans la
maison de Pluton. C'est un temps d'arrêt dans le drame,
qui accumule des scènes typiques de comédie et déjoue
la stratégie du dieu. Dionysos, avec Xanthias, n'est
finalement admis à entrer que parce que son identité divine
fait question : il faut des dieux pour trancher s'il est
vraiment le dieu qu'il dit être (alors qu'il a pris les attributs
de son esclave), puisque les personnages secondaires de
ces scènes se laissent prendre par les apparences ou n'ont
pas les moyens de les dépasser (dernière scène). La ruse
du déguisement en Héraclès n'apporte donc pas de solution,
contrairement au scénario prévu : Dionysos entre parce
qu'on ne sait pas s'il est Dionysos, après avoir reçu une
série de coups, et non comme une réplique impressionnante
du conquérant de Cerbère. La question comique
traditionnelle du « qui est qui ? » devient alors sans fond.
Le dieu croyait maîtriser son apparence comme Héraclès
ou non, en échangeant son costume avec son esclave selon

les dangers ou les avantages du moment, mais il perd la main à cause de son esclave, qui, contrairement à lui, n'a aucun projet et ne ruse pas, mais reste lui-même quel que soit son habit. Xanthias n'est mu que par le goût de la domination et du sexe, et peut donc adhérer à n'importe quelle apparence du moment qu'elle sert ses propres penchants (dans la deuxième scène, il ne prend même pas la peine d'imiter la gloutonnerie d'Héraclès dont il porte la tenue). Dionysos, qui se croyait plus habile, doit alors défendre son identité de dieu, qui ne devient plus qu'une assertion que rien ne prouve, puisque la réalité n'est plus ce que désignent les mots, mais les envies qu'on éprouve ou les coups que l'on prend. Aucun mot n'est plus fiable, être dieu ou esclave devient une affaire de circonstance et de rapport de force. Le rapport habituel, constitutif de l'action comique, entre rire et cruauté est ainsi décliné en plusieurs formes.

La scène finale, avec l'épreuve des coups, anticipe, sur le mode de la violence physique, le concours des poètes. Éaque l'inflige au dieu, équipé en esclave mais se prétendant fils de Zeus, et à Xanthias, déguisé en Héraclès, pour les départager et savoir lequel est dieu. Xanthias pensait que sa force humaine d'esclave allait le désigner comme dieu, mais Dionysos cachera sa douleur en se réfugiant dans la poésie (c'est la seule fois que l'on entendra du Sophocle), qui pour une fois servira bien, comme la tradition l'affirme au moins depuis Hésiode, à apaiser le mal. Mais, précisément, cela ne règle rien, puisque les deux adversaires résistent, chacun à sa manière, par l'endurance ou par le chant.

Des interprètes ont introduit un principe de cohérence sans doute étranger au drame quand, cherchant à expliquer le revirement de Dionysos (qui aimait Euripide au début, mais choisit finalement Eschyle), ils font de cette question de l'identité un moment décisif dans ce qu'ils pensent être l'évolution du dieu. Ils trouvent alors dans cette mascarade l'indice d'une indétermination initiale de Dionysos, qui ne se découvrirait qu'à la fin, ou transforment les frayeurs et les violences que subit le dieu en autant d'épreuves de socialisation venant métamorphoser l'individu capricieux que serait au départ Dionysos (Leo Strauss). Plus simplement, la comédie déploie, de manière géométrique en scènes clairement contrastées, les possibilités scéniques[25] qu'offre le déguisement mythique comme répétition d'une histoire passée.

Ces scènes inabouties, qui ne débouchent sur aucune action effective, valent par elles-mêmes. Les succès d'Héraclès se transforment en dangers précisément parce qu'il a réussi, et que ses victimes se vengent. Même quand l'accueil est positif (v. 503-532), cela n'aboutit pas, parce qu'être Héraclès, au fond, n'intéresse ni le maître ni l'esclave. Les deux voyageurs ne sont pas à la hauteur de l'histoire passée. À la réalité héroïque et à son renversement lors de ce « second » voyage d'Héraclès, ils n'ont à opposer, comme réalité propre, que leur envie de dominer (pour Xanthias), leur appétit sexuel (pour les deux) ou la peur des coups (pour Dionysos). La *mimésis* héroïque, qui triomphera avec la victoire d'Eschyle, qui partage plusieurs traits avec l'Héraclès décrit ici, est déjà caricaturée. Le chœur exposera en deux odes contradictoires, l'air de rien, l'inconsistance du jeu mimétique sérieux (voir aux v. 534-548). Il s'agit là moins d'une réflexion métathéâtrale que d'une libre démonstration de la souveraineté de l'art

---

25. Avec un élément de hasard : les femmes d'auberge, rencontrées par Héraclès avant son accueil chez Perséphone (cf. v. 114), intervien-nent ici après. Elles passaient par là.

comique dans le traitement des légendes et des apparences
qu'elles ont léguées.

v. 464. Les manuscrits hésitent sur l'identité du
personnage qui entre en scène : « un serviteur de Pluton »,
selon une minorité d'entre eux et en accord avec la liste
des personnages, qui est donnée par l'ensemble des
manuscrits au début du drame, ou « Éaque », comme
dans la majorité des manuscrits (qui ne font pourtant pas
figurer ce nom dans la liste initiale des personnages).
Comme les noms n'étaient d'abord pas inscrits avant les
répliques, il y avait là matière à discussion pour les
commentateurs anciens (certains récusent explicitement
« Éaque » comme étant improbable). Éaque, le héros,
père de Pélée, était le paradigme du juste : il tranchait
des querelles opposant les dieux. Pour cette raison, il a
été choisi comme juge aux Enfers, ce qui, en apparence,
s'accorde mal au rôle qui lui est confié ici. Dans la
littérature hellénistique et romaine, il jouait le rôle de
portier de l'Hadès. D'où la possibilité qu'il y ait là une
interprétation tardive du texte (Dover opte pour le
serviteur). Mais on sait que dans le prologue de la tragédie
Pirithoos de Critias[26] (antérieure aux *Grenouilles* ?),
Héraclès en entrant aux Enfers rencontre d'abord Éaque,
qui l'interroge sur son voyage. Par ailleurs, dans la scène
où il réapparaîtra, le personnage intervient contre Xanthias-
Héraclès au nom de la justice (v. 607), et il est ensuite
amené à départager, comme le ferait un juge, Dionysos
et Xanthias, qui prétendent tous deux être dieux. Il s'en
montre incapable. Éaque n'est pas si fort, et laisse trancher
les dieux.

---

26. Fr. 1 Snell.

v. 475. Murène à la Tartésienne : les murènes de Tartessos (ville d'Espagne) étaient un plat exotique connu. Le nom propre évoque le Tartare.

v. 477. Du faubourg de Tithras : dème d'Attique ; le tout proche, en contraste (indifférenciant) avec la lointaine Espagne et avec le lointain mythique (les Gorgones).

v. 478. Style euripidéen.

v. 483. Je reprends la disposition des répliques admise (entre autres) par Kock et Dover, contrairement à Coulon, Sommerstein et Del Corno, qui donnent tout le vers à Xanthias, qui chercherait son objet dans son bagage. Mais « Où… ? » annonce plutôt « C'est là… ? »

v. 501. Callias de Mélité : Callias était déjà assimilé à Héraclès au v. 430, avec sa « peau… léonine ». Le dème populaire de Mélité (qui n'est pas le dème originaire de Callias) abritait un sanctuaire du héros divinisé. Le riche athénien est ici présenté comme un esclave, fouetté. En 991, les habitants de ce dème (si référence est bien faite à eux, voir la note) sont des abrutis immatures.

v. 503. Les manuscrits ne permettent pas de trancher sur l'identité, féminine ou masculine, de l'esclave de Perséphone. Comme plusieurs d'entre eux comportent la mention une « servante de Perséphone » dans la liste des personnages, donnée au début, certains modernes font entrer ici une femme (cf. Coulon, Sommerstein, Henderson). Une scholie récuse explicitement ce choix. L'argument principal en faveur d'un esclave mâle est que le personnage jure par Apollon (v. 508), ce qui est typiquement masculin (cf. L'*Assemblée des femmes*, v. 158-160). Mais une femme jure par ce dieu en *Lysistrata*, 917. Nous avons affaire à un intermédiaire, qui se fait le porte-parole de l'inclination amoureuse de Perséphone pour Héraclès (cf. « Ô mille fois aimé Héraclès », v. 503), qu'elle avait autorisé à

s'emparer de Cerbère ; il n'est pas nécessaire de penser
que l'esclave (s'il est féminin) partage ce goût. Avec Dover,
Del Corno et Mastromarco-Totaro, mais sans argument
décisif, j'opte pour le masculin.

   v. 534-548. L'ode, chantée par le chœur puis par
Dionysos (en deux strophes qui se répondent), sera suivie
d'une antode, sur le même schéma, où Xanthias répondra
au chœur (v. 590-604). Le rythme en est simple : des
dimètres trochaïques (– ∪ – ∪, deux fois), avec, pour clore
les périodes, des « lécythions ». Les deux chants du chœur
développent sereinement des positions théoriques contraires.
Dans l'ode, l'intelligence est située du côté de l'auto-
contradiction différée, dans l'art de changer d'avis selon
les circonstances, comme l'illustre le politicien Théramène,
élève d'Euripide ; de même, Xanthias doit maintenant
redevenir Xanthias et cesser d'être Héraclès. Être soi-même
est donc paradoxalement une affaire d'arrangement avec
le cours imprévisible des choses. Dans l'antode, au contraire,
Xanthias, redevenu « Héraclès » pour la circonstance par
un nouvel échange de costume, est prié d'être conforme
à sa nature première, « originelle », c'est-à-dire, en réalité,
au faux Héraclès qu'il est redevenu. L'identité, donnée dès
le départ, primerait donc, bien qu'ici l'identité héracléenne
ne soit qu'un emprunt. Cette force « naturelle » prêtée à
Xanthias pointe vers la seconde partie de la pièce (comme
la mention de Théramène annonçait Euripide). Le « regard
de terreur » que l'esclave est sensé lancer naturellement,
c'est-à-dire conformément à son déguisement[27], le
rapproche, en effet, d'Eschyle. Aucune conciliation, bien

---

27. Selon le paradoxe de la poétique nouvelle d'Euripide (critiquée
dans les *Acharniens*) et d'Agathon (dans les *Thesmophories*) : un poète
tragique crée naturellement des personnages, qui sont vraiment issus
de lui, s'il se déguise comme eux. Voir R. Saetta-Cottone, « Agathon,

entendu, entre ces deux positions contraires, sinon qu'elles sont toutes deux (selon la logique de la première) commandées par la situation. Les deux paradoxes, dans l'ode puis dans l'antode (être soi-même est question d'opportunisme, ou c'est être ce que précisément on n'est pas), ne sont posés qu'en passant, selon l'effet produit sur le moment, mais ils ont une valeur emblématique dans la pièce. L'opposition frontale des poétiques d'Euripide et d'Eschyle et des deux idées du langage qui lui sont sous-jacentes (le langage comme lieu en permanence ouvert à la contradiction et à l'instabilité, comme chez Euripide, ou, à l'inverse, comme ferme présentation de choses fermes, indiscutables, selon la perspective d'Eschyle), est ainsi déjà parodiée. La seconde, qui l'emportera, est déjà dénoncée comme étant hors du réel, qu'elle prétend fixer, et de son évolution. Sa supériorité, on le verra, tient seulement à sa prétention à toucher le vrai une fois pour toutes.

v. 541. Théramène : leader politique critiqué pour son opportunisme (cf. le sarcasme de Dionysos aux v. 968-970 ; Euripide vient de le présenter comme son élève). Lié d'abord à Périclès (démocrate), il contribua à instaurer le régime oligarchique des Quatre-Cents en 411, puis revint au camp démocrate, avec une politique dite « modérée ».

v. 545. L'orchestre de mes dents de devant : litt. « les rangs *(khorous)* de devant » (« dents » est supposé par le verbe, « arracher par des coups »). La valeur musicale et théâtrale de « rangs » (sens que prend ici « chœurs ») devait être gardée.

Euripide et le thème de la *mimesis* poétique dans les *Thesmophories* d'Aristophane », *Revue des Études Grecques* 116, 2, p. 445-69.

v. 549. Moulagathe : la seconde femme d'auberge s'appelle *Plathanê*, nom féminin courant, composé sur *plathanon* (sur la même racine que « plastique »), qui désigne un plat pour pétrir des gâteaux ou du pain (des traductions comme « Pétrine » ou « Pétrinette » font un peu clichés de mauvaise comédie ; j'avais pensé à « la Moulante », qui est trop ambigu). Les deux femmes ne sortent pas du bâtiment de scène, comme l'esclave d'avant. Aubergistes (cf. le v. 114), elles arrivent du dehors.

v. 569. Cléon, mon protecteur à Athènes : étrangère résidente, elle avait besoin d'un citoyen qui la représente. Cléon, chef démocrate, est l'une des cibles favorites d'Aristophane. Il était alors aux Enfers, mort en 422.

v. 570. Hyperbolos : également chef démocrate, victime habituelle des auteurs comiques, assassiné en 411. Dans la parabase de *Nuées*, Aristophane se moque des poètes comiques qui ne cessent de se moquer d'Hyperbolos (v. 551-560).

v. 574. Le trou des condamnés : le *barathron*, cavité sur les pentes de l'Acropole où pouvaient être jetés les condamnés pour crime religieux et, à partir du Ve siècle, pour crime politique[28].

v. 587. Développe une formule traditionnelle de serment, qui est sans objet pour le dieu.

v. 588. Arkhédémos : voir au v. 418.

v. 595. Quelque trait de mollesse : pourrait ne pas être verbal seulement.

v. 602. Un regard acide comme l'origan : « acide », qui rappelle l'âcreté de la plante (il s'agit de l'origan appelé dictame, que Théophraste, *Histoire des Plantes*, I, 12, 1,

---

28. Voir E. Cantarella, *Les Peines de mort en Grèce et à Rome* (1991), trad. fr. par N. Gallet, Paris, 2000, p. 91-93.

range avec la moutarde, la sariette et le cresson), est ajouté par la traduction (on a en grec : « avec un regard d'origan » ; voir Taillardat, § 385, sur les expressions de ce type).

v. 608.Camélas, *Babouinas*, *Pétocas* : les trois noms d'esclaves ont été traduits. Ils sont « parlants » et notent des animaux exotiques pour les deux premiers. *Ditulas* est formé sur l'adjectif rare « à deux bosses » ; *Skebluas* a un écho dans le mot *keblos*, « babouin », conservé par un lexicographe ancien (Hésychius) ; *Pardokas* est transparent (*perdein* = « péter »). La formation de ces noms, avec le suffixe, a une couleur étrangère : des archers scythes, esclaves de la cité, faisaient à Athènes fonction de policiers. Éaque avait parlé de deux acolytes, en employant un verbe au duel (v. 606). Il n'est pas utile de supposer qu'un troisième apparaisse ensuite : le duel est formulaire quand il s'agit d'intermédiaires (cf. l'immense débat sur ce problème pour l'ambassade envoyée à Achille au chant IX de l'*Iliade*).

v. 616. La mise à la torture des esclaves dans les procès était systématique.

v. 622. Frapper à coups d'oignon faisait partie de rituels, apprend-on par des témoignages poétiques.

v. 637. Le propos est juste. Xanthias sait qu'il est plus résistant que Dionysos, et qu'il pourra donc être divinisé, en paroles, grâce à cette épreuve.

v. 649. Aïeaïeaï : en grec, *iattatai*. Les éditeurs reprennent, à raison, la version donnée par le manuscrit V, qui attribue le second cri, précédé de *ti*, « pourquoi ? », à Éaque. Sinon, le cri n'est pas scindé, et attribué entièrement à Xanthias, dans une forme non métrique, très longue. La leçon de V, plus élaborée, semble meilleure.

v. 651. Faubourg de Diomos : les Dioméies (du nom du héros Diomos) étaient un dème d'Attique où se célébrait une fête en l'honneur d'Héraclès.

v. 661. Un poème iambique d'Hipponax : litt. « un iambe d'H. » ; le mètre désignait le genre poétique, dont Hipponax d'Éphèse, poète du vɪᵉ siècle, était un représentant majeur (voir l'édition de ses fragments par Enzo Degani, Leipzig, 1983). Une scholie,qui cite les deux vers suivants, conteste l'attribution donnée par Dionysos ; le poème serait d'Ananios (dont c'est le fr 1 dans l'édition de M. West, *Iambi et Elegi Graeci*, Oxford, 2ᵉ éd., 1992). Aristophane ne fait pas vraiment une erreur : un poème célèbre, représentatif du genre, pouvait être donné à un maître faisant autorité.

v. 664. Selon le manuscrit V, Xanthias, et non Dionysos, serait frappé en dernier, avec une alternance stricte des victimes. Mais l'ordre donné en 662 convient mieux à Xanthias, avec qui Éaque est plutôt solidaire. Mieux vaut donc suivre les autres manuscrits.

v. 666 s. Dionysos cite, avec inexactitude, un fragment du *Laocoon* de Sophocle (fr. 371 Radt[29]) : « *Poséidon, qui règnes sur le cap égéen ou règnes sur la mer bleutée avec ses bons vents, du haut des rochers élevés des embouchures (?)* » (le dernier mot, *stomatôn*, est problématique : ouverture de la côte par des cours d'eau, ou « fronts » des falaises ?). « Dans les gouffres de l'eau » est ou ajouté, ou tiré du contexte plus large. C'est la reprise d'une formule homérique. Dionysos fait de la poésie, en rassemblant des clichés, et, peut-être, en créant (ou en critiquant implicitement) une image incongrue : Poséidon, maître d'un cap élevé (le Sounion) depuis les fonds.

---

29. Dans le vol. 4 des *Tragicorum Graecorum Fragmenta*, réalisé par S. Radt.

IV. Parabase (v. 674-737)

La parabase des *Grenouilles* est particulièrement courte. Elle n'emploie pas dans ses parties parlées le mètre habituel. Les parties chantées, une ode et une antode, introduisent, comme c'est la règle, des déclarations ayant trait à l'actualité (« épirrhème » et « antépirrhème ») prononcées par le coryphée. Comme dans les déclarations analogues de la *parodos*, la prise de position est claire et situable sur l'échiquier politique (cf. son analyse par G. E. M. de Ste Croix[30]). Face aux immenses difficultés militaires du moment, la cité devrait pratiquer une politique d'amnistie, et recourir aux citoyens qui s'étaient engagés dans les révolutions oligarchiques (dont la gravité paraît minimisée, voir le v. 689) et qui ont été déchus après le rétablissement de la démocratie. Le critère politique immédiatement posé par le chœur est l'utilité (cf. *khrêsta*), ce qui permet de redéfinir qui est « honnête » parmi les citoyens, selon l'un des sens du mot *khrêstos* (qui servira à qualifier les partisans d'Eschyle au v. 782) : le salut de la cité, et non la qualité des comportements antérieurs, doit guider le jugement. Mais le critère, orienté vers la nouveauté du moment et ses dangers, renvoie en réalité principalement à la tradition : comme l'utilité éventuelle des citoyens reste à établir, elle sera probable chez ceux qui, par la noblesse de leur éducation et par les preuves longuement données par leurs ancêtres, sont de toute évidence du côté des « utiles ». La vraie nouveauté, celle qui doit sauver la ville, n'est donc

---

30. *The Origins of Peloponnesian War*, Ithaca (N.Y.), 1972 ; l'étude de la position politique d'Aristophane a été reprise dans E. Segal (éd.), *Oxford Readings in Aristophanes*, ch. 4, « The Political Outlook of Aristophanes », p. 42-64.

pas à chercher chez les nouveaux citoyens, les parvenus qui trafiquent ou les étrangers (selon une représentation injurieuse et convenue des politiques qui s'identifient aux besoins du peuple, du *dêmos*)[31]. Comme c'est le cas pour la monnaie athénienne, qui vaut dans le monde tant par l'antiquité des pièces d'argent habituelles que par ses pièces nouvelles frappées avec l'or que la cité avait su emmagasiner (v. 720), elle sera d'abord chez ceux qui ont les qualités intrinsèques pour la produire. L'ancien l'emporte et devrait permettre le renversement de la situation.

Selon une conception classique (moderne) du théâtre, nous serions, avec ce programme politique, hors de la fiction dramatique. Mais la question ne se posait pas, comme, déjà, le montre le fait qu'au cours de la fiction Eschyle et Euripide reprendront, de manière condensée selon le style de la tragédie, les mêmes arguments. Non seulement la parabase (où le chœur pouvait momentanément se défaire de son masque[32]) est une partie essentielle de la comédie ancienne, comme les injures adressées nommément à des membres du public[33], mais la réalité « extérieure » au drame est ce qui motive et oriente l'action. Il y a plus contraste entre des modes de discours que rupture de la fiction. Ce sont chaque fois des formes d'arrachement au présent qui sont proposées et juxtaposées : dans la critique argumentée de ce qui est là, de la réalité, politique ou autre, du moment, et dans l'invention d'un autre monde.

---

31. Voir l'étude de J. Henderson, dans le même volume (cf. *supra*, n. 24).

32. Ce qui n'est pas le cas ici. Le chœur parle selon son personnage, comme chœur mystique (« le chant des danses sacrées », v. 686).

33. Sur l'importance de ces injures pour la compréhension du genre, voir le livre de R. Saetta-Cottone, *Aristofane e la poetica dell'ingiuria*.

Une thèse sérieuse, non consensuelle, et non spécialement liée à la comédie, est affirmée sur l'état de la cité ; elle se comprend d'abord par elle-même, comme refus raisonné de l'état des choses. La liberté comique consiste en la mise en contexte de cette thèse critique dans une situation fantasmagorique (la dissension politique et poétique surgie au sein des Enfers) qui, en retour, servira à déployer et à analyser les implications de cette thèse. En effet, celle-ci reste limitée, puisqu'elle s'en tient à sa rationalité de critique authentiquement et seulement politique. Le drame ouvrira à des questions autres, beaucoup plus larges – qu'est-ce que la culture, le langage, la nouveauté, le public, les dieux, le moment ? – sans qu'aucune maxime d'action politique puisse en être tirée. Le sérieux, restreint, des déclarations de la parabase, qu'il convient de prendre à la lettre[34], souligne l'invention dans le reste de l'œuvre, il la conditionne. Il est, en tant que tel, un élément de la construction comique, qui appuie sa prise de distance vis-à-vis de la réalité sur cet écart introduit au sein de la réalité du moment. Celle-ci perd toute consistance, puisqu'elle est contradictoire, comme le montre la nécessité de la critiquer. On ne saurait donc privilégier, comme on l'observe souvent dans le débat critique actuel, l'un ou l'autre terme, la critique politique sérieuse (avec les dénigrements

---

34. Ce n'est pas parce que le verbe « se battre sur mer » (*nau-makhein*) peut avoir un sens érotique, comme au vers 430, que cette connotation possible doit empêcher d'entendre le sens premier. La comédie part du constat que tout vocable peut être polysémique. La multiplication des sens enrichit le sens que le contexte demande et ne le neutralise pas. Elle fait entendre que même un énoncé à prendre au sérieux peut ou pourra faire l'objet d'une analyse comique ; mais la diction est discontinue, elle passe d'un sens à l'autre, selon le contexte, sans les mêler tous (ce qui supposerait un concept simplifié de ce qu'est une langue).

injurieux qui l'accompagnent) ou la fantaisie. Ils relèvent
du même mouvement. La distance fantaisiste prise par la
poésie d'Aristophane vis-à-vis du réel n'est précisément
pas celle d'Euripide, qui a suscité le désir de Dionysos
pendant une bataille navale : elle n'est pas la négation
totale, immédiate, de ce qui a lieu ; elle part d'une analyse
de la situation.

L'ode et l'antode font contraster, d'une part une langue
recherchée et une métrique complexe (à base, principalement,
de dactyles et de « dochmiaques » [∪ – – ∪ –], selon un
schéma qu'on retrouve en tragédie) et, de l'autre, des
attaques dures et des prosaïsmes (cf. v. 685). Les épirrhèmes
n'utilisent pas le tétramètre anapestique usuel, qui a déjà
servi dans la *parodos*, mais le tétramètre trochaïque (trois
fois – ∪ – ∪, suivi d'un mètre incomplet, – ∪ –).

v. 678. Cléophon : la cible politique principale des
Grenouilles (cf. v. 1504 et 1532 et, indirectement, 140) et
d'autres comédies (voir le début de l'Introduction). Chef
des démocrates après le rétablissement de la démocratie
en 410, il était partisan de la guerre contre Sparte. Il fut,
après une campagne du parti adverse, exécuté en 404. On
a associé la reprise des *Grenouilles* avec l'action juridique
menée contre lui. Son père était athénien, mais dans la
pièce de Platon sa mère est présentée comme une barbare,
ce que reflète ici « l'hirondelle de Thrace » (expression
qui rappelle Eschyle, *Agamemnon*, v. 1050, au sujet de
Cassandre).

v. 685. Même si le jury vote à égalité : litt. « même si
les votes sont égaux ». L'égalité des voix, dans un procès,
valait l'acquittement. Mais selon le chœur, Cléophon n'a
aucun moyen d'échapper à la condamnation.

v. 686. Il est légitime… : la comédie revendique, ici sous l'apparence de chœurs mystiques, le sérieux de ses conseils politiques. La même revendication est fortement exprimée dans la première comédie que nous possédons d'Aristophane, les *Acharniens*, v. 500 ss. : le protagoniste y affirme que la « trygédie » (*trugôdia*, mot pour « comédie », parodiant « tragédie » [*tragôdia*] à partir de *trux*, « vin nouveau »[35]) a la connaissance de ce qui est juste et utile à la cité. La position politique défendue par le chœur est posée, parce que raisonnable, et doit être prise telle quelle, par opposition avec d'autres qui se trouvent ainsi critiquées. Elle se laisse définir comme ligne politique précise : condamnation des tentatives oligarchiques, et condamnation des conséquences qu'en ont tirées les démocrates revenus au pouvoir, qui ont privé de leurs droits civiques les partisans de la révolution oligarchique de 411, qui étaient issus des grandes familles. De fait, après la défaite navale d'Athènes à Ægos-Potamoi en 405, postérieure à la première représentation des *Grenouilles*, la plupart de ces citoyens déchus ont été rétablis dans leurs droits. C'est dans ce contexte qu'a été décidée la reprise de la pièce.

v. 689. Phrynichos. L'un des responsables de la révolution oligarchique, assassiné en 411. Ce n'est ni l'auteur tragique, aîné d'Eschyle (cf. v. 911, 1300), ni l'auteur comique contemporain d'Aristophane (v. 13).

v. 693. Battus sur mer : depuis la bataille de Salamine, prendre part au combat naval était considéré comme la marque de son utilité pour la cité ; les gens pauvres, qui n'avaient que leur force physique de rameurs à offrir, devenaient « utiles », selon le sens premier du mot *khrêstos*,

---

35. Anne de Cremoux a pour la première fois proposé une traduction du mot : « beuvragédie » (dans sa traduction de la pièce, Villeneuve-d'Asq, 2008).

qui désigne d'habitude les « nobles », les « gens de bien ».
Ici, les esclaves, après les citoyens libres, se sont vus
accorder cette dignité.

v. 694. Deviennent sur le coup des Platéens : les citoyens
de Platées jouissaient dès le VIe siècle d'une citoyenneté
athénienne honorifique. Ils ont été les seuls alliés d'Athènes
à Marathon contre les Perses. Ceux qui s'étaient réfugiés
à Athènes en 427, après la destruction de leur ville par les
Lacédémoniens et les Thébains, furent admis comme
citoyens réels, avec quelques restrictions (voir Sommerstein).

v. 704. L'étreinte des vagues : repris d'Archiloque (fr.
213 West). Eschyle (*Choéphores*, 587) et Euripide (*Hélène*,
1062) avaient déjà imité l'expression.

v. 706 s. Si j'ai une vision droite de la vie d'un homme :
repris du poète tragique Ion de Chios (fr. 41 Snell ; voir
aussi l'édition de L. Leurini, Amsterdam, 1992).

v. 709. Le petit Cligène : peut-être un inconnu (Dover
rappelle qu'un Cligène, dont nous ne savons rien d'autre,
était secrétaire du Conseil en 410-409). Il devait posséder
des bains, même si le terme *balaneus* peut aussi signifier
qu'il était un employé. La terre de l'île de Kimôlos,
dans les Cyclades, servait de détergent, comme la
cendre.

v. 715. N'est pas un pacifique : comme le belliciste
Cléophon de la strophe (auquel son nom, avec l'élément
« gloire », *Cli-*, fait écho), sauf qu'il s'agit de sa paix
personnelle. Aristophane emploie (ou forge) un adjectif
eirênikos, « irénique », qui sera utilisé ensuite en prose,
selon un mode de dérivation en vogue à l'époque pour
former des termes techniques.

v. 720. La monnaie athénienne était d'argent.
L'occupation par les Lacédémoniens d'une partie de

l'Attique rendait difficile l'exploitation des mines d'argent du Laurion. Une monnaie d'or fut créée en 406 avec des offrandes qui étaient déposées à l'Acropole.

v. 725. Ces lamentables pièces de bronze : sans doute des pièces de bronzes plaquées d'argent, utilisées à la fin de la guerre pour un usage interne à Athènes et démonétisées ensuite.

v. 730. Et les rouquins : discrimination habituelle. Cette couleur passait pour caractéristique des Thraces (cf. le poète-philosophe présocratique Xénophane, fr. 16 Diels-Kranz), comme l'aurait été Cléophon. Traiter les hommes politiques démocrates d'étrangers, de nouveaux citoyens ou de parvenus était un *topos* de leur adversaires.

v. 733. Pour sa purge rituelle : traduit *pharmakos*, victime expiatoire.

v. 735. Refaites usage des gens d'usage : l'auteur réétymologise le terme social convenu *khrêstos*, en soulignant sa signification première avec le verbe « user de », ici à l'impératif, *khrêsthe*. J'ai en général traduit *khrêstos* par « utile »[36].

v. 736. Noble sera la bûche : litt. « (cela viendra) d'un bois digne ». Proverbe.

V. Scène iambique et *stasimon* (v. 738-829)

La scène entre les deux esclaves sert de prologue à la seconde partie du drame. Comme un prologue, elle est suivie d'un chant de chœur strophique *(stasimon)*, qui annonce la lutte (l'*agôn*) entre les deux poètes. En

---

36. Cf. l'étude de ce mot chez Aristophane par M. Casevitz dans Pascal Thiercy-Michel Menu (éd.), *Aristophane : la langue, la scène, la cité*, p. 445-455.

contraste avec ce nouveau prologue, le chant est de
facture noble : le mètre est héroïque (dactylique, avec,
pour chacune des quatre strophes, un lécythion comme
clausule), les références à Homère abondantes, même
si s'y mêlent des néologismes propres à la langue de la
comédie.

V, 1. Scène dialoguée (v. 738-813)

v. 740. Que la vigne et la pine : en grec, il y a deux
infinitifs, *pinein*, « boire », et *binein*, « baiser ». On pourrait
traduire tel quel, mais l'assonance reste maigre, malgré la
référence aux « trois b » habituels (« boire, bouffer, baiser »),
ou tourner autour d'« outre » et de « foutre », ou de
« picoler » et de « piner », mais, avec cette dernière solution,
le premier terme serait plus vulgaire qu'en grec.

v. 746. Extatique : litt. « être en état de contemplation »
(aux Mystères).

v. 749. Tu fais tout de travers : litt. « tu fais toutes
choses », expression négative et figée, qu'on avait, au
participe, au v. 228, où j'ai traduit par « l'inopportun ».

v. 764. Trouve le couvert au Prytanée : les vainqueurs
des jeux athlétiques, notamment, étaient invités à manger
aux frais de la cité dans ce bâtiment officiel (foyer de la
ville).

v. 790. Et, tel qu'en lui-même : le texte grec reprend le
pronom de la troisième personne à connotation laudative
ekeinos, qui vient d'être employé pour Sophocle deux vers
plus haut (« un tel homme »). Il y a un débat pour savoir
quel en est le référent, Sophocle ou Eschyle (Coulon corrige
le texte). « Il lui abandonna le fauteuil » ferait pencher
pour Eschyle, puisque Sophocle n'y est pas. Mais l'abandon
est initial : Sophocle ne revendique même pas (selon un

usage attesté du verbe). Il est fidèle à lui-même, comme l'indique la répétition du pronom, et n'agit pas comme Euripide.

v. 791. Clidémidès : des témoignages anciens, que rien ne recoupe et qui sont peut-être inventés *ad hoc*, en font ou un fils de Sophocle ou un acteur ayant joué du Sophocle.

v. 792. À s'asseoir à l'assister : le mot prêté à Clidémidès frappe par la répétition, sans doute maladroite, du radical « s'asseoir » : *eph-edros kath-edeisthai*, « s'asseoir dessus pour être assis à côté ».

v. 797. À la balance, l'art sera quantifié : le verbe *stathmân* a pour sens premier « peser » ; il était souvent utilisé pour « comparer », « apprécier » (cf. Taillardat, § 781). La métaphore sera prise à la lettre dans la dernière épreuve du concours concernant la technique. La pesée est ici nommée en premier, comme une représentation de l'ensemble du débat sur le métier, alors qu'il s'agit d'un exercice purement fantasque, qui n'a pas d'objet défini (voir l'Introduction et ci-dessous, la présentation des v. 1378-1481).

v. 798. Ils vont lésiner : Xanthias emploie un terme à référence rituelle. À la fête des Apaturies, les pères présentaient les fils à leur phratrie en offrant un sacrifice. Les assistants, dit-on, raillaient le poids insuffisant des victimes.

VI, 2. Chant strophique (v. 814-829)

v. 814. Le grand fracassant : épithète de Zeus dans l'*Iliade*, *eri-bremetês*, où l'on reconnaît l'élément *bre-* du cri des Grenouilles. Le chœur donne la suprématie à Eschyle, dont il parle en premier, alors que dans l'*agôn*

Euripide commencera, ce qui peut être pris comme un signe de sa défaite à venir (il est réfuté)[37].

v. 815. L'artiste rival : néologisme en grec *(anti-tekhnos)*, de facture, mais non de signification, eschyléenne.

v. 815 s. Le tranchant de sa dent phraseuse : litt. « sa dent qui bavarde dans l'aigu ». Aristophane crée un adjectif, *oxu-lalos*, qui est une parodie des nombreux composés poétiques en *oxu-* (avec l'« aigu » comme qualité de la voix artistique ou de la plainte).

v. 816. Le terrible délire : à la fois la tragédie et le bachisme.

v. 818. Miroitantes sur les casques : épithète d'Hector dans l'*Iliade, koruthaiolos*, « au casque étincelant », ou « agité ». La séquence homérique injures *(neikê)* puis combat est condensée.

v. 820. À la poitrine bâtisseuse : parodie de composés tragiques en *phreno-* (« poitrine »).

v. 821. Montées sur des chevaux : épithète tragique (Eschyle, *Prométhée*, 805, pour des cavaliers, Sophocle, *Thrachiniennes*, 1095, pour les Centaures).

v. 822. Hérissonnant… : la chevelure est dite quatre fois dans ce vers, qui mêle des tournures homériques (comme « il resserrera… » au vers suivant) et une épithète de forme tragique, *auto-komos*, déterminant « crête » : « avec l'ensemble de ses cheveux », qui est ici un peu sous-traduit. « Hérissonner » et « crineux » sont empruntés à Robert Garnier : la langue poétique pindarisante du XVIe siècle, avant la glaciation classique, reste une ressource actuelle.

---

37. Sur l'invention verbale dans ce chœur, voir le recensement par Zimmermann, vol. 2, p.146 s.

v. 824, 825. « *Pressés de rivets* », « *fils de la terre* » sont eschyléens (la dernière expression comme épithète des Titans).

v. 826-828. Les néologismes caractérisant l'art d'Euripide sont des variations sur des termes prosaïques (« ouvrière buccale » = *stomatourgos*, « questionneuse » = *basanistria*, « terrasser de finesses langagières » = *kata-lepto-logeîn*).

VI. *Proagôn* (v. 830-894)

La scène qui précède *(pro-)* le combat proprement dit *(agôn)* met en place les adversaires l'un contre l'autre au moyen d'injures ; l'*agôn* répondra à ces offenses par des moyens rhétoriques plus licites, en entamant, de part et d'autre, une procédure de preuve[38]. Bien qu'abondamment employée, l'injure est disqualifiée dans le *proagôn* par l'arbitre de la dispute, qui demande qu'on ne confonde pas réfutation dialectique et querelle de boulangères (v. 853). Un rite, à la fin de la scène, est censé ouvrir un espace pacifique pour la dispute. Mais les injures n'en continueront pas moins à abonder dans la scène suivante.

v. 832. Eschyle, pourquoi tu te tais ? : le poète se comporte comme ses personnages (v. 913), il donne dans le silence sublime. Le silence sera plus intéressé au v. 1461.

v. 837- 839 : sur les sept déterminations d'Eschyle, cinq sont des néologismes, des composés nominaux, dont

---

38. Je reprends là les analyses de R. Saetta-Cottone, dans son livre, p. 193-206.

le dernier est la parodie d'une création d'Eschyle, fortement allongée.

v. 840. Fils de la déesse agricole : imité d'Euripide, « fils de la déesse marine » (sans doute pour Achille, dans un drame non identifié, fr. 885 J-VL ; ces mots sont parfois attribués au *Téléphe*). Aristophane présente souvent Euripide comme fils d'une marchande d'herbes, alors que le témoignage d'un historien ancien nous la dit de bonne famille. Il était traditionnel de disqualifier les nouveaux venus en politique en leur prêtant une origine basse. Ce cliché est appliqué ici à un artiste de style nouveau (même s'il n'était pas de leur camp politique).

v. 841 s. Trois néologismes nominaux pour définir Euripide. Les gueux et les gueilles (guenilles ; le mot, employé dans le Sud-Ouest, pourrait devenir « national ») renvoient principalement au *Télèphe* d'Euripide, imité dans les *Acharniens* et les *Thesmophories*. La ville du roi Télèphe (qui est le héros de nombreuses tragédies) avait été attaquée par erreur par les Grecs, qui croyaient s'en prendre à Troie. Télèphe avait été blessé par Achille ; sa blessure était incurable et seul Achille pouvait la guérir. Il s'est rendu chez les Grecs et, habillé en mendiant, a imploré leur secours.

v. 844. Parodie au second degré : le vers reprend une expression du *Cyclope*, drame satyrique d'Euripide (v. 424), qui devait elle-même reprendre une expression tragique, retournée ici à Eschyle, après ces déformations.

v. 846. Qui fabrique des boiteux : néologisme, qui rappelle les héros estropiés, Bellérophon et Philoctète.

v. 847. Un agneau noir : en sacrifice, pour écarter la tempête menaçante.

v. 849. Les solos (« monodies ») étaient typiques des dernières tragédies d'Euripide. « De Crète » n'est pas facile à interpréter. L'origine note sans doute un rapport à la danse, mais aussi au contenu, comme semble l'indiquer le vers suivant sur la sexualité monstrueuse, que l'on trouve par exemple dans *Phèdre* (héroïne crétoise) ou dans les *Crétois*, tragédie perdue d'Euripide, avec les amours de Pasiphaé. Le solo euripidéen parodique chanté par Eschyle aux v. 1331-1364 fait appel aux Crétois (v. 1355).

v. 854. De son verbe... brandi en chef : l'adjectif *kephalaios* (« de la tête ») introduit un jeu avec « crâne » (vers suivant). Le verbe d'Eschyle a la masse d'un linteau (pierre « de tête »), et tient sa puissance de son caractère « récapitulatif » et définitif.

v. 855. Le Télèphe : voir aux v. 841 s. Le mot survient ici au lieu d'« encéphale », que l'on attendrait, selon l'un des schémas de la mort homérique.

v. 862. Vers très discuté. Les trois termes, « vers », « chants » et « tendons » *(pleura)*, sont juxtaposés, sans particules de liaison. Le troisième n'est sans doute pas une apposition aux deux premiers (comme chez Coulon et Van Daele), mais désigne tout ce qui, en plus, donne sa forme à la tragédie et fait d'elle un corps vivant, On a remarqué que l'*agôn* suivra l'ordre inverse. Sommerstein rappelle que le mot pour « chant », *melos*, veut aussi dire « membre ».

v. 863 s. Pélée, Éole, Méléagre : autres pièces (perdues) d'Euripide.

v. 868. La poésie d'Eschyle est encore vivante au sens où il était devenu un classique : c'est le premier auteur dont les pièces, après sa mort, étaient rejouées et entraient en compétition avec des œuvres nouvelles ; par ailleurs, il était lu à l'école. Euripide, en réalité, était très populaire, comme le confirme un récit de Plutarque : les Athéniens prisonniers ou errants, après la défaite de l'expédition de

Sicile, obtenaient à manger ou même la liberté s'ils
chantaient à leurs gardiens des passages de cet auteur (*Vie
de Nicias*, 29 ; voir les témoignages T 189 a et b de l'édition
des fragments d'Euripide par R. Kannicht ; le second est
tiré de la vie du poète par Satyros).

v. 871. Encens et feu : pour un sacrifice avant le
jugement, comme en *Guêpes*, 860.

v. 875-84. L'hymne aux Muses est dans un mètre
héroïque, dactylique (comme le *stasimon* précédent), avec
une clausule iambique. Il juxtapose des formes métriques
d'Eschyle et, pour les v. 879-881, d'Euripide. Les
néologismes y sont très nombreux.

v. 881. De science : le terme traduit *sophia* (au génitif),
le savoir-faire. L'expression rappelle *Oreste*, 491, où le
mot prend le sens de « sagesse ».

v. 886. Eschyle était du dème d'Éleusis. Le lien entre
sa tragédie et les Mystères était consigné dans une anecdote
où il était mis en procès pour avoir révélé le contenu des
initiations dans plusieurs de ses pièces (voir v. 1273 s.).

v. 892-94. En *Troyennes*, 884-886, Hécube surprend
fortement Ménélas par sa prière « innovante » (v. 889) :
« Ô soutien de la terre et tenant résidence sur la terre, /
Qui que tu sois, difficile à connaître par conjecture, / Zeus,
que tu sois nécessité de la nature ou esprit des mortels. »
Ici, la prière mêle les parties de la philosophie (cosmologie,
rhétorique, théories de la connaissance) en les rapportant
à la nature individuelle du « savant » (« ma pâture » pour
la région du monde la plus éloignée qu'est l'éther ; cf.
Médée, 829 s. pour la familiarité des Athéniens avec la
lumière céleste, qu'ils parcourent en savants ; voir le v. 100
pour la manière dont « Euripide » banalise l'éther).

VII. *Agôn* (v. 895-1098)

Le combat *(agôn)* suit une forme stricte, avec une succession réglée[39] : 1. ode du chœur, 2. ordre donné par le coryphée d'engager les hostilités (« commandement »), 3. partie parlée menée par l'un des adversaires (épirrhème), qui se clôt, dans le même mètre, sur une section accélérée, sans rupture (appelée « essoufflement », *pnigos*), puis, de manière parallèle, 4. une antode, 5. un second commandement et 6. un antépirrhème (avec un *anti-pnigos*), conduit par l'autre adversaire. Comme dans les *Nuées*, il n'y a pas de conclusion (*sphragis*, « sceau ») ; celle-ci est remplacée par un chant de chœur (v. 1099-1118) qui ouvre à une seconde partie du combat (qui, formellement, ne fait pas partie de l'*agôn*).

Cette première passe oppose deux poétiques contrastées dans leur relation à la forme poétique, au langage et à la finalité pratique de la tragédie. L'opposition débouche sur la mise en évidence d'une aporie de l'art tragique (voir l'Introduction et, ci-dessous, les présentations de l'épirrhème et de l'antépirrhème). La technique tragique, dans cette section, est considérée dans ses orientations générales (qui est représenté, dans quel but, avec quels moyens ?), avant que soit envisagées, dans la suite, les parties des tragédies (prologues, mélodies – manquent donc les épisodes et l'*exodos*) et son vocabulaire, dans la scène de la pesée. On a là la progression méthodique d'un traité, qui annonce le plan de la *Poétique* d'Aristote. Et il est légitime de penser qu'Aristophane développe ici une analyse argumentée de la tragédie, qu'il prend véritablement comme objet. Cette analyse n'est pas conclusive, comme celles des philosophes

---

39. Cf. les *Cavaliers* et les *Nuées* (avec, pour ces deux pièces, deux scènes d'*agôn*), les *Guêpes*, les *Oiseaux* et, avec quelques modifications, *Lysistrata*.

qui se sont intéressés à la tragédie et qui élaborent un concept
de ce genre poétique. Elle fait ici seulement voir les
insuffisances des deux poétiques en présence. Aucune ne
peut réduire l'autre, ni véritablement légitimer l'importance
de la tragédie, qu'Aristophane ne combat pas, puisqu'il
s'agit bien de la faire revivre. Comme l'art tragique ne peut
se fonder lui-même, dans une opposition indépassable de
ses deux représentants extrêmes, il reviendra à la comédie
à lui fournir, malgré elle, les raisons de son existence (voir,
ci-dessous, la présentation de l'*exodos*). L'aporie critique,
qui est à prendre au sérieux, comme résultat d'une analyse,
crée une situation comique. Elle est elle-même, dans sa
rigueur, l'effet de la forme comique (voir l'Introduction).

Si on prend la *Poétique* comme point de comparaison,
puisque c'est le seul traité systématique que nous possédions,
le trait marquant est que l'intrigue, le *muthos*, est ici
totalement absente, alors qu'Aristote y voit l'élément
principal de la tragédie. La mise entre parenthèses de
l'action fait que les discours scéniques sont pris comme
s'ils étaient directement adressés aux spectateurs, de même
qu'il est posé qu'à travers les tragédies, c'est un individu,
avec son caractère, son langage et sa pensée, qui s'exprime.
Les œuvres sont conformes à celui qui les crée, selon une
conception de la *mimêsis* poétique dont Aristophane se
fait l'écho ironique ailleurs : dans les *Acharniens*, avec la
scène d'Euripide (voir le v. 411) et les *Thesmophories*
(voir les v. 144-172, avec le principe énoncé en 167 par
le poète tragique Agathon : « Car il est nécessaire de
composer des œuvres semblables à sa nature »)[40]. Une

---

40. Voir la discussion par G. Arrighetti sur l'origine de cette théorie, qui remonte moins aux Sophistes qu'à la poétique de la tradition
épique (*Poeti, eruditi e biografi*, p. 148-159). En fait, cette conception
ancienne a été rationalisée, avec un vocabulaire technique, à partir du

telle conception, traditionnelle, rend possible la création de personnages dramatiques comme « Eschyle » et « Euripide », qui sont essentiellement construits à partir des caractéristiques de leurs œuvres[41].

VII. 1, Ode (v. 895-904)

Ouvertes par des anapestes (v. 895 et v. 992 dans l'antode), l'ode et l'antode sont trochaïques, comme le sera le chant strophique après l'*agôn* proprement dit (v. 1099-1118), qui introduit une seconde scène de conflit. Dans l'ode, les styles des adversaires sont clairement différenciés, mais le raffinement d'Euripide n'y est pas moins sauvage et guerrier que la violence d'Eschyle.

v. 896 b. Un noble ballet : une différence métrique entre l'ode et l'antode (absence d'un mètre dans l'antode en 993 b) a fait supprimer cette expression (cf. Coulon). Mais une équivalence stricte n'est pas attendue pour ce type de composition. La danse évoquée *(emmeleia)* est caractéristique de la tragédie.

v. 897 b. Ensauvagée : Eschyle est présenté comme un « fabriquant de brutes » (ou « de sauvages ») en 837.

v. 901. Urbain : même mot que pour « raffiné » au v. 5 *(asteion)*.

_____

moment où la réflexion cosmologique a dégagé le principe d'identité comme causalité, avec la production du Même par le Même. Ce qu'est l'auteur se dégage du texte qu'il a produit.

41. Comme le dit à Euripide le protagoniste des *Acharniens*, (v. 413), ce qui crée une circularité infinie (voir l'analyse de la scène par A. de Cremoux dans *La Cité parodique*).

v. 903. Arrachés avec toutes leurs racines : composé eschyléen, *auto-premnos* (cf. au v. 822), qui assimile les adversaires à des Centaures, luttant avec des arbres.

v. 904. Le verbe est le complément sont des néologismes. Le second désigne le lieu où, après leur course, les chevaux en sueur se roulent dans la poussière (cf. Taillardat, § 516).

VII, 2. Commandement (*katakeleusmos*[42], v. 905 s.)

Les deux vers (dans le mètre de la section qui va suivre, comme ce sera le cas pour le second commandement, *anti-katakeleusmos*, v. 1004 s.) sont attribués à Dionysos dans les manuscrits, mais au chœur par des scholies, selon l'usage. Il est inhabituel en ce qu'il s'adresse aux deux combattants, même si la demande d'un langage « urbain » renvoie à Euripide (cf. v. 901).

v. 906. Ni devinettes : litt. « des images » *(eikones)*, comme énigmes. Le chœur rejette deux formes de discours qu'Aristote écartera comme trop extrêmes pour la poésie : le langage obscur et le langage commun.

VII, 3. Épirrhème conduit par Euripide (v. 907-991)

En tétramètres iambiques jusqu'au vers 970, puis en dimètres iambiques pour la dernière section (v. 971-991), appelée « essoufflement » *(pnigos).*

_____

42. Le mot *keleusma*, « ordre », est à l'origine de notre « chiourme », dont le sens était « chant qui guide les rameurs ».

La critique d'Eschyle par Euripide s'appuie sur une conception précise de la poétique. Elle ne vise pas à justifier des innovations. Au contraire, elle condamne des ajouts apportés abusivement par le poète plus ancien. Le reproche fait à Eschyle est d'avoir dénaturé l'art tragique, de ne pas avoir reconnu la rigueur qui est constitutive du genre. Euripide n'est inventeur qu'en ce qu'il restitue au genre, qui a donc été déformé avant même d'avoir été réalisé et compris par lui, ses véritables capacités expressives. Si la tragédie est d'abord langage, dans un espace public, elle ne peut aller contre le langage (chanté ou parlé) en donnant trop de place au silence et à l'incompréhensibilité. En opposition avec la vision historique d'un Aristote qui, dans la *Poétique*, enregistrera les progrès que l'art tragique a connus par accroissements successifs, la compréhension juste de la tragédie a procédé, chez Euripide, par un « amaigrissement », par un retour à une essence préalable, et toujours ignorée. L'œuvre d'Euripide se présente comme une rationalisation. Au lieu de montrer des personnages silencieux et inutiles, mis là seulement pour impressionner, Euripide fait parler tout le monde, tout de suite. Comme la scène est un espace ouvert voué à la parole, tout un chacun, quels que soient le sexe, l'âge ou le niveau social, doit pouvoir y parler. Cette exigence concerne aussi la situation dramatique et la musique. L'histoire racontée doit être claire (d'où l'invention des prologues, qui racontent les origines de l'intrigue). Le chant ne doit pas être laissé aux seuls choreutes, mais ouvert à tous les personnages (dans les « monodies », les solos). Le langage, comme il s'agit de s'adresser à des spectateurs, doit être compréhensible, et non pas boursouflé ou énigmatique, et traiter d'objets familiers. Cette ouverture sur le monde réel permet à l'art (avec ses « règles subtiles », ses « vers d'équerre », v. 956) de se manifester dans sa régularité perceptible, puisque la liberté de jugement des spectateurs était respectée ; l'ouverture sur un monde qui est familier à tous lui donne la possibilité d'être rigoureux et raffiné. Cet art, enfin, montre son utilité en ce qu'il peut former des hommes politiques qui réussissent dans leurs actes, comme Théramène (type même du politique qui s'en sort toujours parce qu'il change d'avis).

Ce que la critique ancienne et la critique moderne ont pris pour un parti pris esthétique et démagogique de réalisme ou de prosaïsme se présente, au contraire, explicitement comme l'effet d'une réflexion matérielle (c'est-à-dire attentive au matériau qu'est le langage) et exigeante sur les conditions scéniques du discours tragique, et non comme l'affirmation d'un esprit de rupture. La réalité mise en scène est d'abord celle, commune à la scène et au public, à savoir le langage comme moyen d'analyse et d'action sur autrui. Si les sujets sont domestiques, si les personnages royaux sont déclassés en mendiants ou en victimes de leur pulsions sexuelles (comme il le sera reproché par Eschyle à Euripide dans l'antépirrhème), c'est, d'une part, que le langage couvre tous les domaines de la vie, petites choses comme grandes (la vie quotidienne s'en trouve donc améliorée puisque les gens communs ont appris une dialectique qu'ils peuvent contrôler) et, de l'autre, que le langage trouve sa force et son autonomie s'il est porté par lui-même sans être soutenu par une apparence ou un comportement noble.

v. 910. Phrynichos, poète tragique, prédécesseur d'Eschyle, dont nous ne possédons presque plus rien. Il avait, entre autres, composé des *Phéniciennes*, sur la défaite des Perses à Salamine, sujet qu'Eschyle a repris dans les

Perses en se référant explicitement à lui, dans une forme d'hommage, par citation, au début de sa pièce.

v. 911. Un seul acteur : « acteur » est ajouté par la traduction (comme en 946). Le silence prolongé des protagonistes d'Eschyle est critiqué ici d'un point de vue technique, comme énigme facile, puisque, de fait, l'art de la tragédie repose d'abord sur l'usage des mots. Il est amusant que malgré l'insistance de l'*agôn* sur le caractère central du langage dans la tragédie, ce passage, isolé de son contexte, ait été utilisé comme une sorte d'emblème par l'interprétation moderne et emphatique du tragique qui fait du silence le vrai langage de la tragédie, chez W. Benjamin[43] et chez Fr. Rosenzweig[44], interprétation constamment reprise par des artistes contemporains. Il y aurait, dans ce silence, la profondeur d'une vraie analyse et d'un juste refus de la forme de rationalité qu'impose la logique propositionnelle inhérente à la syntaxe.

v. 912. Achille ou Niobè : chez Eschyle, Achille est protagoniste des *Myrmidons*, qui présente sa colère contre Agamemnon, et des *Phrygiens*, où il pleure Patrocle. Dans *Niobè*, l'héroïne, fille de Tantale et épouse d'Amphion, pleure ses enfants tués par Apollon et Artémis : elle s'était vantée d'être une mère plus heureuse, plus féconde que Léto (les trois tragédies sont perdues).

v. 925. Grimaceries : litt. « (des mots) à l'allure de croque-mitaines ».

---

43. Dans ses essais « Destin et caractère » (1919), trad. fr. par M. de Gandillac, revue par P. Rusch, dans W. B., *Œuvres*, vol. 1, Paris, 2000, p. 198-209, et « Critique de la violence » (1920-21), *ibid*. (trad. fr. de M. de Gandillac, revue par R. Rochlitz), p. 210-243, avec la référence à Niobé muette, p. 235 .

44. *L'Étoile de la rédemption* (1921), trad. fr. par A. Derczanski et J.-L. Schlegel, Paris, 1982, p. 95 s.

v. 928. Scamandres : fleuve (ici au pluriel) de la plaine de Troie, où Achille a massacré de très nombreux Troyens.

v. 929. Aigles crochus : et non un animal fabuleux, aigle et griffon, que certains interprètes ont voulu retrouver ici.

v. 929. Paroles dressées sur des chevaux : le composé sémantiquement incongru *hippo-krêmnos*, « suspendu à cheval », créé par Aristophane, est de type eschyléen (cf. la citadelle dite *hupsi-krêmnon*, « [bâtie] sur les abîmes », *Prométhée*, 421).

v. 932. Parodie d'Euripide, *Hippolyte*, 375.

v. 933. Le coq-cheval fauve : tiré des *Myrmidons* d'Eschyle (fr. 134, v. 1 Radt). L'animal, plusieurs fois représenté sur des vases attiques, est utilisé ailleurs par Aristophane (*Paix*, 1177, *Oiseaux*, 800), pour des officiers, dont le manteau bat comme des ailes (par exemple lors de la fuite ; voir Taillardat, § 266). Ici, c'est la sémantique interne du composé qui est mise en cause. L'épithète *xouthos* est rendue ici par « fauve » ; le mot est parfois glosé par « vif », « brillant » ; les commentateurs anciens hésitent entre ces valeurs ; mais voir la notice de P. Chantraine dans son *Dictionnaire étymologique de la langue grecque*. L'emploi du mot pour la couleur est ancien.

v. 934. Érixys : un glouton, selon Aristote, sans que cela nous aide à comprendre ce passage.

v. 937. Biches-boucs : animal fantastique *(tragelaphos)* traditionnel (qui est passé dans la nomenclature naturaliste). Euripide désigne un type d'être, et non une création d'Eschyle.

v. 944. Céphisophon : collaborateur lyrique d'Euripide qui, dit-on, rendait son mariage malheureux (voir v. 1408 s.).

v. 946. Voir au v. 840 pour la mère d'Euripide.

v. 952 s. Euripide se met doublement en danger en revendiquant le caractère démocratique de ses drames : tout d'abord, si Théramène était son élève, il n'était pas vraiment du côté de la démocratie, et, par ailleurs, celle-ci est critiquée dans la pièce par le chœur, comme s'il y avait un consensus contre elle.

v. 953. Promenade : en grec, *peripatos*, comme les « digressions » par lesquelles Euripide a soigné l'art tragique (v. 942).

v. 957. Chérir (?) : l'infinitif *erân* (« aimer », « chérir ») semble ici incongru. Coulon, après Radermacher, en fait un verbe dont dépendrait « tourner » et « machiner » (« aimer se tourner… »), mais cela rompt la succession des infinitifs.

v. 960. Ils étaient dans la confidence : l'art tragique renvoie désormais à une réalité familière. Les spectateurs disposent donc de critères immédiats pour juger. La critique reçue montre en fait la réussite du projet.

v. 961. Je ne crépitais pas dans l'emphase : verbe composé, inventé.

v. 962. Euripide anticipe la critique que portera Platon contre la tragédie, qui fait que les spectateurs, mis en état de délire, ne sont plus eux-mêmes. La pensée (« le sens commun », *phroneîn*) n'est, ici, pas contraire à l'art du spectacle. Or c'est le fait de « bien penser » *(eu phroneîn)* qui, selon le chœur (v. 1485), a fait choisir Eschyle, que Pluton chargera d'éduquer les « imbéciles » que sont devenus les Athéniens (v. 1503). Deux conceptions de l'activité intellectuelle s'opposent, selon qu'elle se légitime par ses méthodes (avec Euripide et sa précision dialectique) ou ses contenus moraux et politiques, établis depuis toujours (Eschyle), qui, pour être affirmés dans leur vérité, demandent un art de la surprise et du dépaysement.

v. 963. Cycnos : il s'agit plutôt du fils de Poséidon, tué en Troade par Achille comme Memnon, fils d'Aurore et de Tithonos, venu en secours aux Troyens après la mort d'Hector. On ne sait pas si Eschyle a écrit une pièce sur Cycnos. *Memnon* est le héros d'une tragédie d'Eschyle.

v. 963. À chevaux panachés de sonnailles : longue épithète composée, inventée par Aristophane (les cloches rappellent le guerrier Tydée des *Sept contre Thèbes*, v. 385 s.).

v. 965. Phormisios : homme barbu. Le lexicographe Hésychius nous dit que les comiques se servaient de son nom pour désigner le sexe féminin (cf. *Assemblée des femmes*, 97). Un Phormisios (le même ?), d'après ce que nous savons des circonstances d'un discours de l'orateur Lysias (n° 34), aurait proposé après la chute de la tyrannie des Trente et le rétablissement de la démocratie en 403, de limiter la citoyenneté aux propriétaires terriens ; il était du côté de Théramène, pourtant présenté ici comme disciple d'Euripide.

v. 965. Mégainétos : inconnu. « Le capoteux » traduit *Manès*, nom donné à des esclaves phrygiens, et connotant la stupidité : il désigne aussi un coup de dé raté (cf. le v. 970).

v. 966. Le vers est composé de deux épithètes composites « à tiroir ».

v. 967. Clitophon : homme politique, sans doute lié à l'oligarchie, qu'il a ensuite combattue avec Théramène. Il apparaît dans le premier livre de la *République* de Platon, où il soutient Thrasymaque, le sophiste.

v. 967. Théramène : voir au v. 541 sur son opportunisme.

v. 968. Expert et grandiose : traduit *sophos* (« qui a de la technique », « savant », qualité en jeu dans l'*agôn*, et finalement reconnue à Eschyle au v. 1413) et *deinos* (« terrifiant » ou « prodigieux », selon le contexte et la syntaxe).

v. 969. Sans faire nénette de Chios… : litt. « non de Chios mais de Kéos ». Au jeu du « 421 », « nénette » est le coup de dés le plus mauvais (si on veut éviter cet argot, on peut recourir à « coup nul »). De fait, avec les deux noms d'îles, Dionysos oppose, en trichant un peu, le « un » aux dés, appelé « de Chios » au « six », appelé « de Cos ». Au dernier nom, il substitue celui d'une autre île, « de Kéos ». En effet, Théramène passait pour y avoir suivi l'enseignement du sophiste Prodicos de Kéos, et un poète comique lui reprochait d'être né dans cette île, et donc d'être étranger.

v. 971-991. « Essoufflement » (pnigos).
L'épirrhème se conclut sur une partie accélérée, usant le même mètre mais dans une forme plus courte (des dimètres et non plus des tétramètres), sans aucune interruption. Le dernier vers d'Euripide (v. 979) est incomplet et enchaîne directement sur le premier de Dionysos.

v. 989. Les pires des moins meilleurs : transcription de l'adjectif superlatif forgé sur un comparatif négatif qu'Aristophane utilise plusieurs fois, *a-belterô-tatos*.

v. 991. Ploucs assis de Mélitè : litt. « en Mélitidès assis ». *Melitidès* était un nom traditionnel d'idiot, sans doute en rapport avec les habitants du dème de Mélitè (malgré la différence de quantité de la voyelle –*i*-). Thiercy souligne l'élément *meli*-, « miel », présent dans le mot, avec la même différence de quantité (« bourrés de miels »)[45]. Dans les « assis », les spectateurs pouvaient se reconnaître (cf. Del Corno).

---

45. Taillardat (§ 459) préfère la leçon *Melêtides* d'un manuscrit tardif, que l'on retrouve plus tard, chez Lucien et Apulée. Ce serait les « chéris ».

VII, 4. Antode (v. 992-1003)

Contrairement à l'ode, elle n'est adressée qu'à l'adversaire qui va désormais guider le débat. La passion, avec « l'ardeur » et « la colère » y sont données comme les qualités premières d'Eschyle, assimilé à Achille, en contraste avec la réflexion que manifeste Euripide. Eschyle l'emportera cependant comme homme qui « a du bon sens » (v. 1485).

v. 992. Anapestes, repris de l'ouverture *(parodos)* des *Myrmidons* d'Eschyle (fr. 131 Snell, « Cela, le vois-tu, Ô Achille plein de lumière, / les peines des Danaens, maltraitantes par les lances, / que toi… »).

v. 994. L'ardeur : en grec, le *thumos*, non pas un organe, mais la chaleur du sang.

v. 995. Loin des oliviers : obscur. Les oliviers pouvaient marquer une clôture, et signalaient peut-être la fin d'un champ de course.

VII, 5. Second commandement (*anti-katakeleusmos*, v. 1004 s.)

v. 1005. La babiole tragique : le mot *lêros* signifie à la fois « bavardage », « babil », et « bijou », « babiole » (il s'agit probablement du même terme, cf. Chantraine, Taillardat, § 780). Le verbe « décora » réunit sans doute les deux sens (même s'il est vrai qu'on ne « décore » pas un bijou, cf. Dover).

VII, 6. Antépirrhème conduit par Eschyle (v. 1006-1098)

En tétramètres anapestiques, vers plus noble que celui choisi pour Euripide, pour les vers 1006-1077, puis en dimètres pour l'*anti-pnigos* (v. 1078-1098).

La poétique d'Eschyle repose sur un paradoxe. Si la poésie a pour but d'assurer aux citoyens leur survie et leur liberté en les préparant, notamment, aux situations de danger militaire, elle s'oppose à ces mêmes citoyens (qui, selon le serviteur de Pluton, le rendaient bien à Eschyle, v. 807). Pour qu'ils soient à la hauteur des menaces réelles, ce qu'ils ne sont pas spontanément, elle doit, en effet, les rendre meilleurs qu'eux-mêmes. Elle suppose donc que leur vraie nature de citoyens « nobles » (v. 1014), prêts au courage, est précisément celle qu'ils n'ont pas naturellement. Cité et individus ne coïncident pas. Pour que les individus deviennent des citoyens, il faut alors leur parler un langage qui n'est pas le leur, mais qui, dans son inadaptation à leur réalité initiale, les sorte d'eux-mêmes et les tournent vers un idéal héroïque lointain, ici inspiré de l'*Iliade*[46]. Il n'est pas possible de leur parler « humainement », comme le revendique Euripide (v. 1058). La poésie, pour créer des effets réels, doit s'échapper de la réalité. Alors que, contrairement à Euripide le dialecticien, Eschyle vise à transmettre un message univoque, clair, il doit, pour cela, avoir recours à la surprise, à une poétique de la rupture (dénoncée par avance comme poétique de l'obscurité dans la section précédente).

Pour qu'elle convienne à la cité, la poésie ne doit pas convenir aux pulsions des spectateurs, elle doit bannir toute référence aux plaisirs immédiats d'Aphrodite. La seule convenance poétique est celle qui rend homogène, sans faille, le monde héroïque que construit la tragédie.

---

46. Cela est, de fait, explicite dans le prologue des *Sept contre Thèbes*, où le roi, devant l'imminence de l'assaut ennemi, demande aux jeunes et aux vieillards de se doter, par décision, d'une nature physique d'hommes mûrs (v. 10-13 ; voir l'étude de ce passage dans le livre de S. Novelli, *Studi sul testo dei Sette contro Tebe*, Amsterdam, 2005).

Les spectateurs ne sont ainsi pas invités à reproduire le langage qu'ils entendent sur scène (comme le posait Euripide), mais seulement à en subir les effets, quitte à rester stupides et sans langage articulé dans leur activité militaire, comme les rameurs brutaux des galères de l'État (v. 1066 ss.). Cette seconde nature ainsi produite pour établir une conformité entre cité et citoyens est artificielle, puisqu'il suffit que la tragédie décline, ou parle seulement le langage des gens pour que les citoyens ne soient plus ce qu'ils étaient.

Au terme des deux épirrhèmes, l'art tragique est ainsi dans une vraie aporie, que la comédie analyse du dehors. Les deux adversaires revendiquent la fonction didactique de la tragédie. Pour l'un comme pour l'autre, la tragédie rend les citoyens « meilleurs » (il est donc faux de dire, comme on le fait souvent, qu'Euripide est insensible aux effets sociaux et politiques de ses œuvres). Seulement, ils n'enseignent pas la même chose, et cette différence correspond à deux conceptions différentes de ce qu'est la réalité vraie pour les citoyens. Pour Euripide, cette réalité est située dans le langage, comme instance universelle de vérité, puisque c'est lui qui permet de distinguer les choses et d'obtenir ce que l'on désire. Mais en enseignant le langage aux spectateurs, il les rend impuissants du point de vue de la cité et immoraux : les jeunes cessent de s'entraîner au gymnase, les rameurs ne rament plus. Eschyle, qui utilise un langage élaboré pour les impressionner et les rapprocher d'un idéal civique, laisse en fait ses auditeurs abrutis. Euripide dit s'en tenir à la réalité immédiate et quotidienne, mais il produit des énoncés transgressifs ou contradictoires, où « vivre » équivaut à « ne pas vivre » (v. 1082), sans donc rien tenir de réel ; Eschyle, qui veut enseigner la réalité vraie, celle qui compte dans la vie civique, a recours à un discours fantastique, coupé de la réalité.

v. 1009 s. L'idée que les poètes ont un fonction formatrice est traditionnelle ; c'est un préalable à la discussion (cf. dans la pièce, les v. 1055 et 1502), revendiqué comme tel par Euripide. La comédie prétend aussi remplir ce rôle (voir au v. 686). En déduire que les poètes grecs anciens avaient d'abord un rôle éthique, politique ou religieux, comme si leur art n'avait pas de spécificité, comme si poétique, didactique ou rhétorique ne faisaient qu'un et comme si les poètes étaient d'abord des porte-parole de valeurs collectivement admises, est abusif puisque, précisément, les deux poètes canoniques que sont déjà Eschyle et Euripide se reprochent mutuellement de ne pas avoir su le remplir en raison de leurs extravagances de langage : ils sont déviants l'un et l'autre. L'œuvre poétique qu'est la comédie revient, selon son point de vue propre, sur les conditions de possibilités, esthétiques et politiques, mais aussi langagières de l'accomplissement d'une telle fonction admise. Sans qu'elle soit revendiquée par une théorie qui l'explicite, il y a là la manifestation en acte de l'autonomie des formes poétiques, qui comprennent différemment la mission sociale qui est confiée à la poésie.

v. 1014. Citoyens d'esquive : néologisme en grec, *dia-drasi-polites* : « citoyens qui courent de tous côtés ».

v. 1015. Chalands : « qui traînent sur l'*agora* » (*agoraioi*).

v. 1017. À sept cuirs de bœuf : comme le bouclier d'Ajax dans l'*Iliade*.

v. 1018. Les mots deviennent choses.

v. 1021. Les *Sept contre Thèbes* : dernière pièce d'une trilogie tragique « thébaine » (avec *Laïos*, *Œdipe*, et, en

quatrième position, un drame satyrique, la *Sphinx*), jouée
en 467. La pièce présente l'assaut contre Thèbes mené par
l'armée panhellénique argienne, conduite par Polynice
contre son frère Étéocle, et la mort des deux fils d'Œdipe.
Une même qualification du drame (« rempli d'Arès ») est
attribuée à Gorgias (fr. 82 B 24 Diels-Kranz). Il paraît plus
probable qu'Aristophane ait repris ici une expression de
Gorgias que l'inverse. En accord avec sa théorie du caractère
« juste » de la « tromperie » qu'est la représentation tragique
(fr. B 23), la pièce d'Eschyle, bien que faite de mots, rend
présent Arès, le dieu de la guerre. Le discours n'est pas
mimétique mais productif de la réalité.

v. 1023. *Les Thébains* : le mot, si la tragédie revendique
une forme d'actualité, serait donc à prendre à la lettre. Or
Thèbes était alliée à Sparte. Eschyle, en aidant des
adversaires, a fait l'inverse de ce qu'il voulait faire.

v. 1026. Les *Perses* : première pièce conservée d'Eschyle,
jouée en 472.

v. 1027 s. Ces deux vers ont été utilisés pour défendre
l'idée qu'existait une version différente des *Perses*, puisque
dans la pièce conservée il n'y a pas à proprement parler
de lamentation funèbre sur le cadavre de Darios, mais au
contraire un appel à la remontée de son âme depuis l'Hadès,
et que le cri *iauoï* n'y figure pas à la lettre. Mais le chœur
des *Perses* chante bien sur la tombe du père de Xerxès.
Quant au cri, il est une invention d'Aristophane qui éclaire
la réaction de Dionysos de manière très précise. Le dieu
réagit en fonction de ce qu'il est, avec un cri à consonance
bachique : il rappelle le *euoi* de l'« evohé ! » (cf. N. Loraux,
La Voix endeuillée, Paris, 1999, p. 74). Daria Francobandiera,
qui s'est intéressée aux interjections chez Eschyle, propose,
à raison, de voir ici un cri paradoxal et mixte, mêlant la
plainte tragique (cf. *io*, *iê*) et le rite joyeux des bacchants.

La célébration tragique de la mort est, dans sa réalisation vocale et musicale, affaire de plaisir pour qui l'écoute ; le lyrisme funèbre, s'il est bon, se fait enthousiasmant (cf. la note aux v. 1009 s.).

v. 1032-36. Les quatre poètes fondateurs se retrouvent dans l'*Apologie de Socrate* de Platon (41 a), ainsi qu'au livre II de la *République* (364 c-365 a). Le *Protagoras* (316 d) ajoute Simonide. L'*Ion* (536 b) liste Orphée, Musée et Homère. Il s'agit d'une « synthèse culturelle », gommant les différences entre les traditions (l'opposition d'Hésiode à l'héroïsme guerrier est neutralisée, ainsi que l'opposition de la tradition orphique aux valeurs de la religion civique) ; une tradition continue est construite.

v. 1032 s. Hésiode est mentionné ici pour les *Travaux et les jours*, non pour la *Théogonie*. S'il l'emporte contre Homère dans le *Combat d'Homère et d'Hésiode*, texte remanié pendant l'Antiquité, mais dont le « noyau » remonte à la fin du Ve siècle, c'est précisément pour avoir su parler de l'agriculture et de la paix, et non de la guerre et des massacres.

v. 1034 s. Les qualités d'Homère correspondent à l'épitaphe que, selon le *Combat d'Homère et d'Hésiode*, le poète aurait composée pour lui-même : « Ici, la terre recouvre la tête sacrée, / Le divin Homère, ordonnateur d'héroïques guerriers » (traduction de M.-A. Colbeau). La forme interrogative de la mention d'Homère montre qu'Eschyle tire de ce poète ce qui correspond à la poétique qui lui est prêtée ici.

v. 1037. Pantagloire : transposition du nom *Panta-klès*, connu des poètes comiques. Il participe ici, sans doute, au cortège des Grandes Panathénées.

v. 1040. Lamakhos : général démocrate, en activité longtemps après la mort d'Eschyle, l'un des commandants de l'expédition de Sicile, où il fut tué, il est fortement ridiculisé dans les *Acharniens* (et non dans les *Thesmophories*, v. 841, comme le notent les commentateurs – mais, pour ce passage, il est déplacé d'y voir un changement d'opinion d'Aristophane : nous sommes, comme me le rappelle Anne de Cremoux, dans un contexte ironique, avec la mention de la mère d'Hyperbolos).

v. 1042. Teucros : fils de Télamon et demi-frère d'Ajax. Peut-être le héros des *Salaminiennes* d'Eschyle.

v. 1043. Phèdre : héroïne des deux *Hippolyte* d'Euripide. *Sthénébée* : femme de Prœtos, roi de Tirynthe, que Bellérophon, exilé de Corinthe pour meurtre, tenta de séduire, mais qui ne céda pas. Comme Phèdre pour Hippolyte réticent, elle l'accusa d'abus. Prœtos chargea Iobatès, roi de Lycie, en Asie, de châtier le jeune homme. Le châtiment consista en l'obligation d'affronter la Chimère. Bellérophon remporta l'épreuve, revint à Tirynthe, emmena Sthénébée sur Pégase et la lâcha dans la mer. Elle fut sauvée. Bellérophon revint encore une fois à Tirynthe et avoua, laissant à la reine la punition de vivre et au roi le chagrin, nous dit un résumé ancien de la *Sthénébée* d'Euripide (qui avait aussi composé un *Bellérophon*).

v. 1048. Voir la note au v. 944.

v. 1056. Lycabette : montagne au nord-est de l'Acropole.

v. 1057. Parnasse : montagne qui surplombe Delphes.

v. 1063 s. Allusion au *Télèphe* d'Euripide, imité dans les *Acharniens*.

v. 1065. Armer une trière : l'une des obligations publiques (« liturgies ») des citoyens riches (comme financer un chœur).

v. 1065. La Paralienne : la *Paralos* était l'une des deux trirèmes servant aux actions officielles importantes, politiques et religieuses (comme le transport de la délégation à Délos).

v. 1068. Souque et souque… : traduction du cri de nage *rhuppapaï*. Écart ironique entre le style tragique élevé d'Eschyle et le langage des citoyens qu'il a formés à servir la cité et qui, selon Dionysos, étaient en fait des brutes (vers suivants).

v. 1075. À dépouiller les gens : comme les « faucheurs d'habits », qui soutiennent Euripide aux Enfers (v. 772).

v. 1078-1098. « Second essoufflement » (anti-pnigos)
En dimètres anapestiques. L'intervention d'Eschyle est entièrement critique, contrairement au *pnigos* d'Euripide.

v. 1079. Pourvoyeuses : comme la nourrice dans l'*Hippolyte*.

v. 1080. Référence à l'histoire d'Augé, héroïne d'une pièce d'Euripide du même nom. Selon un oracle de Delphes, Augé, fille d'Aléos, devait engendrer un fils qui tuerait les enfants de sa sœur. Celle-ci en fit une servante d'Athéna et lui interdit toute union. Héraclès, de passage et ivre, viola la prêtresse, qui, en secret, engendra Télèphe dans le sanctuaire.

v. 1081. L'*Éole* d'Euripide (qu'Aristophane parodia plus tard, en 388, avec la comédie perdue, *Aiolosikon*) reprend l'histoire du viol de Canacé, fille du dieu des vents, par son frère Macarée. Dans la présentation d'Eschyle, la transgression, comme aux vers 1080 et 1082, reste féminine.

v. 1082. L'équivalence de la vie et de la mort apparaît deux fois dans les fragments d'Euripide, dans l'un des deux *Phrixos* (fr. 17 J-VL) et dans le *Polyidos* (fr. 12), mais elle est mise chaque fois dans la bouche d'un personnage masculin (or « des qui disent » traduit un participe au féminin). Transgression morale et contradiction logique sont mises sur le même plan (voir l'Introduction).

v. 1084. *Sous-rédacteurs* : les *hupo-grammateis* étaient les assistants des secrétaires publics.

v. 1085. *Singes publics* : Aristophane invente le mot « démopithèques ». *Pitres des rues* : voir la note au v. 358.

v. 1094. *À la porte* : la porte Dipyle du Céramique.

VIII. Chants du chœur
et scènes iambiques (v. 1099-1499)

La lutte continue par l'examen des prologues, des mélodies puis des mots, qui seront, de manière inattendue, considérés quant à leur « poids », ce qui introduit déjà une discontinuité dans cette section (l'audace de cette dernière épreuve est soulignée par le chœur, v. 1370-1377)[47] : on quitte un examen technique argumenté pour une fantaisie, qui fait jeter un regard critique sur la conception du langage du vainqueur, Eschyle, et qui désigne par là les limites de la tragédie et des concours tragiques (cf. Del Corno). Euripide sort vaincu de chaque épreuve, alors qu'il avait lui-même réclamé l'examen méthodique de son art et de celui d'Eschyle, qu'il voulait « mettre à la torture » (v. 801 s.). Il perd sur son propre terrain.

Comme le débat, malgré les défaites successives d'Euripide n'est pas tranché, puisque la mise à l'épreuve

---

47. D. Del Corno, dans son introduction, insiste fortement sur ce changement de registre (p. xvi).

de la technique poétique ne rend pas compte du plaisir que fait éprouver la tragédie, la scène change, et, sur l'instigation de Pluton, l'épreuve devient politique (voir la présentation des vers 1378-1481 sur ce changement).

VIII, 1. Chant strophique (v. 1099-1118)

Le combat étant inachevé, il n'y a pas de *sphragis* (« conclusion », prononcée par le chœur). Le chant relance ici la lutte, en deux strophes exclusivement trochaïques, avec des lécythions pour clore les périodes. Il y a nettement plus de longues résolues en brèves dans la strophe en début de vers que dans l'antistrophe : la strophe recourt à une métrique plus moderne, pour un combat de « subtilités », à la manière d'Euripide (v. 1108). Les spectateurs, présentés comme des savants, ont, depuis Eschyle, acquis une culture livresque. Ironiquement, cette compétence se retournera contre son promoteur, Euripide, qui a mis des livres dans ses tragédies (v. 943) et était connu pour sa bibliothèque. C'est précisément parce qu'Euripide a formé les Athéniens à la science poétique qu'il les rend capables de juger (et de préférer Eschyle, cf. v. 1475).

v. 1099. Grande, l'affaire : cf. Athéna, en *Euménides*, v. 470 : « L'affaire est trop grande… », pour la décision juridique que demande le crime d'Oreste.
v. 1100. Dur exploit de départager : tonalité héroïque, comme en *Agamemnon*, v. 1561 : « La lutte est dure pour juger », après le meurtre du roi par Clytemnestre.
v. 1112. Ne tremblez pas du cul : le verbe *orrhôdeîn*, « trembler », se trouve dans la poésie sérieuse, sans donc

que la valeur rendue ici soit présente. L'étymologie en est obscure, mais une tradition ancienne rapprochait le premier élément, par « étymologie populaire » ou « synchronique » (s'appuyant sur la similitude des signifiants, comme dans le *Cratyle* de Platon), de *orrhos*, « anus ». Peut-être l'emploi comique faisait-il entendre ici cette interprétation.

v. 1114. La dextérité : c'est la qualité que, devant Héraclès, Dionysos attribuait en premier à Euripide (v. 71).

VIII, 2. Scène iambique (v. 1119-1250)

L'examen technique suit l'ordre des parties de la tragédie, en commençant avec les prologues. Dans sa critique des prologues d'Eschyle (v. 1119-76), Euripide souligne, au nom d'une exigence de clarté, une faiblesse concernant la relation entre les mots, et non les mots eux-mêmes, alors que dans l'*agôn* il attaquait le vocabulaire ampoulé et énigmatique d'Eschyle : l'opacité est ici syntaxique. Ou bien (premier exemple, v. 1138, avec le début des *Choéphores*), on ne peut mettre dans un même vers le nom d'un dieu protecteur (Hermès) et une référence à un individu qui n'a en rien été protégé (Agamemnon tué par Clytemnestre) ; ou bien (deuxième et troisième exemples, v. 1153 et v. 1173), deux mots juxtaposés font redondance, contre le principe de la simplicité (posé aux v. 1178 s.). Euripide s'en prend ainsi à la composition de la phrase. Eschyle répliquera en revenant sur le sens précis de chacun de ces mots, pour montrer qu'ils ne sont pas synonymes, selon les acquis d'une science moderne du langage, fondée par le travail du sophiste Prodicos sur la synonymie (voir aux v. 1156 s.). On a là l'illustration d'une différence entre deux dimensions de la stylistique qui sera théorisée plus tard : la question du choix des mots et celle de leur lien dans un énoncé[48].

La critique des prologues d'Euripide par Eschyle est différente. Il ne l'attaque pas directement sur la revendication de la clarté, mais sur ses effets, et tout d'abord pour le contenu de ses récits prétendument clairs, qui sont d'autant plus falsifiables : l'histoire totalement tragique d'Œdipe ne permet pas de lui appliquer, comme le fait Euripide, le lieu commun d'un changement de fortune, du bonheur au malheur. La sagesse banale ne convient pas à ce thème extraordinaire, puisque Œdipe était malheureux dès avant de naître. Puis Eschyle s'en prend à la forme du récit, contradictoire avec son thème. Voulant exposer clairement « l'origine du drame » (cf. les v. 946 s., dans l'*agôn*), Euripide emploie une forme narrative traditionnelle simple : un nom propre (mythique), accompagné de ses déterminants nominaux, détaillant les circonstances du récit, finalement suivi du verbe. Au lieu du verbe d'origine, Eschyle introduit une cheville verbale ridicule, toujours la même (traduite par « égara sa gonflette »), qui clôt le vers et la phrase : chez Euripide, les personnages mythiques perdent leur emphase (et leur puissance virile) dès les premiers mots de la pièce. La répétition d'une même forme syntaxique (qu'Eschyle souligne là même où le texte original d'Euripide

---

48. Voir la discussion chez Denys d'Halicarnasse, *De la composition stylistique* (sur la « mise ensemble », la « synthèse » des noms, vers 15 av. J.-C.). Certains auteurs ont choisi des mots nobles, mais n'ont pas su les relier, d'autres partent de mots humbles, mais les ont mis ensemble avec élégance (cf. 3, 1-3). L'auteur distingue l'« harmonie (mode de mise en relation) austère », où les vocables sont séparés, de manière à être mis en relief (l'exemple pour la tragédie est Eschyle), de l'« harmonie polie » où prime le lien (Euripide), et l'« harmonie moyenne », la meilleure (représentée par Sophocle).

s'écartait du modèle), transforme le mythe en banalité[49]. L'accent sur la syntaxe, dans une structure de phrase qui se veut intelligible, crée le ridicule.

v. 1124. Celui de l'Orestie : il s'agit du début des Choéphores, que, par accident, nous ne connaissons que grâce à cette scène. Le titre Orestie donné à la pièce étonne, puisque c'est, normalement, comme les titres construits sur le même modèle hérité de l'épopée (Prométhie, Lycurgie, Téléphie, comme on a une Odyssée, pour Homère), le nom de la trilogie entière (Agamemnon, Choéphores, Euménides, tragédies suivies du drame satyrique, perdu, Protée). Nous ne connaissons pas d'autre pièce individuelle qui s'intitulerait ainsi. Ou bien le nom de l'œuvre a changé, ou Aristophane se réfère au prologue le plus célèbre de la trilogie, celui où parle Oreste, héros qui donne son nom à l'Orestie.

v. 1126. Paternelle : la question de la référence de l'adjectif (le père d'Oreste, comme cela est implicite au v. 1140, ou d'Hermès, à savoir Zeus, cf. v. 1146) est toujours posée par les interprètes modernes, comme dans ce passage, avec, généralement (et à raison), Agamemnon comme réponse.

v. 1142 s. Violemment... ruse obscure : langage tragique. Euripide peut se référer, à son tour, au prologue des Choéphores, dont nous aurions ici un fragment.

v. 1145. Au Bienfaisant : épithète traditionnelle d'Hermès, eri-ounios, dont le sens est obscur. Elle est glosée par les interprètes anciens comme signifiant « bienfaisant », mais l'analyse étymologique fait découvrir le sens de « bon coureur », dont on ne sait s'il était encore

---

49. Il est vrai que la cheville inventée par Eschyle ne s'adapterait à aucun de ses propres prologues, ni à ceux de Sophocle.

perçu par ceux qui employaient le mot (cf. Chantraine, *Dictionnaire étymologique de la langue grecque*).

v. 1156 s. Les deux verbes ne sont pas vraiment synonymes. « J'arrive » *(hêkô)* est usuel pour une entrée en scène, et souvent en début de pièce, et « je fais retour » *(kat-erkhomai)* est un terme technique pour le retour des exilés. Nous ne savons pas si la phrase continuait après ce vers. En dénonçant la redondance (voir aussi au v. 1174), Euripide prend ici le contre-pied du travail analytique de Prodicos de Kéos, connu pour avoir répertorié et théorisé les différences de sens entre les mots ou d'un même mot. Dans le *Charmide* de Platon, 163 d, il est dit qu'il a « introduit des divisions entre les mots » (des « diérèses », comme en dialectique) ; voir *Protagoras*, 377 a-c, pour une mise en pratique ; sur cette science des divisions se fonde la « correction de l'usage des mots », *onomatôn orthotês* (*Euthydème*, 277 e). Euripide récuse ici brutalement ce type d'analyse, dont Eschyle, dans sa défense, se trouve être le porte-parole inattendu. Pour Euripide, une règle poétique d'économie, de refus de la redondance, s'appuyant sur le sens commun et une écoute naïve, attentive au contenu apparent des mots, prime sur l'analyse linguistique.

v. 1174. Écouter, entendre : les deux verbes sont mis en contraste au v. 448 du *Prométhée enchaîné*, pour la surdité des hommes avant que Prométhée ne leur enseigne les techniques : « Percevant des sons, ils n'entendaient pas ».

v. 1181. Début de l'*Antigone* d'Euripide, qui contraste fortement, par sa généralité, avec celui de l'*Antigone* de Sophocle.

v. 1190. Dans un pot : dans son *Laïos*, Eschyle avait employé le mot *khutrizein*, « exposer dans une marmite », pour l'abandon d'Œdipe nouveau-né (fr. 122 Radt). Le vase se dégrade ici, avec *ostrakon*, qu'il n'est pourtant pas nécessaire de prendre au sens de « débris de pot » ; il peut s'agir d'un vase entier.

v. 1196. *Érasinidès* : général vainqueur aux Arginuses, condamné et exécuté pour ne pas avoir récupéré et enterré les guerriers athéniens morts en mer.

v. 1200. *D'un coup de gonflette* : le *lêkuthion*, traduit ici par « gonflette », était une petite (cf. le diminutif, *-ion*) fiole servant à s'enduire d'huile. De forme allongée, elle pouvait suggérer le phallus. Mais, sans que cela efface cette connotation, l'emploi rhétorique du terme était déjà établi avant ce passage (cf. Taillardat, § 518). C'est exactement notre « ampoule », qui fait un style « ampoulé ». Sophocle emploie le mot à allure technique *lêkuthistès*, « praticien de l'ampoule » (fr. 1063 Radt), qu'Hésychius glose par *koilo-phônos*, « à la voix creuse », qui se donne de l'air. Le terme *lêkuthos* notera ensuite l'emphase. Ne trouvant rien avec « ampoule », et quitte à perdre la référence au récipient, j'ai retenu cet aspect, et la connotation phallique qui l'accompagne ici (clairement soulignée par le v. 1203).

v. 1203. *Barbichette* : mot propre à la comédie, *kôidarion*, litt. « petite toison de brebis ou de chèvre », servant de couverture. *Boursette* : le *thulakos* était un « petit sac de peau » ; le diminutif est d'Aristophane.

v. 1206-08. La scholie nous rapporte que selon certains critiques nous aurions là le début de l'*Archélaos*, mais que rien de tel ne se trouvait chez Euripide. Aristarque, philologue d'Alexandrie, pensait qu'Euripide pouvait avoir revu son prologue ; nous avons un autre texte pour le début de cette pièce. Jouan et Van Looy classent la citation dans les fragments de drames non identifiés (fr. 846). L'arrivée des cinquante fils d'Égyptos pourchassant leurs cousines réfugiées à Argos est la matière des *Suppliantes* d'Eschyle.

v. 1208. Égara sa gonflette : la forme métrique de la phrase *lêkuthion apôlesen*, isolée du vers, sera appelée « lécythion », même si cet emploi ne la réalise pas sous sa forme canonique de répartition des longues et des brèves. M. Steinrück remarque que ce n'est pas un hasard si une partie de mètre parlé (le trimètre) a servi à désigner une unité métrique bien définie (un « membre », *kôlon*), souvent employée dans la lyrique. Eschyle oppose au vers d'Euripide un mode de composition proprement tragique, par ensembles[50]. Quant au verbe *apôlesen*, il pourrait signifier « a perdu » ou « a détruit » ; le v. 1242 lève l'ambiguïté. Le mot est tragique (intransitif, c'est le verbe pour « être perdu », « mourir »). Les grands personnages d'Euripide ont, au tout début de chacune de ses tragédies, tout de suite perdu leur pompe, ils sont annulés. La tragédie tourne court.

v. 1211-13. Début de l'*Hypsipyle*, prononcé par l'héroïne. Les scholies nous informent que le troisième vers continuait par « avec les jeunes filles de Delphes ».

v. 1214. D'un gonfleur : Dionysos n'emploie pas le mot au diminutif. On a le choix entre « gonfle », « gonflage », « gonflement », etc. Au début du vers, Dionysos reprend le cri d'Agamemnon, chez Eschyle, frappé par Clytemnestre d'un second coup (« Oh mon malheur, à nouveau ! Frappé une seconde fois ! », v. 1345).

v. 1217-19. Début de *Sthénébée*, prononcé par Bellérophon. La suite, au présent, continuait la maxime : « laboure une riche plaine. »

---

50. Voir son étude « Sur le parfum tragique des *côla* métriques chez Aristophane », dans C. Calame (éd.), *Poétique d'Aristophane et langue d'Euripide en dialogue*, p. 59-69.

v. 1225 s. Début du second *Phrixos*, dit par Inô. Il y avait : « arriva à la terre de Thèbes, / né Phénicien… »

v. 1232 s. Début de l'*Iphigénie en Tauride*, pièce conservée. La suite était au présent : « épouse la fille d'Œnomaos. »

v. 1238 et 1240 s. La citation n'était pas le tout début du *Méléagre*. Cinq vers précèdent, qui présentent la terre de Calydon et le roi Œnée, sans accroche possible pour la cheville inventée par Eschyle.

v. 1244. Il y a deux versions du début de la *Mélanippe philosophe*. Selon une tradition ancienne (Plutarque), Euripide, critiqué pour avoir écrit « Zeus, quel que soit Zeus, car je n'en ai connaissance qu'à entendre / du discours », aurait ensuite donné le texte transmis par Aristophane. Le second vers est « engendra Hellen, qui donna naissance à Éole », ce qui ne laisse pas de place au *lêkuthion*.

VIII, 3. Chant non strophique (v. 1251-60)

Le morceau lyrique introduit la discussion sur les chants d'Eschyle. Il est composé en métrique de base iambique[51] (avec une alternance de glyconiens, $\cup - - \cup\cup - \cup -$, et de phérécratiens, du nom du poète comique Phérécrate, forme abrégée en finale du glyconien). Il est étonnant, au sens où les vers 1257-1260 répètent fortement, pour le contenu, les vers précédents, et où il aligne, de manière inédite, plusieurs phérécratiens. D'où l'hypothèse de la juxtaposition de deux versions, la seconde, dans le texte, étant jugée plus faible ; Aristophane se serait corrigé en

---

51. Comme la parodie, par Eschyle, d'une monodie d'Euripide, v. 1309-1328.

écrivant la première. La diction de la seconde partie, avec les pronoms non marqués « pour lui », v. 1260, reprenant « lui », v. 1258, est, en tout cas, plus relâchée.

v. 1256. De ceux qui existent encore : selon le texte des manuscrits *tôn eti nun ontôn* (plutôt que *tôn mekhri nuni*, de Meineke, inspiré d'une scholie : « des [poètes] qui ont existé jusqu'à maintenant »). Le participe se rapporte aux chants, et non aux auteurs.

VIII, 4. Scène iambique (v. 1261-1369)

Comme pour les prologues, l'examen des mélodies et de la musique de l'un et de l'autre poète oppose deux tendances nettement contraires. À Eschyle, il est reproché de n'avoir pas su varier, puisque toutes ses mélodies se réduisent à une seule. L'unité domine, et Euripide rassemblera des citations, sans doute exactes pour la plupart (voir au v. 1287, qui fait exception), de parties chorales (toutes en dactyles, mètre de l'épopée) : la diversité des thèmes est contredite par l'unité de ton (v. 1264-1277) que donne le mètre. La juxtaposition de morceaux d'origines différentes vaut une critique d'un mode discontinu de composition. Chez Eschyle, prime la composition par blocs de mots bien repérables (les « membres », ou *kôla*, des périodes métriques ; voir, ci-dessus, au v. 1208, pour le « lécythion »). Une même séquence peut alors être prise pour elle même et indéfiniment répétée, sans lien avec le contexte. Pour la musique, dont nous avons un exemple à la cithare imité par la voix avec le cri des v. 1286, 1288, etc., elle est répétitive et s'adapte à n'importe quel chant.

Chez Euripide, la tendance est, selon Eschyle, inverse. Elle va vers une variété débridée (cf. v. 1301 : il « fait razzia de tout »)[52]. La démonstration en sera donnée non par un alignement de citations, mais par deux compositions parodiques originales. La première, relative aux chœurs, montre l'incohérence des thèmes (v. 1309-1322), dans l'illusion d'une composition musicale filée, s'appuyant sur une métrique cohérente. Dans la seconde, à l'inverse, qui attaque l'invention propre à Euripide qu'étaient les monodies, le thème reste cohérent (v. 1331-1363), mais Eschyle fait entendre une discontinuité musicale dans le choix des formes et une disproportion entre les moyens expressifs et musicaux à prétention tragique et la platitude du thème. Cette disproportion rend le thème véritablement comique : une simple histoire domestique, comme Euripide se vantait d'en raconter au v. 959, le vol d'un coq par une voisine, devient, une fois transposée en haut langage tragique, une farce érotique, comme si nous n'avions que des métaphores.

v. 1263. Après ce vers, la plupart des manuscrits proposent une didascalie : « quelqu'un joue, en plus, de la double flûte », sans doute ajoutée par un commentateur ancien.

v. 1264 s. Citation des *Myrmidons* (fr. 132 Radt). Peut-être le chant lyrique (en dactyles) qui faisait suite à l'ouverture dont le premier vers est cité en 992. « Mortelle » est ajouté : le mot rend le sens entendu dans le nom de lieu « Phthiôtide » (cf. « phtisie ») et que souligne « qui tranche les hommes ». Ce mot est mis en valeur comme iambe, précédant six dactyles (en imitation du mètre épique). L'ordre des mots est respecté dans la traduction, de manière

---

52. Il s'agit moins d'une accusation de pastiche, puisque Eschyle dit avoir lui-même emprunté son *tophlattothrat*, que d'incohérence.

à isoler le v. 1265 (quatre dactyles), qui sera repris, hors contexte, en1267, 1271, etc., en imitation des refrains qu'utilisait Eschyle (cf. *Agamemnon*, 121).

v. 1266. Repris des *Psychagogues* (« Les Conducteurs d'âmes », fr. 273 Radt). Série de six dactyles. Le sujet en était la visite d'Ulysse aux Enfers. Il s'agit peut-être du lac Averne.

v. 1268. Comme en 1272, Dionysos répond en anapestes, l'inverse du dactyle.

v. 1269-70. Origine débattue dans l'Antiquité pour ce vers (fr. 239 Radt, qui le donne, *dubitanter*, au *Télèphe*). Aristarque disait ne pas le connaître. « Atrée » et « fils » sont en fait très éloignés en grec.

v. 1273-74. Série de sept dactyles, tirée des *Hiereiai* (« Les Prêtresses », fr. 87 Radt). Le sujet en est inconnu. Eschyle a été accusé d'y avoir divulgué des secrets mystiques.

v. 1276. Début de la *parodos* lyrique de l'*Agamemnon* (six dactyles), v. 104 s. Les v. 1284-1285 et 1289 sont tirés de la même strophe.

v. 1278. Auto-citation, à un mot près, du v. 1 des *Nuées* : « Ô Zeus roi ! Quelle affaire la longueur des nuits ! »

v. 1282. En réalité, les vers qui vont être cités font partie de chants choraux accompagnés de la flûte. Ce n'étaient donc pas des solos à la cithare. Pour Euripide, la différence des genres est annulée par la poésie d'Eschyle, qui est toujours la même. Pur bruit, elle est indifférente aux formes, dans leur état contemporain. En faisant remonter la lyrique chorale de son adversaire au genre citharédique, plus ancien, Euripide souligne sans doute son caractère archaïque (cf. Zimmermann). Eschyle répliquera en prenant les castagnettes (ou leur équivalent vulgaire, des coquilles), et non pas la lyre, comme instrument pour les solos d'Euripide.

v. 1285. Tiré de la *parodos* de l'*Agamemnon* (v. 108). La complétive (« comment… ») dépend du verbe « prononcer », cité en 1276. *Le pouvoir des Achéens et ses deux trônes* : les deux Atrides, Agamemnon et Ménélas.

v. 1286, 1288, etc. *Grattatapine* : le cri est transmis par les manuscrits sous la forme *tophlattothrat*, deux fois (deux mètres iambiques). Comme la métrique n'est pas celle des vers cités (qui sont composés en dactyles), mieux vaut penser que nous n'avons pas affaire à une musique d'accompagnement, mais à des intermèdes musicaux. Plusieurs éditeurs suppriment le premier *to*, car, en 1296, Dionysos pose la question « qu'est-ce que ce *phlattothrat* ? », où *to* introduit le cri (« ce »). Mais Dionysos isole dans les sons qu'il a entendus la partie inintelligible. J'ai préféré traduire le cri. Il s'analyse. Le verbe *phlân* signifie « écraser », « broyer » ; le composé *anaphlân* est utilisé pour la masturbation (voir au v. 427). La forme *phladiân*, doublet de *phlân*, est souvent mise en rapport avec le verbe *thlân*, de même sens. Plus tardivement, *thladiân* est « faire eunuque ». Peut-être avons-nous une forme, avec variation de la consonne liquide *(thra-)*, qui rappelle ce sens (*thrauein* signifie « mettre en pièces »). Le cri imite le son de la cithare (cf. en *Ploutos*, 290, l'onomatopée *threttanelo*), d'où le *gratt-*. J'avais d'abord essayé une traduction du cri, avec « fourbissons nos moignons », plus martial, mais sans référence à l'instrument, puis « grattons-nous le moignon », qui est plus près du sens, probable, du cri. Mais, sans doute, une expression trop explicite diminue-t-elle l'effet de surprise et de refrain.

v. 1287. Tiré de la *Sphinx* (cf. au v. 1021 ; fr. 236 Radt). Le verbe « envoie », pris au texte de l'*Agamemnon*, a sans aucun doute été rajouté pour rattacher le vers à 1285, avec « le pouvoir » sans doute comme sujet. Chez

Eschyle, « pouvoir » est objet d' « envoie », dont le sujet est « un oiseau fou de guerre », au nominatif, que nous avons ici au v. 1289. Peut-être Euripide respecte-t-il cette syntaxe complexe (cf. Sommerstein[53]), mais le cri semble plutôt isoler des morceaux cohérents de phrase. La Sphinge est présentée comme une chienne, comme dans l'*Agamemnon* l'oiseau (un couple d'aigles) est lui-même appelé « chien ailé » (de Zeus, v. 137). Voir aux v. 1317 s. pour une transformation de la syntaxe de la phrase citée.

v. 1289. Citation d'*Agamemnon*, 112, qui nous permet de retrouver le texte original, perdu dans les manuscrits d'Eschyle.

v. 1291-1292. Tiré du *Memnon* ? Radt (fr. 282) range le vers dans les fragments non situés.

v. 1294. Deux mètres iambiques, en rupture avec les dactyles des citations précédentes, mais en accord, avec le cri, tirés des *Femmes de Thrace* (fr. 84 Radt). Deux situations de conflits divisaient les Grecs au sujet d'Ajax : le choix du héros qui devait hériter des armes d'Achille (Ulysse l'emporta), puis le traitement à donner au corps d'Ajax suicidé (ce débat fait la dernière partie de l'*Ajax* de Sophocle).

v. 1296. Eschyle avait participé à la bataille de Marathon. La question semble ironique : il aurait imité la musique des ennemis perses. Ici, le mot peut noter, en plus et en dérision de la connotation guerrière, un dème rustique, éloigné d'Athènes.

v. 1297. Chants d'un tireur d'eau : litt. « chants d'un tourneur de corde à puits. » Le mot « tourner » devait souligner l'aspect répétitif de la musique d'Eschyle.

---

53. « Sphinge » serait alors en apposition au « pouvoir » des Atrides.

v. 1298. Eschyle revendique la noblesse du cri, qui correspond bien à sa musique.

v. 1302. *Chants à boire de Mélétos* : plutôt le compositeur de chants érotiques que l'un des deux poètes tragiques du même nom (le second étant l'un des accusateurs de Socrate).

v. 1302. *Airs de flûte des Cariens* : peuple d'Asie mineure. Au livre VII des *Lois*, Platon raille les gémissements de la « muse carienne » des chœurs loués pour les cérémonies funèbres (800 e).

v. 1305 s. La claqueuse de coquilles : l'expression étonne aussi en grec. Au lieu de castagnettes (les « crotales », en bois), la musicienne frappera des coquillages *(ostraka)* pendant le chant. Euripide mérite non la lyre, mais de la percussion, sous sa forme la plus grossière[54]. Le terme technique *krotalon* se retrouve dans le verbe traduit ici par « claquer » (*kroteîn*, « frapper », pour un instrument, en assonance avec *ostraka*). Cette musique rappelle la *parodos* d'*Hypsipyle*, où l'héroïne charme l'enfant qui lui a été confié, et qu'elle laissera mourir, avec des castagnettes (fr. 752f Kannicht = 180 J-VL, fr. 1, 2, v. 7).

v. 1308. Les pompes de Lesbos : litt. « ne lesbisait pas ». Non seulement cette Muse ne s'y connaissait pas dans la grande poésie de Lesbos, représentée par Arion et Terpandre, mais, selon un sens du verbe attesté en *Guêpes*, 1346, elle n'avait pas de connaissance orale du sexe masculin.

v. 1309-1328. Eschyle compose un chœur continu, c'est-à-dire sans division en strophes, à la manière du dithyrambe nouveau, dans une métrique raffinée, avec

---

54. Voir l'article d'A. Bélis, sur les informations que l'on peut tirer de cette scène quant à la musique des deux poètes (*Revue des Études Grecques* 104, 1991, p. 31-50) ; j'ai utilisé ses résultats pour les vers 1297, 1305 s., 1314, 1328.

prédominance de glyconiens[55] et de choriambes ($-\cup\cup-$).
Le tout alterne des quasi-citations d'Euripide et des
inventions, en style d'Euripide, des expressions nobles et
des mots de la comédie (comme « bruissotez de la bouche »,
stomullete, v. 1310).

v. 1312. Couverts de rosée : en grec, mot rare repris
sans doute de l'*Hypsipyle*.

v. 1314. La répétition d'une syllabe notait dans les
textes accompagnés de la mélodie une vocalise et non la
répétition d'une même note.

v. 1315 s. Tendue sur le métier… navette : repris de la
parodos de l'*Hypsipyle* (p. 180 J-VL, fr. 1, 2, v. 9 s.). *Souci
de la navette chantante* : *Méléagre*, fr. 16 J-VL.

v. 1317 s. Citation littérale d'*Électre*, v. 435-437, sauf
que le verbe traduit par « faisait fuser » y est intransitif
(« bondissait »).

v. 1319 s. La présence des mots « oracles et courses
du stade » (repris d'où ?) est motivée par le caractère
apollinien du contexte, avec le dauphin. Comme ce sont
déjà des compléments incongrus pour « faire fuser », les
termes suivants peuvent continuer la série des compléments
d'objet. On préfère en général mettre un point à la fin du
v. 1319.

v. 1320. Splendeur de la vigne fleurie de vin : composé à
partir de l'*Hypsipyle*, fr. 765 Kannicht = p. 220 J-VL
(« l'efflorescence de la vigne nourrit la grappe sacrée »),
d'*Andromède*, fr. 23, v. 3 J-VL, et de *Phéniciennes*, v. 230 s.
(« [vigne, qui jour après jour, / ruisselles,] faisant sortir la
grappe / chargée de fruits de l'efflorescence de la vigne »).

v. 1321. Qui arrête les peines : cf. *Bacchantes*, v. 772.

---

55. Voir ci-dessus, la présentation des v. 1251-1260.

v. 1322. Hypsipyle, fr. 765a Kannicht (= p. 219 J-VL). Voir aussi *Phéniciennes*, v. 307 et *Troyennes*, v. 762 s. Le vers indique sans doute un jeu de scène.

v. 1323. Tu vois ce pied-ci ?: le vers 1322, repris d'Euripide, est un glyconien qui commence par un anapeste, ce qui est sans exemple ailleurs. Le « pied » (en contraste immédiat avec « bras » du vers précédent) est donc remarquable, avec les jeux de scène que cela peut induire.

v. 1328. Dodécatechnique : le mot *(dôdeka-mêkhanos)* est, selon la scholie, repris de l'*Hypsipyle* (fr. 765b Kannicht = p. 219 J-VL), « dressé vers l'astre aux douze moyens », fragment opaque, avec sans doute une référence au zodiaque ; un manuscrit présente le variante « antre » pour « astre » : est-ce en rapport avec le serpent qui a tué l'enfant gardé par Hypsipyle ? Douze note le nombre de positions connues par la prostituée de Cyrène, et a une connotation musicale (les douze sons de l'octave), en rapport avec le perfectionnement récent des cithares, dont le nombre de cordes avait été augmenté.

v. 1329-1363. La métrique de cette monodie est complexe, et discutée. Elle allie principalement, des anapestes, des dochmiaques, des séquences dactyliques, des iambes (ou trochées, selon l'interprétation, ce qui serait plus caractéristique de la comédie), ainsi que des dochmiaques. Eschyle critique en cela, implicitement, le mélange des formes propre au nouveau dithyrambe et à Euripide. La monodie est composée de cinq ensembles, selon les étapes narratives (avec des coupures en 1337, 1340, 1345 et 1355). Les répétitions de mots y sont fréquentes. Ce n'est pas la monotonie d'Eschyle, qui chante toujours de la même manière malgré la diversité des thèmes et des expressions. L'identique,

avec la répétition de mots ou de syllabes en vocalises
(v. 1348, même mot qu'en 1314), introduit en fait des
variations (avec, par exemple, les successions de brèves
là où les mots se répètent). Si le sujet est innocent et
domestique (une voisine a pris le coq de la chanteuse),
en contraste avec la forme et la thématique tragiques
(la nuit, le rêve, le rite, la plainte), l'histoire est de part
en part érotique.

v. 1331. Au sombre éclat : cf. *Hélène*, 518, pour la
ténèbre (l'Érèbe).

v. 1334. Son âme qui n'est nulle âme : ce type de
syntagme, avec un nom suivi de l'adjectif dérivé du nom
précédé d'un préfixe négatif (ici : *psukhan a-psukhon*),
n'est pas propre à Euripide. Eschyle y a recours.

v. 1337. En ses habits noirs de cadavre : en grec, un
seul mot en trois éléments, selon un mode de composition
verbale propre à la comédie, même si le thème est
tragique.

v. 1339. Chauffez l'eau : repris de l'*Odyssée*, VIII, 426
(pour le bain d'Ulysse chez les Phéaciens).

v. 1341. Ô divinité marine : Poséidon, avec son titre
poétique, qui sert ici d'allégorie pour l'eau, à la manière
d'Euripide (cf. *Bacchantes*, v. 284, pour « Dionysos » au
lieu de « vin »).

v. 1342. C'est bien ça : expression employée par
Euripide, qui appartient au langage familier.

v. 1343. Dulcine : en grec, *Glukê*, « Douce », prénom
de femme libre ou esclave. Elle l'a été pour le coq.

v. 1345. Mania : prénom d'esclave (phrygien, comme
son équivalent masculin, Manès, cf. au v. 965).

v. 1350. Crépusculaire : l'adjectif *knephaios*, qui note
l'obscurité, est dans la poésie sérieuse employé pour le
Tartare ou le soir. Il s'agit ici du crépuscule du matin.

v. 1352. La fuite vers l'éther, face aux malheurs présents, est un thème euripidéen.

v. 1355. Tiré des *Crétois*, fr. 1 J-VL. L'adresse aux archers crétois est accompagnée, pour la métrique, de crétiques dans les vers suivants. Voir au v. 849.

v. 1358. *L'enfant Diktynna* : comme en *Iphigénie en Tauride*, v. 126 s. (« Ô enfant de Léto, / Diktynna de la montagne ») et en *Hippolyte*, 145 s. (« Diktynna aux bêtes nombreuses »), Diktynna (« celle au filet »), qui avait un culte en Crète, est ici assimilée à Artémis. « Enfant » fait attendre « de Léto ». L'omission, qui rend étrange l'invocation, laisse entendre qu'on est dans un jeu (comme « chiots » en 1359).

v. 1361. *Fille de Zeus* : Eschyle suit une autre tradition qu'Hésiode, qui faisait d'Hécate la descendante, à deux générations, des Titans (*Théogonie*, v. 411).

v. 1363. Brusque changement de ton : le verbe « prendre sur le fait » vient de la langue juridique.

v. 1365. *Le conduire à la balance* : Eschyle prend l'initiative de la pesée, annoncée par l'esclave de Pluton en 797. Il avait, de fait, composé une tragédie la *Pesée des âmes (Psukho-stasia)*, où Zeus, selon un thème de l'*Iliade*, pesait l'âme (au sens ancien de « vie ») de deux héros, Achille et Memnon, en présence de leurs mères, Thétis et Aurore, suppliantes (dans Homère, ce sont les « sorts mortels », les *kêres*, qui sont pesés). Cela correspond, par ailleurs, à sa poétique (voir, ci-dessous, la présentation de VIII, 6).

VIII, 5. Chant non strophique (v. 1370-1377)

La courte intervention du chœur est de facture euripidéenne pour la métrique (voir Zimmermann) :

s'ouvrant sur trois lécythions, elle se poursuit par une période en trochées, sans rupture (un « essoufflement », *pnigos*), et se clôt par un ithyphallique (– ∪ – ∪ – –).

v. 1370. Les habiles : à savoir les deux poètes, qui ont donc tous deux la qualité prêtée d'abord à Euripide (v. 71). Aristophane, comme on le dit souvent, souligne par là sa propre audace, mais tout en laissant l'extravagance aux poètes tragiques. Leur inventivité est comique en ce que la comédie sait tirer de leurs poétiques, prises à la lettre, un motif ridicule. Elle ne fait qu'expliciter, par la mise à l'épreuve que constitue le spectacle, la transformation des prétentions en action visible.

v. 1371. Prodige : le mot pour « monstre » *(teras)*.

VIII, 6. Scène iambique (v. 1378-1481)

La scène est construite en deux parties antithétiques : la pesée, qui ne débouche sur aucun jugement, alors qu'Eschyle est clairement vainqueur (v. 1378-1413), et le débat final, à contenu politique, qui est introduit soudainement par l'intervention du dieu souverain, Pluton, resté silencieux jusque-là[56]. La décision s'impose au terme de cette dernière passe (v. 1414-1481), qui contient le problème textuel le plus difficile de toute la pièce (voir au v. 1437). L'enjeu a été transformé : le vainqueur ne sera plus le titulaire de la « chaire » de poésie tragique dans l'Hadès, mais retournera sur terre, à Athènes, réalisant ainsi, mais sur un mode inattendu, le but de la quête entreprise par Dionysos.

La nature du débat change fortement avec la pesée. On quitte l'examen technique et méthodique de parties connues

---

56. S'il entrait en scène à ce moment, sa venue serait soulignée.

et bien répertoriées de la tragédie, les prologues, les types
de mélodies, pour entrer dans une pure fantaisie. L'objet,
« le poids des paroles » (v. 1366), ne préexiste pas à la
scène comique (voir l'Introduction) ; il est plutôt l'effet
de la mise en scène, avec l'entrée d'une balance, qui est
un objet poétique traditionnel, hérité de l'*Iliade*, et
emblématique d'un moment décisif dans une action (dans
l'*Iliade* : la défaite des Grecs au chant VIII, la mort de
Sarpédon, puis celle d'Hector). C'est parce que la comédie,
en faisant entrer une balance, prend à la lettre le verbe
habituel « peser » pour dire « examiner » (cf. au v. 797)[57],
que le poids des mots deviendra une réalité mesurable, et
qu'il pourra, de manière absurde, être décidé que des mots
pèsent plus que d'autres, et valent donc plus. Appliquée
au langage, la métaphore du « poids » (en grec, « lourdeur »,
baros) n'est en réalité pas technique dans le sens qu'elle
va prendre ici, en rapport à la référence d'un mot (où un
« fleuve » pèse plus que « l'envolée » d'un navire).
« Poids », *baros*, dans la pièce était au contraire employé
négativement pour dire le caractère pesant de la tragédie
d'Eschyle, qu'Euripide a dû mettre à la diète (v. 941). Cela
correspond à l'usage dans la terminologie rhétorique
ultérieure, où *baros* ou *barutês* seront des termes négatifs
pour le « pompeux » (voir Taillardat, § 779). Et Eschyle
s'est vu reprocher, dans l'*agôn*, d'employer des mots
lourds, « mots de bœuf » (v. 924), « grands tas de Parnasses »
(v. 1057). Il est toujours du côté du pesant. Une des sources
du comique était de faire comme si ces mots immenses
valaient effectivement ce qu'ils désignent (v. 1918 : « le

---

57. Dans l'*Agamemnon* d'Eschyle, la pesée est un acte cognitif qui
permet d'identifier le principe unique expliquant chaque objet ou chaque situation : « Je n'ai pas de repère, / moi qui pèse toute chose, / sinon
Zeus » (v. 163-165).

fabricant de casques va m'écraser »). Cette transformation comique caractéristique du genre est ici prise au sérieux, de manière à produire un autre comique, dans une action qui parodie l'examen critique du langage.

Vainqueur, Eschyle sera mis du côté de la réalité, mais au prix d'une banalisation de sa poésie (cf. ci-dessous), tandis qu'Euripide restera léger. Cela prépare le dialogue politique qui suit, où, pour un moment, Euripide se perdra dans une fantaisie aérienne (v. 1437-1441).

La pesée oppose des citations exactes de vers entiers, et non plus des jugements, des mots, des exemples manipulés ou des parodies. Par une inversion du motif homérique, le poids le plus lourd l'emporte. Dans l'*Iliade*, au contraire, vainc le héros dont le « sort » pèse le moins (cf. chant XXII, 212 s., pour Hector face à Achille). Mais, dans un cas comme dans l'autre, le poids indique le degré de réalité de ce qui est pesé, que ce soit le « sort mortel », qui, en faisant incliner la balance, « s'en est allé vers l'Hadès » (v. 213) et anticipe littéralement la mort, ou les mots, dont la référence réelle est plus ou moins massive. Le mot, comme le sort le plus lourd, peut rendre présents l'événement ou la chose visible. Les mots légers ne font qu'évoquer des réalités invisibles ou petites. Il est frappant que l'explication de la victoire d'Eschyle, à chaque pesée, porte non pas sur le vers entier, mais sur un ou deux termes qui ont fait pencher la balance (le nom d'un fleuve, « mort », « char », « cadavre ») ; ni la construction, ni le sens, ni le style, ni la beauté des vers (qu'Euripide revendique au v. 1395) ne sont pris en considération. Les vers posés par Eschyle sont, de fait, pour deux sur trois, composés uniquement de syntagmes nominaux.

La scène renvoie par là à une critique implicite de la poétique du vainqueur de l'épreuve. Eschyle, tout au long

de l'*agôn*, pose que les mots doivent, pour avoir un effet
réel, désigner avec emphase les réalités importantes d'un
monde mythique ou idéal, telles que la tradition héroïque
les a consignées ; il ne peut donc que gagner, puisque ses
vers sont pleins de références à ce monde qu'il s'agit de
rendre actuel : cette poétique suppose que le spectateur va
agir comme les héros qu'il a admirés sur scène. Le mot
deviendra chose, dans le comportement des citoyens, parce
qu'il évoque par avance une grande chose de la tradition.
La référence à un monde réel, ou présenté comme tel dans
la fiction mythique, sert donc un idéal. La pesée, en
proposant une transposition visuelle de cette prétention,
la ridiculise. Elle effacera tout idéal et ne prendra en compte
que la référence immédiate des mots. La recherche de
l'effet de réel rend alors cette poésie triviale, malgré son
grand style : elle vaut par ce qu'elle désigne, et non par
elle-même La prise en compte du seul vocabulaire, envisagé
selon une fausse naïveté comique du seul point de vue de
la référence à un monde matériel déjà bien connu, s'oppose
à toute idée de composition poétique, de proposition d'un
univers virtuel et nouveau. Les mots qui font gagner Eschyle
ne sont pas les composés audacieux et pesants que raillait
Euripide dans l'*agôn*, mais, à chaque pesée, des mots
communs. La banalité physique de ce qui est désigné fait
la différence, et l'art de charger les vers de références
réelles et lourdes devient frauduleux : il se rapproche des
procédés trompeurs des marchands qui faussent les pesées
en mouillant leur marchandise (v. 1386 s.). Cette poétique
finit alors par se retourner contre elle-même : comme ce
sont les mots qui sont pesés, et non leurs effets réels
attendus, ce qui est en question n'est plus que le langage,
comme si le mot remplaçait vraiment la chose. Plus
conséquent, Euripide illustre ou thématise dans ses vers

la puissance non référentielle du langage (modes, métaphores, persuasion rhétorique), mais son « référent » n'est alors d'aucun poids, même si sa poésie, moins fascinée par les effets de réel, procure plus de plaisir.

Aucune décision ne résulte de l'épreuve, ni des épreuves précédentes, bien qu'Eschyle ait chaque fois provoqué, à partir de la discussion technique des prologues (v. 1119), la déroute d'Euripide. La science peut lui être attribuée sans conteste, mais le plaisir reste du côté de l'autre (v. 1413). L'analyse savante a donc manqué une dimension de la poésie qui était affirmée, seule, dans le prologue.

La situation du juge va changer quand Pluton déplacera l'enjeu du concours (l'importance de cette transformation a sans doute été sous-évaluée par les interprètes). Il ne s'agira plus de désigner le poète le meilleur en soi, chez les morts, ce qui reste une tâche impossible, mais de faire revivre le poète le plus utile pour les vivants. Le critère devient la capacité à assurer le salut de la cité de manière qu'elle puisse, victorieuse et en paix, organiser des concours de tragédie. À la poésie est donc confié le rôle que les politiques n'ont pas su assumer ; ils seront mis à son école. L'état du texte ne permet pas de reconstituer avec certitude les argumentations (Euripide oscille entre un avis fantasque de guerre par les airs, qui correspond à un aspect de sa poésie, et un avis sérieux), mais il apparaît qu'Eschyle livre l'avis le plus profond en ce qu'il redéfinit les principes régissant l'espace politique de la cité considérée en soi et dans sa relation avec l'extérieur. Il redéfinit la pertinence des termes politiques fondamentaux « ami » et « ennemi ». Le fait d'avoir eu raison ne fait pas de lui avant tout un porteur de message ; elle le met dans la position paradoxale de devoir assurer, par ses tragédies, le rôle critique et agressif que revendique la comédie (voir, ci-dessous, la présentation de l'*exodos*).

v. 1382. Premier vers de *Médée*. Cité d'après la traduction de la pièce que j'ai rédigée avec M. Gondicas (rééditée aux Belles Lettres). La nourrice y déplore que Jason et son navire Argô soient parvenus jusqu'en Colchide, la patrie de sa maîtresse, Médée. L'envol, pour un voyage marin, est une métaphore habituelle.

v. 1383. Tiré du *Philoctète* d'Eschyle (fr. 249 Radt). Le Sperkheios est un fleuve de Thessalie, patrie de Philoctète. Les deux vers mis en concurrence, 1382 et 1383, sont donc sur le mode du regret, mais sans marque modale pour celui d'Eschyle, qui est purement nominal et dénotatif.

v. 1386 s. Seul le nom du fleuve a fait pencher la balance. Dionysos ne tient pas compte du syntagme typiquement eschyléen « pâtures où tournent les bœufs ».

v. 1391. Tiré de l'*Antigone* d'Euripide (fr. 18, v. 1 J-VL). La suite est connue : « et son autel est dans la nature de l'homme. »

v. 1392. Vers de la *Niobé* d'Eschyle (fr. 161, v. 1 Radt). « Le génie de la mort » traduit *Thanatos*, de manière à respecter le masculin[58]. La suite répond au vers d'Euripide, qui a visiblement repris ce passage : « Pas le moindre sacrifice, pas de libation pour le renvoyer, / Il n'est pas d'autel pour lui, il n'est dans aucun péan. / De lui seul, parmi les divinités, la Persuasion reste à l'écart. »

v. 1400. Dionysos cite un vers que les commentateurs anciens n'ont pu identifier. Le coup joué par Achille (que des vases représentent en train de jouer aux dés avec Ajax) est faible. Le double un et le quatre se trouvent ailleurs dans un fragment comique pour un coup raté. Sans doute,

---

58. Solution que j'emprunte à M. Gondicas, dans sa traduction de l'*Alceste* (Montpellier, 1993).

comme le pensent Dover et Sommerstein, Dionysos parodie un vers d'Euripide commençant par « Il lança, Achille » (un rocher ou une arme de jet). Avec le v. 1402, Euripide continue dans la même veine.

v. 1402. Tiré de *Méléagre* (fr. 18 J-VL). « Lourd de fer », pour la lance, est un composé de type eschyléen.

v. 1403. Tiré de *Glaucos de Potnies* (fr. 38, v. 1 Radt), pièce de la même trilogie que les *Perses*. Nous avons le vers suivant : « et chevaux sur chevaux étaient confondus ». Glaucos, de la ville de Potnies en Béotie, fils de Sisyphe, fut dévoré par ses chevaux lors de la course de char aux jeux funèbres en l'honneur de Pélias, qui avait été tué (bouilli) par les soins de Médée. Comme pour les couples précédents, les deux vers pesés sont en correspondance sémantique étroite.

v. 1406. Les Égyptiens sont mentionnés pour leurs constructions gigantesques.

v. 1409. *Céphisophon* : cf. au v. 944. *Et tous ses livres* : cf. v. 943.

v. 1413. Il y a un long débat pour identifier « l'un », qui est savant *(sophos)*, et « l'autre », qui donne du plaisir. Pourtant la référence est claire. Eschyle a gagné le concours de « science », de *sophia* (v. 780, 872 s., 881) ; il peut difficilement ne pas être « l'un ». Au v. 1435, dans un vers de même structure (avec l'opposition « l'un… l'autre »), Eschyle (à nouveau « l'un ») est clairement du côté de la science. Euripide, malgré sa défaite pour la technique, reste celui qui plaît, comme dans le prologue. Les deux jugements, donnés dans ce vers s'opposent, puisqu'ils privilégient l'un ou l'autre critère. Toute la question est de les articuler ; cela ne se fera pas. En se disant ami de deux poètes qui sont ennemis entre eux, Dionysos souligne une aporie de la critique et de la tragédie, qui ne sait pas s'expliquer elle-même, alors que la comédie le peut.

v. 1418. Mieux vaut donner la question « dans quel but ? » à Dionysos qu'à Pluton, selon certains manuscrits (ou à Euripide, comme le fait Coulon). Le dieu fait un discours et emploie un procédé rhétorique connu.

v. 1422. Alcibiade : le stratège athénien avait eu une carrière mouvementée. Nommé commandant, avec Nicias, de l'expédition athénienne en Sicile, en 415, il fut accusé pendant son absence de crime religieux contre les Mystères d'Éleusis. Il passa du côté de Sparte, qu'il aida, puis des Perses, pour revenir du côté athénien, et fut triomphalement accueilli à Athènes en 407. Mais il quitta sa ville, quelques mois plus tard en raison d'une défaite navale provoquée par son lieutenant Antiochos, et il dut se réfugier sur la côte de l'Hellespont, où il était au moment des *Grenouilles.* Il fut tué par les Lacédémoniens en 404.

v. 1425. Parodie d'un fragment des *Gardiens (Phrouroi)* de Ion de Chios (fr. 44 Snell). Hélène y dit à Ulysse, entré en secret à Troie, peut-être à propos d'Hécube : « elle se tait, elle hait, et pourtant elle veut. »

v. 1431 a et b. Visiblement deux versions du même vers. Ou bien l'une est une révision, par Aristophane, de l'autre, ou 1431 b vient de l'ajout, dans le texte, d'un vers issu d'une autre comédie.Plusieurs manuscrits omettent 1431 b, alors que Plutarque cite ce vers. Dover pense que 1431 b ne peut être considéré comme meilleur que 1431 a. On aurait donc là la première version, corrigée (lors de la seconde représentation) par 1431 a. Selon Del Corno, le verbe « élever jusqu'à son terme » *(ektrephein),* en 1432, va mieux avec la version de 1431 a. Il semble clair que le second vers, au vocabulaire moins recherché, est une glose du premier, qui doit être originel. Eschyle reprend ici la fable du lionceau accueilli dans une maison que raconte le chœur de l'*Agamemnon* (v. 717-736). L'animal, d'abord tendre, devient massacreur de moutons ; le lionceau représente Hélène, dont l'arrivée à Troie a causé le désastre de la ville.

v. 1434. Eschyle a parlé conformément à son art (*sophôs*, « savamment »), en recourant à l'énigme, et Euripide en accord avec sa poétique de la clarté (*saphôs*, « clairement »).

v. 1437. La progression de la dernière épreuve semble difficile à comprendre si on suit le texte transmis pour les v. 1437-1453 (ce que fait Coulon, sans le discuter). La difficulté ne vient pas vraiment de ce qu'Euripide donne deux avis (préparer une expédition aérienne contre les Lacédémoniens, v. 1437-1441, puis, plus sérieusement, reconsidérer la question de la confiance dans la cité, v. 1443-1450), alors que Dionysos en avait demandé un seul (v. 1435) : il pourrait transgresser l'ordre, et, après une fantaisie où il aurait signalé aux Athéniens que la victoire ne pouvait venir d'une bataille navale (contrairement à l'avis que donnera Eschyle, au v. 1465), passer à un avis plus sérieux. Le problème vient plutôt de ce qu'Euripide introduit son second avis au v. 1442 avec une formule, « moi je sais » *(egô men oida)*, qui laisse entendre que l'on a là un début, et non une suite. Certes, la particule *men*, qui a une valeur emphatique et souligne le pronom *egô* (« moi, pour ma part »), n'exclut pas qu'Euripide ait déjà parlé avant. « Moi » serait opposé à Céphisophon (cf. v. 1453), qui a inventé l'histoire des burettes à vinaigre, tandis que le reste (le second avis) serait d'Euripide. Mais on ne comprend pas pourquoi Euripide dirait qu'il ne parle en son nom propre qu'en 1442, et la référence à Céphisophon est lointaine. Thiercy déplace donc ce vers et le met avant

1437. Un lien direct 1436-1442 a, de fait, beaucoup
d'apparence, mais pas plus que 1436-1437, qui s'enchaînent
parfaitement. Une solution était de supprimer le premier
avis, comme le faisaient des commentateurs anciens, mais
on ne sait expliquer alors ni son origine, ni les raisons de
son entrée dans le texte. La guerre dans les airs correspond
bien à la dévotion d'Euripide envers l'Éther (v. 892). Si
la poétique d'Euripide devient discours sur la réalité
guerrière, à la Eschyle, elle engendre cela.

À prendre l'ensemble de cette section, nous avons deux
avis d'Euripide, l'un « risible » et l'autre « sérieux » *(a
a')*, face à deux réactions d'Eschyle *(b b')* : un silence, en
imitation de ses personnages, mais cette fois par un pur
intérêt, puis une intervention concise, et décisive.

Il y a, chez les critiques, trois tendances pour régler le
problème ; aucune ne garde le texte dans l'ordre transmis (*a*
= Euripide, *b* = Eschyle) :

1. *a/a' b b'* : T. G. Tucker (dans son édition, 1906) et
Sommerstein pensent que les deux avis d'Euripide
correspondent aux deux rédactions successives de la pièce
par Aristophane, celle de 405 et celle de 404 (il faudrait
alors simplement déplacer les v. 1451-1453, qui reviennent
sur les burettes, et les mettre avant 1442). L'un des
arguments pour dater le premier avis de 405 est que la
mention d'une bataille navale à gagner semble incongrue
après le désastre d'Ægos-Potamoi ; on pourrait, en réalité,
tirer la conclusion inverse : comme Athènes a perdu sur
mer, mieux valait faire un autre genre d'attaque ;

2. *a b a' b'* : ou bien on donne toujours le second avis
à Euripide, mais on le fait précéder (après le premier avis
d'Euripide) du refus de répondre de la part d'Eschyle
(solution de MacDowell). Il faudrait transposer les v. 1452-
1450 après 1462. Mais il manque alors un ou plusieurs

vers pour introduire l'avis qu'Eschyle donne finalement
en 1463. Par ailleurs, et cela est une vraie objection à cette
hypothèse, le refus du silence d'Eschyle par Dionysos en
1462 resterait sans effet (puisque c'est Euripide qui
reprendrait la parole, avec 1442), alors que le dieu intervient
en général efficacement. Les v. 1462 et 1463 se suivent
de manière satisfaisante ; ce silence n'équivaut pas à une
prise de position, comme si Eschyle passait son tour. Il dit
qu'il se tait ici, aux Enfers, parce qu'il sait qu'il va gagner,
et qu'il pourra donner son avis là-haut.

3. *a b b'/b"* : ou bien on considère que le second avis
prêté à Euripide (v. 1443-1450) ne lui revient pas. Il est
trop raisonnable (ce jugement relève plutôt d'un préjugé)
et trop semblable à l'avis donné ensuite par Eschyle, et
Dionysos n'aurait donc plus aucune raison de choisir (mais
cela me paraît erroné, voir ci-dessous). Ces vers
exprimeraient donc l'opinion d'Eschyle. Celle-ci serait
double : en 1465, il fait de la flotte le recours pour Athènes ;
une telle recommandation ne peut valoir qu'en l'an 405,
avant la défaite d'Ægos-Potamoi. Par contre, la
recommandation donnée en 1446-1450 s'accorderait bien
à l'après-défaite. On aurait donc deux versions, de 405 et
de 404, de l'avis qui fait triompher Eschyle (cf.
Dover)[59].

Contre la solution 3, je dirais que le second avis donné
par les manuscrits à Euripide et celui d'Eschyle ne se
recouvrent pas, pour des raisons de fond et pas seulement
historiques :

– Le conseil d'Euripide (v. 1443 s. et 1446-1450) touche
à la confiance politique. Nous sommes dans la problématique

___

59. L'ordre des vers serait donc : 1436-1441, puis 1451-1460, puis,
dans la version de 405 : 1461-1466, et en 404 : 1442-1450. Voir Thiercy
pour une autre possibilité.

du langage et de la persuasion, où il est passé maître (« ce qui a du crédit », *ta pista*, « mettre sa confiance », *pisteuein*, sont des mots de la même famille que la « persuasion », *peithô*, célébrée par Euripide au v. 1391). Dans cette optique, la cité se sauve par une pratique réglée et juste de l'échange verbal, qui est mouvante et doit s'adapter aux situations, selon le critère de l'utilité politique, de manière à ne pas se laisser prendre par les apparences figées que le langage produit : les citoyens proscrits ne sont pas mauvais en soi, mais doivent, maintenant, être réhabilités (c'est l'avis du chœur dans la parabase), un nouveau contrat de confiance doit être passé avec eux ;

– Eschyle, quant à lui, dans les v. 1454 s., 1457-1459 et 1463-1465, prend la question de plus loin, de manière plus fondamentale, en s'interrogeant sur la nature de la cité à tirer du danger (v. 1457 : « Comment alors sauver une cité faite ainsi ? »). Il ne constate pas seulement l'erreur politique des Athéniens, qui n'accordent pas leur confiance à qui il faudrait, mais introduit une distinction qu'avait manquée Euripide : il oppose la cité aux citoyens (v. 1457). Pour qu'elle ne subisse plus la contrainte des citoyens « affreux » (*ponêroi*, v. 1456), contrainte qui ne correspond pas à sa nature profonde, et pour qu'elle s'en remette aux « utiles » (*khrêstoi*, v. 1455), il faut la considérer dans sa totalité. Pour cela, il est nécessaire de redéfinir la relation qu'elle doit entretenir avec ses composants naturels, la terre et la mer (avec les bateaux). Ces deux réalités déterminent les actions possibles, selon que l'on pense à reconquérir un territoire perdu (comme cela pouvait sembler urgent avec l'occupation d'une partie de l'Attique par les Lacédémoniens) ou, en accord avec une conception plus mobile de la guerre, qu'on s'en remette à l'action maritime. Le critère du choix, selon Eschyle, doit être politique, c'est-à-dire doit s'appuyer sur une bonne application des deux catégories qui déterminent la vie politique, à savoir l'opposition fondamentale entre « l'ami » et « l'ennemi ». Eschyle pose que cette application ne doit pas être figée, mais reconsidérée en fonction de la situation. La terre naturellement considérée comme « amie » (le territoire occupé de l'Attique) doit être laissée aux ennemis ; par contre, les terres ennemies atteignables par mer doivent être considérées comme « amies », et occupées (Eschyle développe en cela un point de vue analogue à celui qu'il exprime dans les *Perses*, où il montre que les Athéniens doivent leur victoire à Salamine au fait d'avoir laissé la terre aux ennemis et de s'être appuyés sur la force mobile des navires[60]).

Les deux avis, d'Euripide puis d'Eschyle, renvoient à des conceptions différentes de la politique : l'une est centrée sur l'activité des citoyens dans l'échange, dans la confiance donnée par les mots, l'autre sur le tout que forme la cité, quelle que soit la valeur de ses membres. Elles ne sont pas incompatibles, mais la position d'Eschyle a l'avantage d'être plus englobante, en ce qu'elle problématise les catégories de base du lien politique.

Ces opinions sont formulées dans un langage presque semblable, avec des antithèses « à la Gorgias ». Ce qui est présenté ici, face au discours développé de la parabase, est un style tragique, enclin à l'énigme.

La solution 2, qui tente d'articuler ces quatre moments (par une transposition, selon un schéma *a b a' b'*), détruit à tort la continuité des vers 1462-1463. La solution 3 ne reconnaît pas la progression, dans la profondeur de l'argument, entre les deux positions sérieuses. La première

---

60. Voir la traduction que j'ai donnée de cette pièce avec M. Gondicas, avec le commentaire et l'essai qui l'accompagnent (Chambéry, 2000).

solution a de la vraisemblance (encore qu'il faudrait alors inverser l'ordre chronologique, et poser que l'avis fantasque d'Euripide, aux v. 1437-1442, a de la pertinence après Ægos-Potamoi), mais elle a le tort de laisser Euripide sans avis sérieux dans l'une des rédactions du texte, et ne permet pas de voir en quoi l'avis d'Eschyle est véritablement supérieur. Finalement, je préfère laisser le texte en l'état, en marquant seulement (contrairement à Coulon) une difficulté non résolue dans le passage de 1441 à 1442.

v. 1437. Cléocrite : présenté comme fils d'une autruche dans les *Oiseaux* (v. 877). Sans doute le démocrate, « héraut des initiés aux Mystères », qui s'opposera aux partisans des Trente en 403. *Cinésias* : le poète malingre ; voir au v. 153.

v. 1445. Dionysos demande à Euripide d'être fidèle à lui-même (cf. v. 1434).

v. 1445. Moins cultivée : en grec, *a-mathesteron*, « avec moins de savoir ».

v. 1446-1450. Euripide reprend le conseil du chœur dans la parabase, avec une argumentation logique.

v. 1451. Palamède : héros grec de la guerre de Troie, absent de l'*Iliade*. Inventif, c'est une contre-figure d'Ulysse, qui l'élimina parce que, entre autres, il l'avait démasqué alors qu'il simulait la folie pour ne pas partir en guerre. Il inventa l'alphabet et les nombres. Il est le héros d'une tragédie d'Euripide et l'objet d'un discours (conservé) de Gorgias.

v. 1452. Céphisophon : voir au v. 944.

v. 1455. Eschyle, dans sa question, reprend à la lettre le conseil du chœur en 735. Il utilise comme Euripide le critère de l'usage utile (cf. v. 1447 s.), mais au lieu de le lier au contrat politique (à la confiance), il s'en sert pour définir une catégorie sociale et politique déterminée, avec « les utiles ».

v. 1456. Trouve plaisir : le même verbe, en même position finale dans le vers, que pour l'attachement de Dionysos envers Euripide au v. 1413.

v. 1458 s. La cité transcende les deux classes sociales opposées. *Manteaux de laine* : vêtement des riches, cf. v. 1063. *Peau de chèvre* : typique des pauvres de la campagne.

v. 1460. Trouve : il y a de fait aporie, et nécessité d'une invention nouvelle (*heuriske*, comme « heuristique »).

v. 1463-1465. Traduit en termes concrets, le conseil d'Eschyle invite à ne pas tenter de récupérer les territoires perdus (notamment la ville de Décélie, en Attique, au nord-ouest de Marathon, occupée par les Lacédémoniens depuis 413 et menaçante), mais d'attaquer les territoires ennemis atteignables, et de privilégier l'offensive navale, puisque les ressources habituelles sont taries. Cela correspond à peu près à la politique menée en 405 (voir Sommerstein). En 404, lors de la seconde représentation, après la défaite navale, cela vaut comme un reproche, sur l'incapacité de la ville à mener la politique qui par définition est la sienne depuis Salamine. Les commentateurs anciens rappellent de fait que c'était, *grosso modo*, la position de Périclès au début de la guerre, face à l'occupation de l'Attique par Sparte (cf. Thucydide, I, 143). Conceptuellement, c'est une invite à renoncer au modèle de l'autochtonie, pour qui la relation à la terre d'origine détermine ce qui est « sien » en propre, et donc « ami ». Eschyle rappelle que dans l'opposition traditionnelle « ami/ ennemi » les deux termes sont purement relatifs l'un à l'autre, et ne désignent aucun objet en propre, même pas la terre ancestrale. Comptent d'abord le rapport de force et son issue. L'utilité et le succès sont donc les principes qui conditionnent l'application du critère traditionnel du

« bien » (à savoir « faire du bien aux amis et du mal aux ennemis », selon la définition ancienne de la justice rappelée au livre I de la *République*). Rien n'est donné ou naturel, la pratique prime.

v. 1466. Le jury : litt. « le juge », comme collectif. La rétribution des membres des jurys populaires était condamnée par les adversaires de la démocratie.

v. 1468. Celui que mon âme désire : l'expression ne note pas un jugement arbitraire (Dover), mais une conviction ; cf. Platon, *Hippias majeur*, 296 d.

v. 1469. Dionysos n'a pas juré dans la pièce. La mention du serment sert à mettre Euripide en contradiction avec lui-même : contrairement à ce qu'il fait dire à l'un de ses personnages (voir au v. 1471), et qui enchantait tant Dionysos dans le prologue (v. 101 s.), le langage serait tout d'un coup devenu contraignant.

v. 1471. Reprise littérale du début d'*Hippolyte*, 612, vers déjà imité et transformé en 101 s. (voir ci-dessus).

v. 1475. Le vers, imité ici, de l'*Éole* d'Euripide (fr. 14 J-VL) était célèbre dans l'Antiquité. Aristophane change un mot : il remplace « ceux qui en font usage » *(khrômenois)* par « spectateurs » *(theômenois)*. Macarée y justifiait son union avec sa sœur (voir au v. 1081). Le vers, dans les *Grenouilles*, ne contredit pas 1468 (où « l'âme » de Dionysos est à la source du jugement), comme si le dieu s'était en réalité conformé à l'opinion des spectateurs. Ayant jugé, de manière lapidaire avec ses propres critères, il met à nouveau Euripide en contradiction avec lui-même, puisque, dans ce vers, le poète avait dissocié l'acte de ce qu'on peut en dire, et qui n'est qu'affaire d'opinion, guidée par l'usage (il reste que la réfutation, dans la tragédie, portait sur un acte monstrueux).

v. 1477. Voir au v. 1082. Le vers cité ici littéralement est tiré du *Polyidos* d'Euripide (fr. 12 J-VL) ; il était suivi de « et si mourir n'est pas, sous terre, considéré comme vivre ». Passage également célèbre dans l'Antiquité.

v. 1480. Pour recevoir mes cadeaux : litt. « pour que je vous traite en hôtes ». Comme Ulysse, comblé de dons chez les Phéaciens avant qu'ils ne le transportent chez lui.

VIII, 7. Chant strophique (v. 1482-1499)

La métrique de ce chant, qui a la fonction d'un *stasimon* exécuté en l'absence des acteurs, est très simple et euripidéenne, comme celle du chant des v. 1370-1377, qu'elle reprend. Les deux strophes sont composées de trochées (sous la forme du lécythion, prédominant au début), et se closent sur un ithyphallique. La langue de cet éloge du vainqueur, dans une sorte de béatification à la fois poétique et cultuelle (« Bienheureux qui… »), n'est pas recherchée, sauf à la fin pour qualifier la poésie d'Euripide (avec le néologisme traduit par « gratture », v. 1497).

v. 1490. Intelligent : l'intelligence *(sunesis)* était pourtant l'une des puissances invoquées par Euripide dans sa prière avant l'*agôn* (v. 893).

v. 1491 s. S'asseoir à côté de Socrate : voir le début de la vie de Socrate chez Diogène Laërce (*Vies et doctrines des philosophes illustres*, II, 18) pour la tradition, chez les poètes comiques, d'une aide poétique apportée par Socrate à Euripide. L'interprétation moderne d'un Euripide corrompu par la dialectique socratique et par là fossoyeur de la tragédie vient de ce passage, que l'on a pris à la lettre (en dehors de son sens comique), de manière à l'utiliser comme témoignage historique venant corroborer une construction théorique sur l'évolution du genre, qui aurait été ruiné par la réflexion conceptuelle, selon une représentation romantique de l'art.

IX, *Exodos* (v. 1500-1533)

La sortie, ou *ex-odos* (par opposition à l'entrée du chœur, *par-odos*), est composée d'un ensemble en anapestes, récités par Pluton puis par Eschyle, et d'une suite en dactyles, chantés par le chœur. Les choreutes retrouvent leur fonction mystique de la *parodos*, cette fois pour la remontée d'une âme (aucune mention n'est faite de Dionysos). Ce final est une reprise de la fin des *Euménides*, avec le cortège, les torches et la promesse de salut pour Athènes.

Pluton confie à Eschyle un rôle double, donner des avis à l'ensemble de la communauté et envoyer dans l'Hadès les pires des citoyens. Par là, un jeu complexe s'instaure entre tragédie et comédie. La première achève la tâche de la seconde, elle la complète, mais en faisant sienne la visée de la comédie, qui domine donc toujours. En effet, au lieu de se contenter de conseiller (comme le font tragédie et comédie) et d'injurier (comme le fait la comédie), Eschyle conduira directement à la mort les mauvais Athéniens, qui sont désignés par leur nom (et présents dans le public). La désignation violente de citoyens vivants est un trait de la comédie, pour certaines formes d'injures (voir v. 416-430, 678-685, 706-717, etc.). Mais le poète tragique ira au-delà de l'injure, puisqu'il devra mener effectivement à la mort les gens nommés. Il réalisera ainsi la visée de sa propre poétique, qui tendait vers un effet politique réel. Et s'il a été choisi, c'est sans doute que son art, malgré le ridicule de son emphase, contient, contrairement à celui d'Euripide, la promesse d'une relation déterminante à la réalité, d'une prise sur le monde politique. Mais, pour accomplir cette promesse, il devra se soumettre à la pratique comique, étrangère à la tragédie, d'une critique *ad hominem*[61]. Eschyle, vainqueur, est transformé en auteur comique tragiquement efficace pour les criminels. La comédie décide de l'utilité du genre dit sérieux et fait par là de la tragédie un objet de comédie. La tragédie, quant à elle, peut être représentée calmement chez les morts, par Sophocle.

La victoire d'Eschyle a souvent étonné, non pas seulement parce qu'elle inverse le désir premier de Dionysos, mais surtout parce que le retour d'une poésie ancienne dans l'Athènes de 405, puis de 404, pouvait sembler incongru et inutile. Qu'attendre d'une reprise de l'ancienne tragédie[62] ? Aucune actualité ne semblait décelable derrière l'éloge d'Eschyle et sa remontée depuis l'Hadès, sinon une leçon politique plutôt vague, qui a déjà été prononcée dans la parabase. Mais, avec ces questions, on traite la comédie comme si elle portait un message, selon une idée courte du langage, qu'en réalité la pièce elle-même met en scène et critique. Rien, par rapport à Eschyle, n'est attendu au-delà du drame. Sa remontée sur terre a déjà eu lieu, pendant la représentation des *Grenouilles*. La comédie a fini son travail en désignant quelle tragédie serait bonne. C'est celle qui accomplit la tâche de la comédie, ce que sans le savoir a fait Eschyle,

---

61. On peut dire, par jeu de mots, que ces citoyens poussés à mourir sont des *onomasti tragôidoumenoi*, comme les citoyens « nommément injuriés par la comédie » sont traditionnellement appelés des *onomasti kômôidoumenoi*.

62. Il ne peut s'agir de plaider pour une nouvelle mise en scène de ses pièces. Cela avait déjà lieu.

et non celle qui persiste sous sa forme actuelle, ni celle qu'Euripide a inventée. Il a été simplement montré que la pièce comique a su dire quelle est la vraie poésie, qu'elle désigne elle-même, et dont elle réalise elle-même, immédiatement, les effets attendus par sa démonstration. Les Tragiques, dans leurs différences, n'ont pas su se départager. La comédie sait représenter les critères du jugement, même si leur validité est discutable à l'infini. Mais la comédie fournit les règles de la discussion et en pose les enjeux. L'important, pour elle, est d'être actuelle en allant contre son temps, qui est mauvais ; d'où le choix du poète ancien.

v. 1501 s. Éduque les imbéciles : les Athéniens étaient dans la parabase « les plus sages des êtres par naissance », en 700, puis des « idiots » en 734. Au v. 989, Dionysos fait d'eux « les pires des moins meilleurs », avant qu'Euripide ne leur apprenne la dialectique, et Eschyle des « canailles », après leur traitement par Euripide, au v. 1015. Le chœur les dit « savants » (en art tragique) au v. 1118. Eschyle est mis ici dans la fonction didactique du poète comique, telle que la définit la parabase.

v. 1504. Prends cela : les pronoms démonstratifs des vers 1504, 1505, 1507 renvoient à des instruments de mort. Pour ce vers, il peut s'agir d'une épée, pour un suicide. *Cléophon* : voir aux v. 140 et 678. Il allait être exécuté peu après la seconde représentation des *Grenouilles* en 405.

v. 1505. Et ça : sans doute une corde. *Les gens du trésor* : litt. « les fournisseurs », *poristai*, fonction publique mal connue.

v. 1506. Myrmex : inconnu. *Nicomaque* : chargé sous le régime des Cinq Mille, en 410, de « transcrire », c'est-à-dire de réviser le corpus des lois ancestrales athéniennes ;

attaqué en 399, peut-être pour avoir fourni les moyens juridiques de condamner Cléophon. Un *Contre Nicomaque* est attribué à Lysias (discours n° 30), où il est présenté comme un fils d'esclave.

v. 1507. Et cette chose : probablement de la ciguë. *Arkhénomos* : inconnu.

v. 1512. Adimante : cousin d'Alcibiade. Son père s'appelait Leukolophidès, et non Leukolophos (abréviation comique). Général, il avait suivi la carrière d'Alcibiade, mais était resté à Athènes en 407. Participant à la bataille perdue d'Ægos-Potamoi, puis capturé, mais épargné, il fut accusé d'avoir trahi la flotte. Auparavant, il s'était opposé à un décret obligeant à couper le main droite des prisonniers.

v. 1520. Faussaire de mots : en grec, *pseudologos*, en assonance avec *bômolokhos*, pour le « pitre mendiant » (voir au v. 358).

v. 1525. Le chœur est invité à reprendre sa marche sacrée (cf. la *parodos*), en imitation, aussi, du cortège de torches accompagnant les Érinyes à la fin des *Euménides* d'Eschyle, mais cette fois vers le jour et non vers les profondeurs de la terre.

v. 1529. Un beau chemin : le mot *(eu-odia)* est repris du *Glaucos de Potnies* d'Eschyle (fr. 36, v. 5 Radt : un fragment mutilé sur papyrus, où on lit *euodian men…/ prôton*, imité ici par *prôta men euodian*).

1530. Imité d'*Euménides*, 1012 s. (souhait d'Athéna) : « Et qu'il y ait des idées de biens pour de choses bien chez les citoyens. »

v. 1531. Et pour nous cesseront : le chœur, comme Pluton au v. 1501 (« cette cité qui est à nous »), parle d'Athènes à la première personne, comme dans la parabase. *De grandes afflictions* : la poésie, dont l'une des fonctions

est de faire cesser les peines, sera directement effective ;
elle supprimera la cause des maux.

    v. 1532. Cléophon : voir au v. 678 pour sa politique et
son origine supposée étrangère.

BIBLIOGRAPHIE SOMMAIRE

Éditions

Jan van Leuwen, *Aristophanis Ranae, cum prolegomenis et commentariis*, Leyde, 1896.

Theodor Kock, *Ausgewählte Komödien des Aristophanes*, vol. 3, Berlin, 1856, 4ᵉ éd., 1898.

Ludwig Radermacher, *Aristophanes Frösche. Einleitung, Text und Kommentar*, Vienne, 1921, rééd. augm. par W. Kraus, 1954.

Victor Coulon (pour le texte) et Hilaire Van Daele (pour la traduction), *Aristophane*, vol. 4, Paris, 1928 (C.U.F.).

Dario Del Corno, *Aristofane. Le Rane*, Milan, 1985 (Fondazione L. Valla).

Kenneth J. Dover, *Aristophanes. Frogs, Edited with Introduction and Commentary*, Oxford, 1993.

Alan H. Sommerstein, *The Comedies of Aristophanes*, vol. 9, *Frogs, Edited with Translation and Notes*, Warminster, 1996.

Jeffrey Henderson, *Aristophanes*, vol. 4, Cambridge (Mass.)/Londres, 2002 (Loeb Classical Library).

Giuseppe Mastromarco et Piero Totaro, *Commedie di Aristofane*, vol. 2, Turin, 2006.

Nigel G. Wilson, *Aristophanis Fabulae*, vol. 2, Oxford, 2007 (O.C.T.).

Pour les scholies (fragments de commentaires anciens et commentaires médiévaux) :

Michel Chantry, *Scholia in Aristophanem*, vol. 3, fasc. 2 a, *Scholia vetera in Aristophanis Ranas*, Groningen, 1999 ; fasc. 1 b, *Scholia recentiora in Aristophanis Ranas*, 2001.

Michel Chantry, *Scholies anciennes aux* Grenouilles *et au* Ploutos *d'Aristophane. Présentation, traduction, commentaires*, Paris, 2009.

Pour les fragments des auteurs comiques :

Rudolf Kassel et C. F. L. Austin, *Poetae Comici Graeci*, 8 vol., Berlin/New York, 1983-1998.

Jeffrey S. Rusten (éd.), *The Birth of Comedy. Texts, Documents and Arts from Athenian Comic Competitions, 486-280*, Baltimore, 2011.

Ian C. Storey, *Fragments of Old Comedy*, 3 vol., Cambridge (Mass.)/Londres, 2011 (Loeb Classical Library).

Pour les fragments des auteurs tragiques :

Tragicorum Graecorum Fragmenta, 5 vol., Göttingen, 1971-2004 ; vol. 1 (Didascalies, Catalogues, Tragiques mineurs, éd. par Bruno Snell), 1971 ; vol. 2 (fragments anonymes, éd. par Richard Kannicht et Bruno Snell), 1981 ; vol. 3 (Eschyle, éd. par Stefan Radt), 1985 : vol. 4 (Sophocle, éd. par Stefan Radt),

1977 : vol. 5, en 2 parties (Euripide, éd. par Richard Kannicht), 2004.

François Jouan-Herman Van Looy, *Euripide*, tome 8, *Fragments*, en 4 parties, Paris, 1998-2003 (C.U.F.).

Traductions françaises

Victor-Henry Debidour, *Aristophane. Théâtre complet*, vol. 2, Paris, 1966.

Pascal Thiercy, *Aristophane. Théâtre complet*, Paris, 1997 (Bibliothèque de la Pléiade).

Sur le spectacle

Paul Demont-Anne Lebeau, *Introduction au théâtre grec antique*, Paris, 1996.

Paulette Ghiron-Bistagne, *Recherches sur les acteurs de la Grèce antique*, Paris, 1976.

Jean-Charles Moretti, *Théâtre et société dans la Grèce antique : une archéologie des pratiques théâtrales*, Paris, 2001.

August Wallace Pickard-Cambridge, *The Dramatic Festivals of Athens*, 2ᵉ éd. revue par J. Could et D. M. Lewis, Oxford, 1988.

David Wiles, *Greek Theatre Performance. An Introduction*, Cambridge, 2000.

Peter Wilson, *The Athenian Institution of the* Khoregia. *The Chorus, the City and the Stage*, Cambridge, 2000.

Sur la comédie et sur Aristophane

Dominique Arnould, *Le Rire et les larmes dans la littérature grecque d'Homère à Platon*, Paris, 1990.

Claude Calame (éd.), *Poétique d'Aristophane et langue d'Euripide en dialogue*, Lausanne, 2004.

Jean-Claude Carrière, *Le Carnaval et la politique. Une introduction à la comédie grecque suivie d'un choix de fragments*, Paris, 1979.

Anne de Cremoux, *La Cité parodique. Études sur les* Acharniens *d'Aristophane*, Amsterdam, 2011.

Marie-Laurence Desclos (éd.), *Le Rire des Grecs. Anthropologie du rire en Grèce ancienne*, Grenoble, 2000.

Kenneth J. Dover, *Aristophanic Comedy*, Berkeley/Los Angeles, 1972.

Andrea Ercolani (éd.), *Spoudaiogeloion. Form und Funktion der Verspottung in der aristophanischen Komödie*, Stuttgart/Weimar, 2002.

David Konstan, *Greek Comedy and Ideology*, New York/ Oxford, 1995.

Douglas M. MacDowell, *Aristophanes and Athens. An Introduction to the Plays*, Oxford, 1995.

Giuseppe Mastromarco, *Introduzione ad Aristofane*, Rome/ Bari, 1994.

Patricia Mureddu, Gian Franco Nieddu (éd.), *Comicità e riso tra Aristofane e Menandro*, Amsterdam, 2006.

Charalampos Orfanos, *Les Sauvageons d'Athènes ou la didactique du rire*, Paris, 2006.

Charles Platter, *Aristophanes and the Carnival of Genres*, Baltimore, 2007.

Peter Rau, *Paratragodia. Untersuchung einer komischen Form des Aristophanes*, Munich, 1967.

Rossella Saetta-Cottone, *Aristofane et la poetica dell'ingiuria. Per una introduzione alla* loidoria *comica* (*Aglaia, Studi e Ricerche*, 6), Rome, 2005.

Eric Segal (éd.), *Oxford Readings in Aristophanes*, Oxford, 1996.

Gregory M. Sifakis, *Parabasis and Animal Choruses. A Contribution to the History of Attic Comedy*, Londres, 1971.

Michael S. Silk, *Aristophanes and the Definition of Comedy*, Oxford, 2000.

Alan H. Sommerstein *et al.* (éd.), *Tragedy, Comedy and the Polis*, Bari, 1993.

Leo Strauss, *Socrate et Aristophane* (1966), trad. de l'angl. par O. Sedeyn, Combas, 1993.

Pascal Thiercy, *Aristophane : fiction et dramaturgie*, Paris, 1986.

Pascal Thiercy-Michel Menu (éd.), *Aristophane : la langue, la scène, la cité*, Bari, 1997.

Monique Trédé-Philippe Hoffmann (éd.), *Le Rire des Anciens*, Paris, 1998.

Martina Treu, *Undici cori comici. Aggressività, derisione e techniche Drammatiche in Aristofane*, Gênes, 1999.

Peter von Möllendorff, *Grundlagen einer Ästhetik der Alten Komödie. Untersuchungen zu Aristophanes und Michail Bachtin*, Tübingen, 1995.

John J. Winkler-Froma I. Zeitlin (éd.), *Nothing to do with Dionysos ? Athenian Drama in Its Social Context*, Princeton, 1990.

Formes de la comédie. Composition, mètres

Paul Mazon, *Essai sur la composition des comédies d'Aristophane*, Paris, 1904.

L. P. E. Parker, *The Songs of Aristophanes*, Oxford, 1997.

Arthur W. Pickard-Cambridge, *Dithyramb, Tragedy and Comedy*, Oxford, 1927.

Bernhard Zimmermann, *Untersuchungen zur Form und dramatischen Technik der aristophanischen Komödien*, 3 vol. (*Beiträge zur klassischen Philologie*, 154, 166, 178), Königstein, 1984-1987.

Langue

Jeffrey Henderson, *The Maculate Muse. Obscene Language in Attic Comedy*, New Haven/Londres, 1975, 2ᵉ éd., 1991.

J. Miker Labiano Ilundain, *Esstudio de las interjecciones en las comedias de Aristófanes*, Amsterdam, 2000.

Antonio López Eire, *La Lengua coloquial de la Comedia aristofánica*, Murcia, 1996.

Antoine Meillet, *Aperçu d'une histoire de la langue grecque*, Paris, 1913, 8ᵉ éd., 1975.

Jean Taillardat, *Les Images d'Aristophane. Études de langue et de style*, Paris, 1962, 2ᵉ éd., 1965.

Andrea Willi, *The Languages of Aristophanes. Aspects of Linguistic Variations in Classical Attic Greek*, Oxford, 2003.

Sur la critique littéraire et les théories du langage au Vᵉ siècle

Graziano Arrighetti, *Poeti eruditi e biografi. Momenti della riflessione dei Greci sulla letteratura*, Pise, 1987.

Barbara Cassin, *L'Effet sophistique*, Paris, 1995.

Marie-André Colbeaux, *Raconter la vie d'Homère dans l'Antiquité*, thèse, Université de Lille 3, 2005.

Andrew Ford, *The Origins of Criticism. Literary Culture and Poetic Theory in Classical Greece*, Princeton/Londres, 2002.

Stephen Halliwell, *The Aesthetics of Mimesis. Ancient Texts and Modern Problems*, Princeton/Oxford, 2002.

Giuliana Lanata, *Poetica pre-platonica. Testimonianze e frammenti*, Florence, 1963.

Neil O'Sullivan, *Alcidamas and the Beginnings of Greek Stylistic Theory*, Stuttgart, 1992.

Rudolf Pfeiffer, *History of Classical Scholarship from the Beginnings to the End of the Hellenistic Age*, Oxford, 1968.

Bruno Snell, *La Découverte de l'esprit. La genèse de la pensée européenne chez les Grecs* (1946, 4ᵉ éd., 1975), trad. de l'all. par M. Charrière et P. Escaig, Combas, 1995.

George Walsh, *The Varieties of Enchantment. Early Greek Views on the Nature and the Function of Poetry*, Chapell Hill/Londres, 1984.

André Wartelle, *Histoire du texte d'Eschyle dans l'Antiquité*, Paris, 1971.

Sur les rites dionysiaques, les Mystères et leurs rapports avec le théâtre

Anton Bierl, *Dionysos und die griechische Tragödie*, Tübingen, 1991.

Anton Bierl, *Der Chor in der Alten Komödie. Ritual und Performance*, Munich/Leipzig, 2001.

Jean Bollack, *Dionysos et la tragédie. Le dieu homme dans les* Bacchantes *d'Euripide*, Paris, 2005.

Walter Burkert, *Homo Necans. Rites sacrificiels de la Grèce ancienne* (1972), trad. de l'all. par H. Feydi avec K. Machatschek, Paris, 2005.

Henri Jeanmaire, *Dionysos. Histoire du culte de Bacchus*, Paris, 1951.

Ismene Lada-Richards, *Initiating Dionysus. Ritual and Theatre in Aristophanes'* Frogs, Oxford, 1999.

Xavier Riu, *Dionysism and Comedy*, Lanham/Boulder/New York/Oxford, 1999.

TABLE DES MATIÈRES

Ce volume,
le cent septième
de la collection « Classiques en poche »,
publié aux Éditions Les Belles Lettres,
a été achevé d'imprimer
en juin 2012
sur les presses
de la Nouvelle Imprimerie Laballery
58500 Clamecy

Dépôt légal : juillet 2012
N° d'édition : 7451 - N° d'impression : 206112
Imprimé en France